汽车类专

汽车
钣金修复技术

◆ 第3版 ◆ 微课版 ◆

宋孟辉 金艳秋 郭大民◎主编

张成利 卢中德 孙涛◎副主编

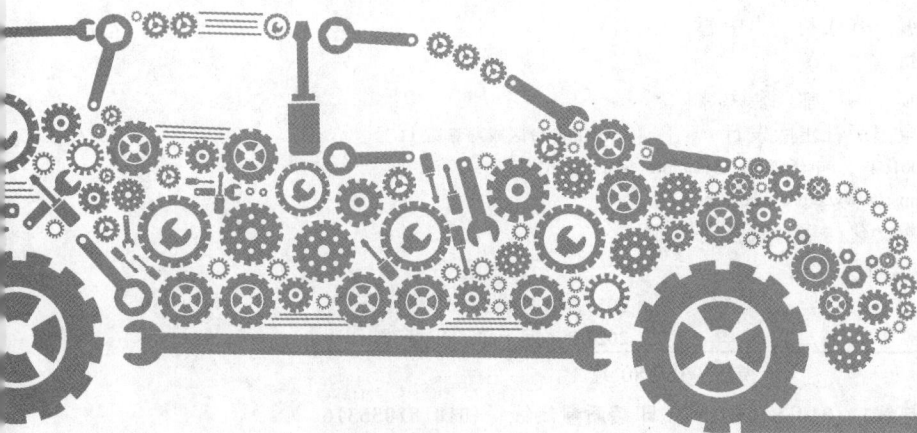

人民邮电出版社

北 京

图书在版编目（CIP）数据

汽车钣金修复技术：微课版 / 宋孟辉，金艳秋，郭
大民主编. -- 3版. -- 北京：人民邮电出版社，2024.6
汽车类专业人才培养系列教材
ISBN 978-7-115-62437-6

Ⅰ. ①汽… Ⅱ. ①宋… ②金… ③郭… Ⅲ. ①汽车－
钣金工－教材 Ⅳ. ①U472.4

中国国家版本馆CIP数据核字(2023)第144781号

内 容 提 要

本书按照汽车钣金维修岗位实际需求编写。全书共 7 个项目，包括汽车钣金维修基础、汽车车身损伤的评估、汽车车身尺寸的测量、汽车车身零件的拆装与调整、汽车车身覆盖件损伤的维修、汽车车身钣金零件制作工艺和汽车车身结构件损伤的维修。

本书以实际操作为主，以理论基础为辅，突出实际操作技能训练；内容丰富、图文并茂，配套教学资源充足，可作为职业院校相关课程的教材，也可作为汽修技术培训教材及汽车维修技师自学的参考书。

◆ 主　　编　宋孟辉　金艳秋　郭大民
　　副 主 编　张成利　卢中德　孙　涛
　　责任编辑　王丽美
　　责任印制　王　郁　焦志炜
◆ 人民邮电出版社出版发行　　北京市丰台区成寿寺路 11 号
　　邮编　100164　电子邮件　315@ptpress.com.cn
　　网址　https://www.ptpress.com.cn
　　天津千鹤文化传播有限公司印刷
◆ 开本：787×1092　1/16
　　印张：15.5　　　　　　　　　　2024 年 6 月第 3 版
　　字数：387 千字　　　　　　　　2024 年 6 月天津第 1 次印刷

定价：59.80 元
读者服务热线：(010)81055256　印装质量热线：(010)81055316
反盗版热线：(010)81055315
广告经营许可证：京东市监广登字 20170147 号

1. 改版背景

《汽车钣金修复技术》一书于2010年出版以来，被很多院校选用，并得到了读者的好评。在党的二十大精神指引下，为了不断探索"三教"改革，提高职业院校教师的教学能力，发挥教材的基础作用，探索符合职业教育的教学方法，紧跟汽车钣金维修行业的发展，我们对该教材进行了第2次修订。本次修订在内容和形式上进行更新和提升，企业专家深度参与教材建设，使内容更贴近岗位实际，项目任务设计更便于教师教学。

2. 改版内容

（1）参考丰田、宝马等企业培训专家建议，本书设计了7个项目，共21个学习任务。本书将之前版本的"项目一　车身损伤评估"整理为"项目1　汽车钣金维修基础"和"项目2　汽车车身损伤的评估"；将"项目四　车身金属覆盖件的维修"和"项目六　车身非金属零件的维修"整理为"项目4　汽车车身零件的拆装与调整"和"项目5　汽车车身覆盖件损伤的维修"。

（2）固化核心内容，删减过时内容，增加汽车玻璃损伤的维修，以及汽车车身粘铆接和无损伤修复等新工艺的介绍。

（3）每个学习任务前增加知识目标、能力目标和素质目标，项目后增加项目拓展，让学生意识到爱岗敬业、创新发展等综合素质的重要性。

（4）在相关知识后增加知识评价，并引导学生完成课前任务，便于教师准确把握教学难点，做到教学设计有的放矢。

（5）为核心知识和实操配备视频资源，扫描二维码即可观看，相关微课视频或动画的制作由企业专家严格把关，让学生看到标准和规范的操作和要求。

（6）任务实践以典型案例引入，能力评价与实际案例相呼应，力求达到教学即生产的效果。

（7）本书配套作业单和考核记录单、课件、教案、习题及答案等，教师可登录人邮教育社区（www.ryjiaoyu.com）免费下载并使用。

（8）同步出版数字教材，推进教育数字化。

3. 教学建议

（1）课程采用理实一体、从初级到高级、螺旋上升、循环式教学方式。每个学习任务对应2学时，21个学习任务共42学时。实际教学中，可按教学条件、任务特点、学生接受程度等具体教学情况调整学时安排。

（2）教法以教师为主导——"做中教"，学法以学生为主体——"做中学"。采用明确任务（设定讨论）—提出问题（师生共同探讨）—具体讲解（标准示范）—巡视指导（及时纠正）—师生共评的基于工作过程的小循环教学方式，实现学生在行动中学习、在练习中学习、在讨论中学习的效果，提高学生技能掌握的稳定性，提升学生整体的综合素养。

（3）教学流程设计为课前探学、课中研学、课后拓学3个阶段。

课前教师指导学生预习教材中的"相关知识"，学生完成"知识评价"和课前任务。教师根据课前测试和具体教学情况设计突破教学难点和学情障碍的策略。

课中教师以教材中的"任务案例"为引导，合理利用教材中的视频等资源，以及院校自建的仿真资源和开放性信息化手段，从理论、虚拟到实操，逐步讲解教学重点，突破教学难点，有效化解学情障碍，通过"能力评价"和综合教学过程评价，检验学生学习效果，适时将爱岗敬业、大国工匠、精益求精等元素融入课程。

课后推荐学生关注汽车钣金维修相关公众号、App 等拓宽视野，针对行业技术难题，自主探索解决方案。推荐教师通过教学平台、教学群等全过程关注学生成长，及时进行教学反思，便于下一轮的教学改进。

本书由辽宁省交通高等专科学校宋孟辉、金艳秋、郭大民任主编，辽宁省交通高等专科学校张成利、卢中德、孙涛任副主编，辽宁省交通高等专科学校吴兴敏、翟静、鞠峰、高元伟参与编写。特别感谢一汽丰田汽车销售有限公司和宝马中国培训学院校企合作项目沈阳培训基地培训师对本书编写和配套资源制作的大力支持。

由于编者水平有限，书中难免存在不足之处，敬请广大读者批评指正。

编　者
2023 年 8 月

目 录

项目 1
汽车钣金维修基础

　　汽车车身损伤的原因和形式多种多样，不同的损伤，维修工艺也不尽相同。一般的维修流程为损伤评估、维修受损零件、维修质量检查等，涉及的操作工艺有车身尺寸测量、变形零件维修、受损零件更换、钣金零件成形等。车身钣金维修作业安全、车身结构认识、车身材料识别等内容是汽车钣金维修的基础。

|任务 1.1　了解车身钣金维修作业安全|

【知识目标】

　　（1）掌握车身钣金维修工作中的危害因素和安全防护用品。
　　（2）掌握车身钣金维修工作中的操作安全事项。

【能力目标】

　　（1）能够在车身钣金维修工作中正确选用安全防护用品。
　　（2）能够规范使用车身钣金维修常用的工具和设备。

【素质目标】

　　（1）培养学生安全生产的意识。
　　（2）培养学生爱岗敬业的职业精神。

任务分析

　　劳动保护是国家和单位为保护劳动者在劳动生产过程中的安全和健康所采取的立法、组织和技术措施的总称。劳动保护的目的是为劳动者创造安全、卫生、舒适的劳动工作条件，消除和预防劳动生产过程中可能发生的伤亡和职业病，保障劳动者在劳动过程中的安全与健康。

　　本任务需要学生了解汽车钣金维修工作的内容和特点，掌握钣金维修工作中的危害和防护方法，能够针对不同的工作内容选用合格的防护用品。工作中我们要严格遵照安全作业规范，要有爱岗敬业的职业精神。

相 关 知 识

一、车身钣金维修作业的危害因素

汽车钣金维修人员在工作中接触噪声、粉尘、弧光辐射等的情况较多，同时经常要用到钻孔、磨削、拉伸等动力设备，因此受到机械伤害、噪声伤害等的概率很高。所以在提高自身防范意识的同时，采用各种必要的安全防护设施是必不可少的。

1. 机械伤害

汽车钣金维修人员可能受到的机械伤害有很多：受损板件的边缘会变得十分锋利，一不小心就会被其划伤；在实际工作中要经常操作举升机、电动切割机、车身拉伸机等，如果不注意操作安全，很容易对身体造成伤害；等等。因此在工作中一定要使用安全防护用品，并严格按照设备的使用说明进行操作。

2. 噪声伤害

声音强度的度量单位是分贝（dB），60 dB 以下为无害区，60～110 dB 为过渡区，110 dB 以上为有害区，当声音强度达到 120 dB 时，人耳便会感到疼痛。人们若长期生活在 85～90 dB 的噪声环境中，就会得"噪声病"。车身维修噪声主要来源于对板件的敲打、动力切割等，一般都在 100 dB 以上。

3. 焊接伤害

焊接作业中危害健康的因素有弧光辐射、金属烟尘和有害气体 3 种。

（1）弧光辐射

焊接弧光包含红外光、紫外光和强可见光，它们会危害施工人员的眼睛、皮肤等。

（2）金属烟尘

焊接操作中的金属烟尘是焊条和母材金属熔融时所产生的金属蒸气在空气中迅速冷凝及氧化所形成的非常微小的颗粒物。人长期吸入高浓度的金属烟尘，会使呼吸系统、神经系统等发生病变。

（3）有害气体

在焊接电弧的高温和强烈紫外光的作用下，焊接电弧周围会形成许多有害气体。这些有害气体主要有氮氧化物、氟化物等。

二、安全防护用品

维修人员在开展钣金维修作业时容易受到很多危害，只有做好正确的防护才能保证个人安全。

1. 身体防护

（1）工作服

在车间内应穿着规范、合体的工作服，通常专业汽车维修站会统一定制工作服。工作服多用棉布材质，没有尖锐物外露。

（2）工作帽

工作帽与工作服配套，用以防止灰尘或油污污染维修人员头部。若头发较长，工作时要把头发放入工作帽中。

（3）安全鞋

在进行车身钣金维修时，要穿鞋头有金属片、底部防刺穿、绝缘抗高压、防滑的安全鞋，如图 1-1-1 所示。

（4）手套

手套按材质的不同有棉线手套、橡胶手套和皮质手套。棉线手套能保护手部避免磨伤、划伤；橡胶手套可防止溶剂伤害；皮质手套多在焊接时佩戴，防止维修人员被熔化的金属烫伤，如图 1-1-2 所示。

⚡ 注　意

使用台钻、卷扬机等设备时，严禁戴手套。

图 1-1-1　安全鞋

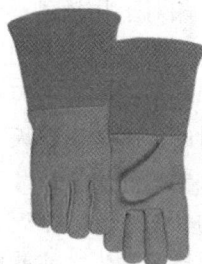

图 1-1-2　焊接用皮质手套

2 . 面部防护

（1）防护眼镜

防护眼镜能防止金属碎屑、化学物质等伤害眼部。防护眼镜采用抗冲击的材料制成，可避免眼镜受到冲击被损坏，对眼睛造成更为严重的二次伤害。

（2）防护面罩

在进行焊接和磨削金属时，防护眼镜无法提供足够的保护，应佩戴全尺寸防护面罩，防止辐射、火花等对面部和颈部的伤害。图 1-1-3 所示为自动变光焊接面罩，在保护整个头部的同时，遮光镜片能根据焊接弧光的产生与消失变换颜色，解放维修人员的双手，极大地提高工作效率。如果工作环境中空气污染严重，可以佩戴有送风功能的防护面罩，如图 1-1-4 所示。

图 1-1-3　自动变光焊接面罩

图 1-1-4　送风式防护面罩

（3）防护口罩

防护口罩是呼吸系统的防护设备，它有防尘口罩和防毒口罩之分。焊接用防护口罩有阻燃层，可满足对焊接及金属切割环境下的颗粒物防护要求。

（4）耳塞与耳罩

在高分贝工作环境下工作时，需要佩戴耳塞或耳罩等，耳塞的降噪值越高，防噪声效果越好。

三、车身钣金维修作业安全事项

1．消防安全

汽车钣金维修车间中有各种易燃物品，在操作中也经常会产生明火，有可能会造成火灾。车间一般都要配备消防水枪、灭火器、防火沙等灭火用品。一旦不慎发生了火灾，需及时撤退到安全地带，拨打火警电话。对于较轻的火情应能够正确使用灭火用品及时灭火。

（1）灭火器的类型

常见的灭火器有 MP 型、MT 型和 MF 型。M 表示灭火器，P 表示泡沫，T 表示二氧化碳，F 表示干粉。相对于扑救同一火灾而言，不同灭火器的灭火有效程度有很大差异。二氧化碳灭火器和泡沫灭火器的灭火剂用量较大，灭火时间较长；干粉灭火器的灭火剂用量较少，灭火时间很短。多用途的干粉灭火器可扑救易燃物、易燃液体和电气火灾，钣金维修车间应该配备一定数量的多用途干粉灭火器。灭火器要摆放在车间的固定位置，并要有明显的标志。

（2）灭火器的使用

灭火器的使用方法印在灭火器外壳上，但是在紧急情况下，可能没有时间阅读标签，所以必须在紧急情况发生之前就要掌握灭火器的使用方法。

① MP 型灭火器适用于扑救液体和可熔融固体物质（如石油制品、油脂等）燃烧产生的火灾，也适用于扑救固体有机物质（如木材、棉织品等）燃烧产生的火灾；但不能扑救带电设备、可燃气体、易燃液体导致的火灾。该类型灭火器不可存放在高温环境下，严冬季节要采取保暖措施。

② MT 型灭火器适用于扑救 600 V 以下的带电电器、贵重设备、图书资料、仪器仪表等的初起火灾，以及一般的液体火灾；不适用于扑救轻金属火灾。该类型灭火器不可放在取暖或加热设备附近以及阳光强烈照射的地方，在搬运过程中，要防止撞击。在寒冷季节使用 MT 型灭火器时，要确保阀门没有被冻结。

③ MF 型灭火器适用于扑救可燃气体、易燃液体、电气设备的初起火灾，还可用于扑救固体物质火灾，但不适用于扑救轻金属火灾。

2．用电安全

用电安全是企业经营管理的基本原则之一，如果没有掌握安全用电知识，违反用电操作规程，不仅会造成停电、停产、设备损坏和火灾，还容易发生触电事故，危及生命。

（1）触电类型

触电是指电流以人体为通路，使人体的一部分或全部受到电的刺激或伤害。

① 按触电方式的不同，触电分为单相触电和两相触电。单相触电是指人站在地面上，人体某一部位触及一根火线，此时人体承受 220 V 的电压作用。两相触电是指人体同时触及两根火线，此时加在人体上的电压是 380 V，其触电后果较为严重。

② 按伤害程度的不同，触电可分为电伤和电击。电伤是指电流对人体外部造成局部伤害。电击是指电流通过人体，对内部器官造成伤害。

（2）触电电流

触电的伤害程度与通过人体的电流强度有直接关系，通过人体的电流越大，危险也就越大。当通过人体的电流为交流 1 mA 或直流 5 mA 时，人就会有麻、刺、痛等不舒服的感觉；当通过人体的电流为交流 20～50 mA 或直流 80 mA 时，人会产生麻痹、痉挛、刺痛等感觉，自己不能摆脱，有生命危险；当通过人体的电流为 100 mA 时，人会呼吸困难，有生命危险。

（3）安全电压

人体通过 10 mA 以上的电流就会有危险，若人体电阻按 1200 Ω 算，根据欧姆定律 $U=IR$=0.01 A×1200 Ω=12 V。如果电压小于 12 V，触电电流小于 10 mA，那么人体是安全的。我国规定特别潮湿的地方，12 V 为安全电压。在干燥的环境下，24 V 或 36 V 为安全电压。

（4）安全用电

缺乏安全用电的基本常识、忽视安全操作、电气设备的绝缘损坏等都会造成触电事故。为了防止触电事故的发生，电气设备要有可靠的接地保护，绝缘设施要满足安全规定。使用电动工具时要保持地面干燥，维修电动设备和工具前应先断开电源。

知 识 评 价

（1）焊接弧光包含红外光、紫外光和强可见光，它们会危害维修人员的眼睛、心肺等。（　　）

（2）在车身修复操作中不要穿着过于宽松的衣服。（　　）

（3）优美的音乐不属于噪声，即使音量再高也不会损伤听力。（　　）

（4）钣金维修车间应该配备多用途干粉灭火器。（　　）

（5）焊接作业中危害健康的因素有弧光辐射、金属烟尘和（　　）。
　　　A. 有害气体　　　B. 噪声　　　C. 溶剂　　　D. 粉尘

（6）适合戴深色镜片的防护面罩的钣金操作有（　　）。
　　　A. 车身尺寸测量　B. 车身校正　　C. 等离子切割　　D. 板件切割

（7）电动设备三脚插头中间的插脚连接的是（　　）。
　　　A. 火线　　　　　B. 零线　　　　C. 负极　　　　　D. 正极

（8）灭火器上有标识 MF，代表该灭火器是（　　）。
　　　A. 泡沫型　　　　B. 干粉型　　　C. 卤代烷型　　　D. 二氧化碳型

（9）在进行钣金打磨时，应佩戴的防护用具有（　　）。
　　　A. 防尘口罩　　　B. 护脚　　　　C. 防护眼镜　　　D. 耳塞

（10）属于安全电压的有（　　）。
　　　A. 12 V　　　　　B. 24 V　　　　C. 36 V　　　　　D. 48 V

（11）请留意用电安全案例，分析在钣金维修工作中如何做到安全用电。

任 务 实 践

任务案例 1：小陶师傅从事汽车钣金维修工作 5 年，日常工作中总会接触钣金敲打、磨削等，如图 1-1-5 所示。最近他发现自己睡眠不好，听力下降，影响了正常的工作和生活。

任务案例 2：汽车钣金维修师傅小朱在维修一辆哈弗 H6 的左前门时，准备用角向磨光机打磨车门上的焊点。他一只手拿角向磨光机，另一只手去插电源，角向磨光机突然工作并失去控制，在小朱师傅面部划出一道又长又深的伤口。

一、选用安全防护用品

正确使用安全防护用品，可以保护维修人员免受维修过程中的直接危害。要根据工作内容的不同，合理佩戴安全防护用品。

1．身体防护

进行一般工作时，穿棉布工作服即可。在需要焊接时，通常可穿皮质焊接工作服，防止熔化的金属烧穿衣服，如图 1-1-6 所示。若工作量较少，还可单独穿上皮质的围裙、裤子、绑腿、护脚来进行简单防护。

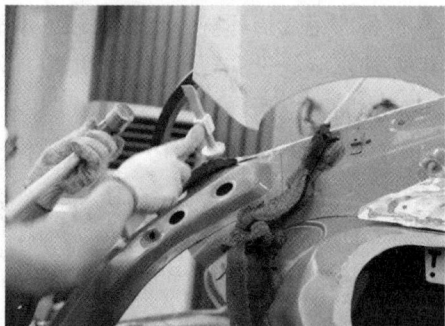

图 1-1-5　钣金敲打

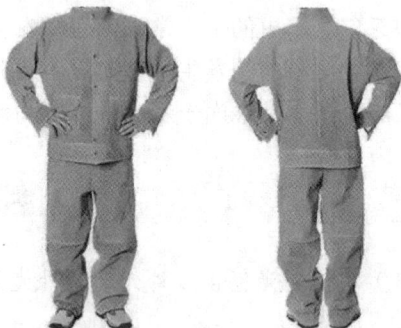

图 1-1-6　焊接工作服

在车身钣金维修车间工作要穿具有鞋底防刺穿、耐高压等功能的安全鞋。进行一般工作时，应戴棉线手套防止手部被划伤，在需要焊接时应戴上皮质手套，防止被熔化的金属烫伤。

2．面部防护

在进行大部分维修操作时都要求佩戴防护眼镜，在进行焊接、等离子切割时，应佩戴焊接面罩，保护眼睛和面部皮肤免受弧光伤害，如图 1-1-7 所示。

呼吸系统防护要根据实际工作情况选择合适的防护口罩，防护口罩必须与面部贴合，若闻到污染物的味道，要及时更换防护口罩。若感觉头晕或其他任何不适，请立即离开污染区域。

3．耳部防护

使用气动錾、气动锯等切割工具进行板件击打、打磨等操作产生的高分贝噪声都会对耳朵造成伤害。在进行焊接时，戴耳塞或耳罩还可以避免熔化的金属进入内耳。

（1）佩戴耳塞

先把耳朵向外和向上拉起，插入耳塞，直到感觉耳道与耳塞贴合，如图 1-1-8 所示。取出耳塞时，先慢慢地旋松，然后逐步取出。快速地取出耳塞可能会伤害到耳膜。

图 1-1-7　面部防护

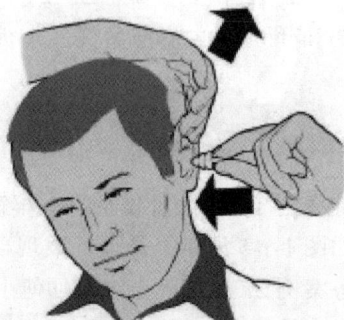

图 1-1-8　佩戴耳塞

（2）检查耳塞的佩戴

可以在稳态噪声现场进行检查，用双手手掌交替地盖住和放开双耳，如果盖住和放开双耳听到的噪声水平没有区别，说明耳塞佩戴得较密合。

（3）维护和保存

定期用温水清洗耳塞，并将洗好的耳塞存放在干燥通风处晾干。破损的耳塞要及时更换。

4．不同工作内容的安全防护

不同的钣金维修作业项目需要用的安全防护用品如表 1-1-1 所示。

表 1-1-1　　　　　　　　不同的钣金维修作业项目需要用的安全防护用品

作业项目	工作帽	安全鞋	棉布工作服	焊接工作服	棉线手套	焊接皮质手套	防护眼镜	防护面罩	焊接面罩	防尘口罩	耳塞
损伤评估	√	√	√								
尺寸测量	√	√	√		√		√				
敲打校正	√	√	√		√		√				√
拆装调整	√	√	√				√				√
切割板件	√	√	√		√		√				
板件钻孔	√	√	√		√		√				
焊接板件	√	√		√		√			√	√	
磨削板件	√	√					√	√		√	
竣工检查	√	√									

二、车身钣金维修安全管理

1．工具设备管理

（1）使用规范

① 严格按规程操作，设备使用前，确认所使用的电源插座、插头连接可靠，设备的开关在通电前处于关闭状态。

② 严禁在未关闭电源开关或设备运转时，移动或维护设备。对于手电钻、角向磨光机等手持式电动工具要尽可能双手持握，以防其在通电后失控。

③ 移动设备时应注意避免冲击、碰撞，以防损伤设备或伤人。设备使用完毕要及时关闭电源，并摆放到指定地点。

④ 不得在设备上摆放杂物和工具，不得用专用设备和工具进行无关作业。自动设备在工作时要有专人看管。

任务案例 2 中的小朱师傅就是在使用角向磨光机前，没有检查工具的开关是否关闭就直接连接电源，瞬间启动的角向磨光机产生很大的旋转动力，他单手无法握住，最终造成面部伤害。因此，在使用动力工具和设备前，一定要仔细阅读使用说明，严格按照规程操作。切记：安全无小事，无安全不生产。

（2）维护保养

① 大型设备放置的位置要通风良好，要远离易燃、易爆等危险物品，并有专人负责使用和维护保养，做好设备的使用和维护记录。

② 保持设备清洁，按使用说明书要求及时进行保养，使设备保持良好的状态。

③ 长期停用后首次使用时，要先使设备试运转再进行正常作业。

④ 遇到设备故障要及时报告设备负责人，不得擅自处理。

2．规范使用灭火器

（1）MP 型灭火器的使用

使用时，手提上部的提环，距离着火点 10 m 左右时，将筒体颠倒。搬运过程中不得使灭火器过分倾斜，更不可颠倒，以免两种药剂混合而提前喷出，使用灭火器时应始终保持倒置状态，否则会中断喷射，不可将筒底朝向下巴或其他人，否则会伤害自己或他人。

（2）MT 型灭火器的使用

灭火时，将灭火器提到火场，在距燃烧物 5 m 左右时，放下灭火器拔出保险销灭火。在室外使用时，应选择在上风方向喷射。若在室内窄小空间使用，灭火后操作者应迅速离开，以防窒息。使用时，不能直接用手抓住喇叭筒外壁或金属连线管，防止手被冻伤。

（3）MF 型灭火器的使用

灭火时，手提灭火器快速奔赴火场，在距燃烧处 5 m 左右时，放下灭火器。如在室外，应选择站在上风方向喷射。在使用灭火器时，一只手应始终压下压把，不能放开，否则会中断喷射。使用 MF 型灭火器扑救可燃、易燃液体引发的火灾时，应对准火焰根部扫射，如果被扑救的液体呈流淌燃烧，应对准火焰根部由近而远，并左右扫射，直至把火焰全部扑灭。

3．车辆的安全举升

（1）固定式举升机的安全操作

① 在使用举升机之前一定要先阅读说明书，参阅具体车辆的维修信息，找出推荐的车辆举升点。

② 车辆的中心应靠近举升机的中心，以免车辆失衡落下。

③ 慢慢升起举升机，车辆升高大约 150 mm 时停止举升，晃动车辆，确认车辆在举升机上是平衡的。如果听到异响，则表明车辆可能没有被正确支撑，应降下车辆并重新调整举升点。

④ 车辆被完全举起后，需在举升机的安全钩锁住后，才能在车底作业，即使举升机液压系统失效了，安全钩也能保证举升机和车辆不会落下。

⚡ **注 意**

举升车辆时车内不能有人。

（2）移动式举升机的安全操作

① 维修人员在工作中经常会用移动式千斤顶抬起车辆的前部、侧面或后部。为了避免车辆被损坏，千斤顶的支座应放置在建议的举升点处。如果支座摆放得不正确，可能会使车底的零件凹陷或被损坏。

② 顺时针转动千斤顶手柄时关闭升起支座的液压阀，缓慢升起车辆。车辆升到足够高度后，用支撑架进行支撑固定。

③ 车辆升起后，将车辆落到支撑架上。车辆置于驻车位，然后拉紧紧急制动器并用木块塞住车轮。在用支撑架支撑车辆时，不要摇晃车辆。

④ 将车辆从千斤顶上放下来时，应逆时针慢慢转动手柄将车辆缓慢降下，防止车辆猛然降落，造成损伤。

⑤ 在车底作业时，要用支撑架将车辆支撑住，而不能单靠液压千斤顶支撑，它们是用来升起车辆的，而不是用来支撑车辆的。

能 力 评 价

请针对任务案例 1 "小陶师傅从事汽车钣金维修工作 5 年……最近他发现自己睡眠不好，听力下降，影响了正常的工作和生活"，依据所学知识和技能，分析并回答以下问题。

（1）案例中小陶师傅遇到的问题可能是由于钣金维修作业中的（　　）。

    A. 焊接弧光辐射　　　　　　　　　B. 焊接有害气体

    C. 焊接金属烟尘　　　　　　　　　D. 敲打和锤击产生的噪声

（2）为了避免案例中的现象出现，在钣金操作中应该佩戴（　　）。

    A. 焊接面罩　　　B. 防尘口罩　　　C. 防护眼镜　　　D. 耳塞

（3）做车身损伤鉴定时，操作人员需穿戴的安全防护用品有（　　）。

    A. 工作帽　　　　B. 耳塞　　　　C. 防护眼镜　　　D. 安全鞋

（4）做车身板件焊接时，操作人员需穿戴的安全防护用品有（　　）。

    A. 焊接面罩　　　B. 皮质围裙　　　C. 防护眼镜　　　D. 安全鞋

（5）进行车身板件敲打整形作业时，操作人员需穿戴的安全防护用品有（　　）。

    A. 工作帽　　　　B. 耳塞　　　　C. 防护眼镜　　　D. 安全鞋

|任务 1.2　认识车身结构|

"

【知识目标】

（1）掌握车身结构的类型和应用。

（2）掌握车身零件及连接方式。

【能力目标】

（1）能够正确分辨不同的车身结构类型。

（2）能够认识不同结构类型车身的零件。

【素质目标】

（1）培养学生数字化、信息化应用的能力。

（2）培养学生团结协作的团队精神。

"

任 务 分 析

汽车车身维修就是将损坏的汽车车身恢复到损伤前的状态。车身钣金维修人员必须充分熟悉车身结构，能准确地识别所有受损的零件，以及不同零件在车身构造中所起的作用，才能对车身损伤进行准确的分析，保证维修的质量。

本任务需要学生掌握车身结构和车身零件连接的相关知识，能够运用信息化手段查询不同车型的车身结构。遇到问题要大家讨论解决，要有团结协作的团队精神。

相 关 知 识

一、车身的类型

1. 按用途不同分类

汽车车身按用途不同可分为轿车车身、客车车身和货车车身。维修人员应认识其结构的本质，尽可能按照大同小异的原则划分出一些类型，了解其结构特点可以使修复更加合理，起到事半功倍的效果。本书重点介绍轿车车身的钣金维修。

（1）轿车车身的类型

按照车身尺寸的不同，轿车可分为紧凑型轿车、中高级轿车和豪华轿车等，运动型多功能汽车（Sport Utility Vehicle，SUV）、多功能汽车（Multi-Purpose Vehicle，MPV）、皮卡车等乘用车也被笼统地称为轿车。紧凑型轿车又称为经济型轿车，车身属于最小级别；中高级轿车具有中等的质量和外形尺寸；豪华轿车是轿车中尺寸最大的一种。不同类型的轿车的车门数量、打开方式、车顶类型等也不尽相同，如图 1-2-1 所示。

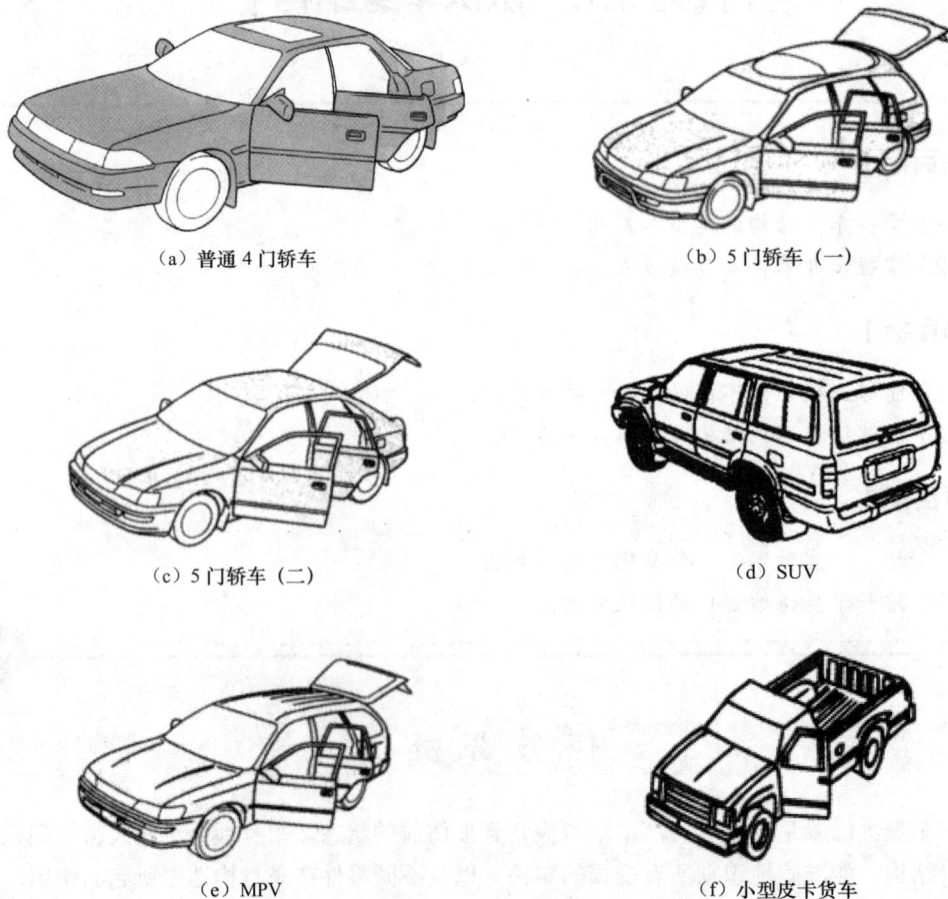

（a）普通 4 门轿车　　　　　　　　　　（b）5 门轿车（一）

（c）5 门轿车（二）　　　　　　　　　　（d）SUV

（e）MPV　　　　　　　　　　（f）小型皮卡货车

图 1-2-1　轿车类型

（2）客车车身的类型

客车车身分为城市公共汽车车身、长途客车车身、旅游客车车身等。

（3）货车车身的类型

货车车身通常包括驾驶室和货箱两部分。货箱可以分为传统式货箱、封闭式货箱、自卸式货箱、专用车货箱以及特种车货箱等多种类型。

2．按受力情况不同分类

汽车车身按受力情况不同可分为非承载式车身、半承载式车身和承载式车身。货车、客车和越野车多采用非承载式车身，现代轿车则大多采用承载式车身。半承载式车身已经很少应用。

（1）非承载式车身

非承载式车身具有完整的骨架（或构架），车身蒙皮固定在已装配好的骨架上。主车身通过弹性元件与车架相连，车身不承受汽车载荷。非承载式车身也叫车架式车身，如图 1-2-2 所示。

（2）半承载式车身

半承载式车身只有部分骨架（如单独的立柱、拱形梁、加固件等），它们彼此直接相连或者借蒙皮相连。主车身与车架是刚性连接的，车身承受汽车的一部分载荷，也称为半架式车身。

（3）承载式车身

承载式车身利用各种蒙皮连接时所形成的加强筋来代替骨架，全部载荷均由车身承受，底盘各零件可以直接与车身相连，取消了车架，也称为整体式车身，如图 1-2-3 所示。承载式车身相比半承载式车身具有更小的质量、更大的刚度和更低的高度等特点。

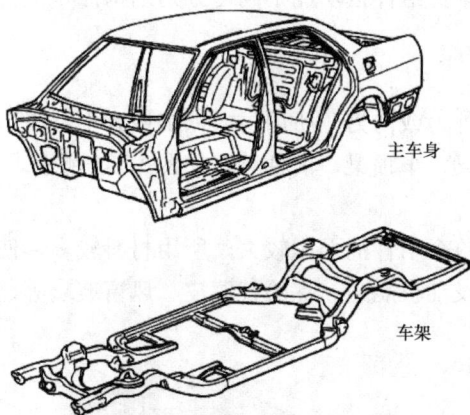

主车身

车架

图 1-2-2　非承载式车身　　　　　　　图 1-2-3　承载式车身

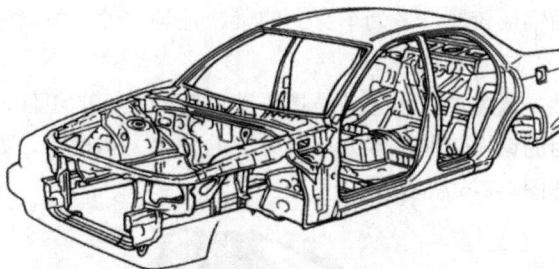

承载式车身的整个车身大部分是由冲压成不同形状的薄钢板件用电阻点焊等方式连接而成的，其特点如下。

① 主要零件的连接是刚性的，车身易于形成紧密的结构，有助于在碰撞时保护车内人员。

② 由于没有独立车架，质心低，因此行驶稳定性较好。

③ 内部空间较大，汽车可以小型化。

④ 结构紧凑，质量小。

⑤ 车身刚性较大，有助于向整个车身传递和分散冲击能量，使远离冲击点的一些部位也会有变形。

⑥ 当碰撞程度相同时，承载式车身的损坏要比非承载式车身的损坏更为复杂，修复前要做彻底的损坏分析。

⑦ 车身一旦损坏变形，就需要采用特殊的（不会导致进一步损坏）程序将其恢复为原来的形状。

二、车身的结构术语

1. 车身的结构方向

为了便于在汽车车身修理工作中更好地交流，通常将车身分成前部、中部、后部 3 个部分，如图 1-2-4 所示。

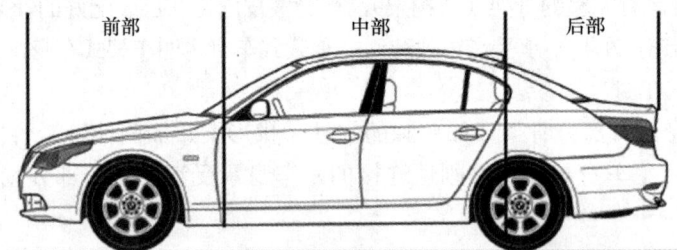

图 1-2-4　车身的 3 个部分

2. 结构件与覆盖件

现代轿车基本上都采用承载式车身结构，车身结构可分成若干个称为组件的小单元，它们本身又可分成更小的单元，称作零件或零部件。车身组件按功能不同可分为结构件和覆盖件两大类。

（1）结构件

结构件主要用来承重、吸收或传递车身受到的外力或内力，所用材料以钢板为主，使用的钢板较厚，多为车身上的梁、柱等零件，如前纵梁、车顶梁、前柱等，如图 1-2-5 所示。

（2）覆盖件

覆盖件顾名思义是指覆盖在车身表面的组件，单个组件的面积较大，所用材料较多，使用的钢板较薄，多为车身外部的蒙皮、罩板等，如发动机舱盖、保险杠蒙皮、风窗玻璃等，如图 1-2-6 所示。

图 1-2-5　结构件

图 1-2-6　覆盖件

三、车身板件的连接

汽车车身是先由若干个零件制成组件，再由各个组件组成的。将车身上的零件或组件连接在一起的方法有可拆卸连接和不可拆卸连接两大类。

1. 可拆卸连接方法

可拆卸连接方法有螺纹连接、卡扣连接、铰链连接等几种，此类连接方法多用于车身覆盖件的连接。

（1）螺纹连接

车身零件的螺纹连接方式主要用于覆盖件（如前翼子板、前后保险杠蒙皮）与车身的连接等。各种不同的螺纹连接方式如图 1-2-7 所示。

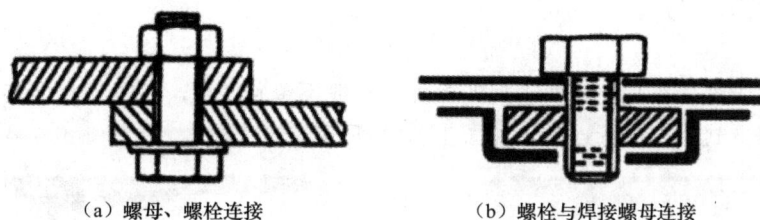

（a）螺母、螺栓连接　　　　　　　（b）螺栓与焊接螺母连接

图 1-2-7　螺纹连接方式

（2）卡扣连接

卡扣连接主要用来安装内饰件、外饰件，固定线路等，各种不同的卡扣连接方式如图 1-2-8 所示。

（3）铰链连接

铰链连接用来连接车门、发动机舱盖、行李箱盖等需要经常开关的零件。图 1-2-9 所示为某轿车车门的铰链连接。

图 1-2-8　卡扣连接方式

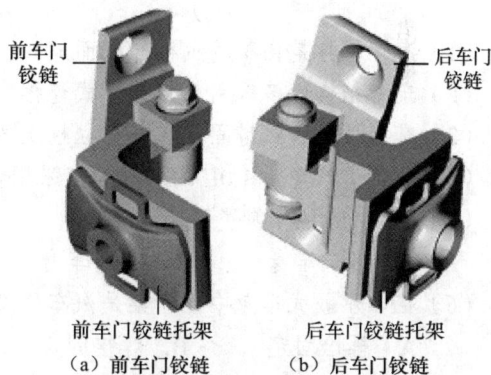

前车门铰链

后车门铰链

前车门铰链托架　　　后车门铰链托架

（a）前车门铰链　　　（b）后车门铰链

图 1-2-9　轿车车门铰链连接

2. 不可拆卸连接方法

不可拆卸连接方法包括折边（咬缝）、铆接、焊接、粘接等，多用于车身结构件或覆盖件总成零件之间的连接。

（1）折边

折边在板件工艺中也称为咬缝，在车身上用来连接车门内外板、发动机舱盖内外板、行李箱盖内外板等，如图 1-2-10 所示。

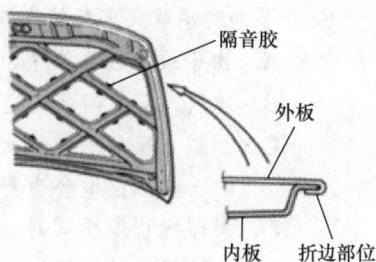

隔音胶

外板

内板　　　折边部位

图 1-2-10　折边连接

（2）铆接

铆接用来连接车身上不同材质的零件，如图 1-2-11 所

图 1-2-11　铆接

示。当车身从铝合金件向钢件过渡时，就需要通过冲压铆

接的方式实现连接，通常铝合金车身零件之间的连接也多采用铆接。铆接多与粘接配合使用，增加连接的强度，避免铆接松动，产生噪声。

（3）焊接

焊接是对需要连接的金属板件加热，使它们共同熔化，最后结合在一起的方式。焊接可以分为压焊、熔焊、钎焊。

（4）粘接

粘接主要用于连接车身上需要密封的板件，一般不单独使用，而是配合焊接、铆接、螺纹连接、折边等方式一起进行连接，如图 1-2-12 所示。

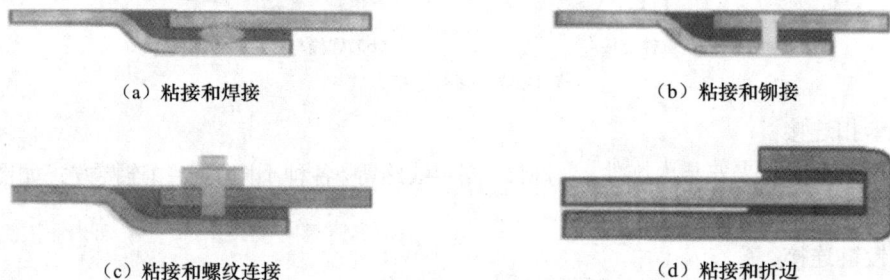

（a）粘接和焊接

（b）粘接和铆接

（c）粘接和螺纹连接

（d）粘接和折边

图 1-2-12　粘接与其他连接方式的配合

知 识 评 价

（1）汽车车身是由整块钢板冲压而成的。（　　　）

（2）车身结构件多采用可拆卸方式连接。（　　　）

（3）车门是通过铰链固定在车身立柱上的。（　　　）

（4）发动机排量为 1.0L 的夏利轿车采用前置后驱布置。（　　　）

（5）哈弗 H5 的车身类型为（　　　）。

　　　　A. 货车车身　　　　B. 客车车身　　　　C. 非承载式车身　　D. 承载式车身

（6）在非承载式车身中，车架是汽车的基础，车身与车架采用的连接方式为（　　　）。

　　　　A. 螺栓固定　　　　B. 焊接固定　　　　C. 铆接固定　　　　D. 减振器固定

（7）一般情况下，尺寸相同的汽车，采用非承载式车身和承载式车身的内部空间相比（　　　）。

　　　　A. 非承载式车身的大　　　　　　　　B. 承载式车身的大

　　　　C. 同样大　　　　　　　　　　　　　D. 不一定

（8）下列对承载式车身特点描述错误的是（　　　）。

　　　　A. 由于没有独立车架，车身紧挨地面，质心低，行驶稳定性较好

　　　　B. 承载式车身内部的空间更大，汽车可以小型化

　　　　C. 承载式车身刚性较大，有助于向整个车身传递和分散冲击能量，使远离冲击点的一些部位也会有变形

　　　　D. 当碰撞程度相同时，承载式车身的损坏要比非承载式车身的损坏更为简单，修复前按经验进行损坏分析

（9）前置后驱汽车的地板拱起，能起到的作用有（　　）。

　　　A. 传动轴通道　　　B. 排气管通道　　　C. 增加地板刚性　D. 通风效果好

（10）一般和粘接共同使用的连接方式有（　　）。

　　　A. 铆接　　　　　　B. 气体保护焊　　　C. 折边　　　　　　D. 卡扣连接

（11）观察身边汽车的车身结构，试着认识车身零件。

任 务 实 践

任务案例：小李在网络上看到一段越野车拖拽 SUV 的视频，一辆 SUV 深陷泥潭，车主用绳子将 SUV 和一辆越野车的车身连接，将 SUV 从泥潭中拉出来，结果越野车加速过急将 SUV 后车身拉坏，如图 1-2-13 所示。所以他认为这个品牌的 SUV 车身强度不好。

图 1-2-13　SUV 后车身被拉坏

一、认识非承载式车身结构

1. 非承载式车身的组成

非承载式车身由主车身和车架组成。车架是一个独立的零件，没有与车身外壳的任何主要零件焊接在一起。车架是汽车的基础，主车身和主要零件都固定在车架上，因此要求车架有足够的坚固度，在发生碰撞时能保持汽车其他零件不移位。

主车身通常用螺栓固定在车架上，为了减少车内的噪声和振动，主车身与车架之间除了会放置特制橡胶垫块（见图 1-2-14）外，还安装了减振器。

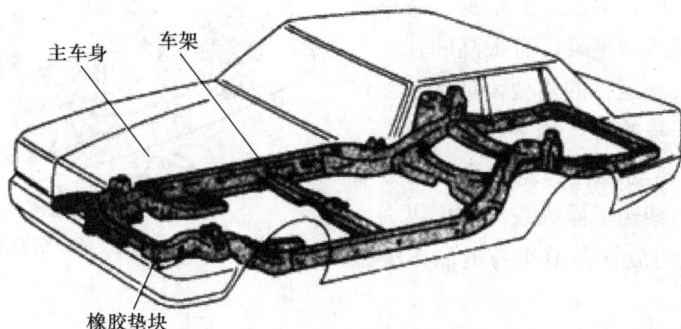

图 1-2-14　车架与主车身的连接

2. 车架的类型

车架有梯形车架、X 形车架和框式车架 3 种类型，前两种在轿车上已很少使用，目前所使用的大多数车架都是框式车架。

框式车架的纵梁在其最大宽度处支撑着车身，在车身受到侧向冲击时可为乘客提供保护，在前车轮后面和后车轮前面的区域分段形成扭力箱结构。在正面碰撞中，分段区域可吸收大部分的能量。在侧向碰撞中，由于中心横梁靠近前面地板边侧构件，使乘坐室受到保护。同时因驾驶室地板低，从而质心降低、空间加大。在尾部碰撞中，后横梁向上弯曲，车架吸收冲击振动，由于关键区域有横梁加强，避免了车架出现过大的扭曲和弯曲。

3．非承载式车身的前车身与主车身

（1）非承载式车身的前车身

非承载式车身的前车身由发动机舱盖、散热器支架、前翼子板（也称前叶子板）和前挡泥板（也称前围板）组成。发动机舱盖用螺栓安装，易于拆卸。散热器支架由上支架、下支架和左右支架焊接而成。非承载式车身的前翼子板不同于承载式车身的前翼子板，其上边内部和后端是点焊的，不仅增加了前翼子板的强度和刚性，并且与前挡泥板一起降低了传到乘坐室的振动和噪声，也有利于减小悬架及发动机在侧向碰撞时受到的损伤。

（2）非承载式车身的主车身

乘坐室和行李箱焊接在一起构成主车身，它们由挡泥板、地板、顶板等组成。挡泥板由左右前车身立柱、内板、外板和盖板的侧板构成。传动轴凹槽纵贯地板中心。横梁与地板前部焊接在一起，并安装到车架上。当乘坐室受到侧向碰撞时，可使乘坐室顶边梁、门和车身得到保护。地板的前后和左右边侧用压花工艺做成褶皱，可增加地板的刚度，减少振动。

二、认识承载式车身结构

1．承载式车身结构类型

常见的承载式车身结构有前置发动机后轮驱动（简称前置后驱，可用 FR 表示）、前置发动机前轮驱动（简称前置前驱，可用 FF 表示）和中置发动机后轮驱动（简称中置后驱，可用 MR 表示）3 种基本类型。轿车车身多采用前置后驱和前置前驱的结构。

（1）前置后驱车身结构

前置后驱结构的车身被分成前车身、中车身（驾驶室）和后车身 3 个主要部分。发动机、传动装置（如传动轴）、前悬架和操纵系统位于前车身，差速器和后悬架位于后车身。中车身的地板上焊接有纵梁和横梁，有很高的强度和刚性，可以保证汽车运行的需要，如图 1-2-15 所示。前置后驱车身的特点如下。

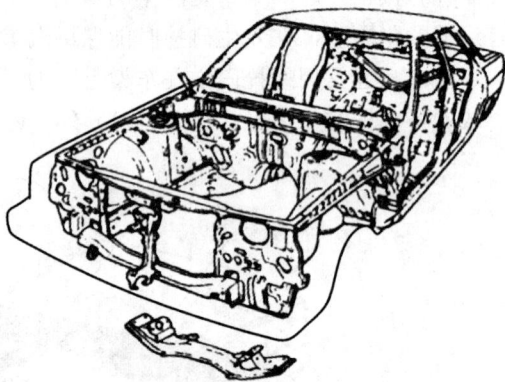

图 1-2-15　前置后驱车身结构

① 发动机、传动装置和差速器均匀分布在前、后轮之间，减轻了操纵系统的操纵力。

② 发动机纵向放置在前车身的副车架或支撑横梁上。

③ 发动机可单独地拆卸和安装，便于车身的修理。

④ 传动轴安装在地板下的通道内，减少了乘坐室的内部空间。

⑤ 由于发动机、传动轴及后轮由前到后布置，因此汽车的振动和噪声源也分布到车身的前面和后面。

（2）前置前驱车身结构

发动机安装在车身的前面并由前轮驱动，由于没有传动轴，乘坐室的空间可以加大。同时发动机、传动轴、前悬架和操纵系统都设置在车身前部，车身前部零件承受的载荷比较大，所以前置前驱的车身前部强度与前置后驱的有很大不同。前置前驱车身的特点如下。

① 变速器和差速器结合成一体，没有传动轴，车身质量显著减小。

② 因振动和噪声源多在车身的前部，汽车的总体噪声和振动减小。

③ 车身的内部空间增大。油箱可设在中车身底部，使行李箱的面积增大，其内部也变得更加平整。

④ 由于发动机装在前面，碰撞时有向前的惯性，所以发动机的安装组件要相应加强。

（3）前置前驱车身结构与前置后驱车身结构的不同

前置后驱车身因为变速器纵向放置，并且有传动轴传递动力至后方，所以需要有较大的车底拱起空间（见图1-2-16），因此，只能为人提供较小的腿部活动空间。前置后驱车身一般适用于具有较大车身的轿车。其地板的中心有传动轴通道，加强了地板的强度，它能阻止地板扭曲。此外，地板主纵梁和横梁位于前排座下面和后排座前面，从而强化了左侧和右侧的刚性，在发生侧向碰撞时可防止地板折曲。

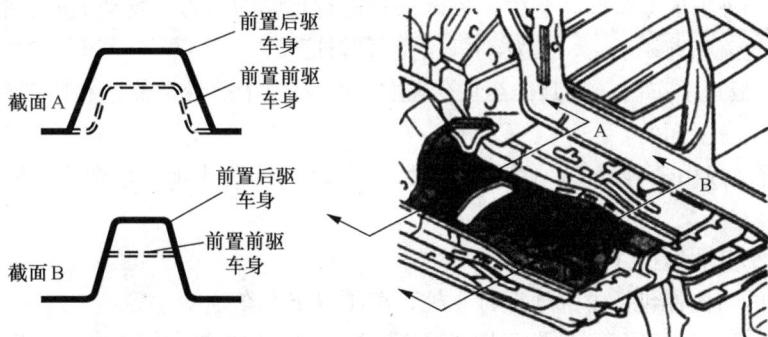

图1-2-16　车身底部的拱起空间对比

2．承载式车身的组成零件

（1）前车身的结构件

前车身的结构件由前纵梁、前横梁、前悬架横梁、前挡泥板及其侧板、减振器支承、水箱支架、前罩板等构成，如图1-2-17所示。

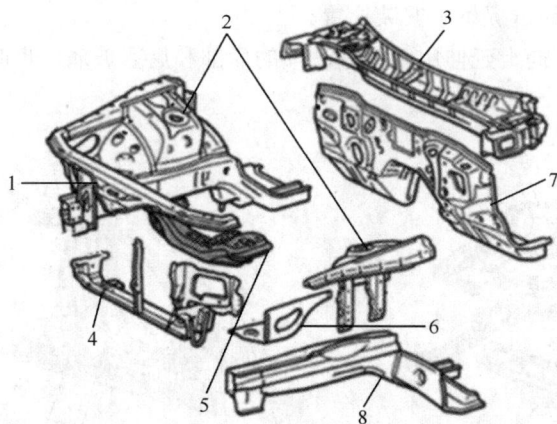

1—水箱支架；2—减振器支承；3—前罩板；4—前横梁；
5—前悬架横梁；6—前挡泥板侧板；7—前挡泥板；8—前纵梁
图1-2-17　前车身结构件

① 前纵梁是在车身前部底下延伸的箱形截面梁，通常是车身上最坚固的零件。

② 前横梁连接左右前纵梁前部，作为水箱的下支撑件。

③ 前挡泥板是围绕着车轮和轮胎的内板，防止路面的瓦砾进入乘坐室；常用螺纹连接或焊接的方式接在前纵梁和前罩板上。

④ 减振器支承装配在被加强的车身部分，用以支持悬架系统的上部分，螺旋弹簧、减振器安装在减振器支承内，它们通常构成了前挡泥板内部的一部分。

⑤ 水箱支架安装在前纵梁和前挡泥板侧面，用以支撑冷却系统的散热器以及相关部分。

⑥ 前罩板是车身前段后部的车身零件，在前风窗的正前方，它包括顶罩板和侧罩板。

（2）前车身的覆盖件

前车身的覆盖件有发动机舱盖、前翼子板、保险杠总成等，这些零件用螺栓、螺母和铰链固定，其他的零件都焊接在一起，以减小车身质量，增加车身强度。

① 发动机舱盖包括外板、内板和加强梁。内板和外板的四周以折边连接取代焊接。为了确保发动机舱盖铰链和发动机舱盖锁支架的刚性和强度，将加强梁点焊于内板上，将密封胶涂抹于内板和外板的某些间隙当中，以确保外板有足够的张力。发动机舱盖的铰链用螺栓连接在发动机舱盖和前罩板上，使发动机舱盖可以打开。

② 前翼子板从前车门一直延伸至前保险杠，它盖住了前悬架部分和内挡泥板，通常是用螺栓固定在车身上面的。

③ 保险杠总成由塑料蒙皮、保险杠横梁、吸能器等零件组成，用螺栓连接到前纵梁上，吸收小的撞击。

（3）中部车身的结构件

中部车身的结构件包括中部地板、立柱、车顶纵梁和车顶横梁等。

① 中部地板主要由地板、地板下加强梁、地板横梁和地板纵梁等构成，如图1-2-18所示。

② 立柱（包括前柱、中柱和后柱）是车身上用以支撑车顶板的梁，并为打开车门提供方便，它们必须非常坚固，以便在发生严重碰撞或翻车事故时能保护乘客的安全，如图1-2-19所示。

a. 前柱向上延伸到前风窗的末端，必须足够坚固以保护乘客。它也叫A柱，是从车顶向下延伸到车身主干上的箱形钢梁。

b. 中柱是车顶的支撑件，在四门汽车上位于前门和后门之间，也叫B柱。它增强了车顶的强度，并且为后门铰链提供了安装位置。

c. 后柱从后挡泥板向上延伸用以支撑车顶的后部和后窗玻璃，也叫C柱，它的形状随车身的形式而变化。

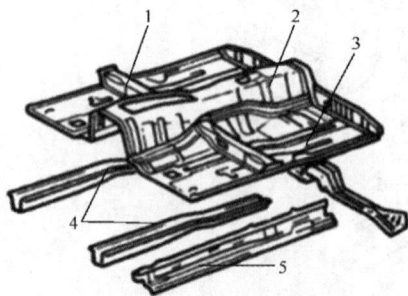

1—地板横梁；2—地板拱起；3—地板；
4—地板下加强梁；5—地板纵梁
图1-2-18 中部车身的中部地板

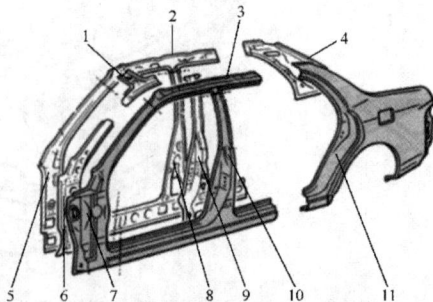

1—前柱上加强梁；2—车顶纵梁内板；3—车顶纵梁外板；
4—车顶板内板；5—前柱内板；6—前柱加强梁；7—前柱外板；
8—中柱内板；9—中柱加强梁；10—中柱外板；11—后柱外板
图1-2-19 中部车身的立柱

（4）中部车身的覆盖件

中部车身的覆盖件包括车顶、车门、车窗玻璃以及其他相关部分。

① 车顶是安装到乘坐室上面的多块板件，通常是焊接在立柱上的；同时靠车顶横梁支撑。

② 车门包括外板、内板、加强梁、侧防撞钢梁和门框。其中，内板、加强梁和侧防撞钢梁以点焊方式结合在一起，而内板和外板通常是以折边方式连接。车门的类型大致分为窗框车门、冲压成形车门和无窗框车门 3 种，如图 1-2-20 所示。

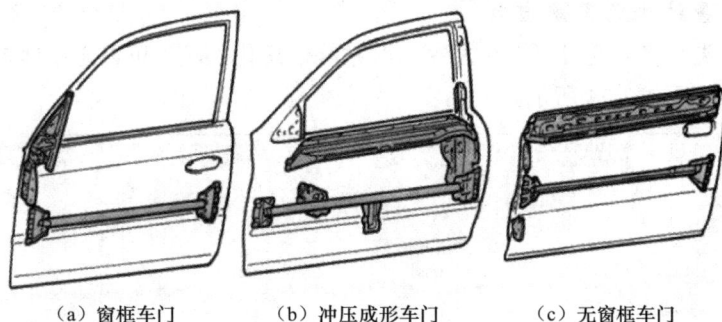

（a）窗框车门　　　　（b）冲压成形车门　　　　（c）无窗框车门

图 1-2-20　不同类型的车门

（5）后部车身的结构件

后部车身的结构件有后挡泥板、后地板和后纵梁等。后挡泥板是一个大的侧面车身部分，它从侧门向后一直延伸到后保险杠，是焊接在后保险杠上面并形成后部车身结构的重要部分。后翼子板不同于前翼子板，它跟后柱外板、车顶纵梁外板和后挡泥板制成一体，后翼子板属于后挡泥板的一部分。

后挡泥板内侧邻近后柱部位的是后减振器支承（见图 1-2-21），它跟后轮弧内外板和车身后地板连接。

后纵梁从后排座下边延伸到接近后桥位置，并上弯延伸到后桥。当燃油箱固定于地板下面时（悬浮式），后地板纵梁后半部具有强韧而不易弯曲的特性，通过在弯角区域（向上弯曲）折损变形，吸收尾部碰撞时的能量，并可保护燃油箱，如图 1-2-22 所示。另外，后地板纵梁后段和后地板纵梁是分开的，以方便维修车身时的更换作业。

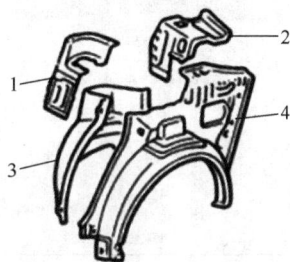

1—后减振器支承连接板；2—后减振器支承；
3—后翼子板轮弧内板；4—后翼子板轮弧外板
图 1-2-21　后减振器支承

（6）后部车身的覆盖件

后部车身的覆盖件由行李箱盖、后翼子板、后保险杠蒙皮以及相关零件组成，如图 1-2-23 所示。由于车身后翼子板通过焊接方式与车身结构件构成一个整体，因此在实际维修中有时将其等同于结构件。

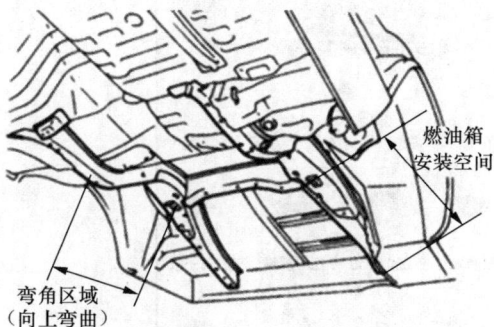

图 1-2-22　安装燃油箱的车身后部结构

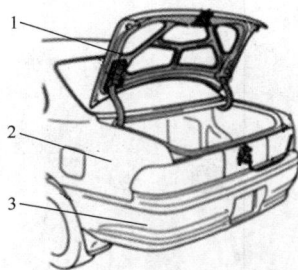

1—行李箱盖；2—后翼子板；3—后保险杠蒙皮
图 1-2-23　后部车身的覆盖件

车身零件的具体结构将在后续相关任务中进行详细介绍，本任务旨在对汽车车身有一个整体认识和了解。

三、查询车身结构类型

1．查询车身结构的常规信息

现代车型种类繁多，通过"汽车之家"网站等信息化手段，可以方便地查询不同车型的车身结构类型，如图 1-2-24 所示。

注：●标配 ○选配 -无	宋PLUS新能源 2021款 DM-i 51KM 尊贵型	宋PLUS新能源 2021款 DM-i 51KM 尊荣型	宋PLUS新能源 2021款 DM-i 110KM 旗舰型	宋PLUS新能源 2021款 DM-i 110KM 旗舰PLUS
车身				
长度(mm)	4705	4705	4705	4705
宽度(mm)	1890	1890	1890	1890
高度(mm)	1680	1680	1680	1680
轴距(mm)	2765	2765	2765	2765
前轮距(mm)	1630	1630	1630	1630
后轮距(mm)	1630	1630	1630	1630
接近角(°)	19	19	19	19
离去角(°)	21	21	21	21
最小转弯半径(m)	5.55	5.55	5.55	5.55
车身结构	SUV	SUV	SUV	SUV
车门开启方式	平开门	平开门	平开门	平开门
车门数(个)	5	5	5	5
座位数(个)	5	5	5	5

图 1-2-24　用信息化手段查询车身结构类型

2．查询车身零件信息

可以通过"汽修宝"App 查询不同车型车身零件的相关信息，在实际维修中，使用这个方法可以方便、快捷地获取车身零件信息，如图 1-2-25 所示。

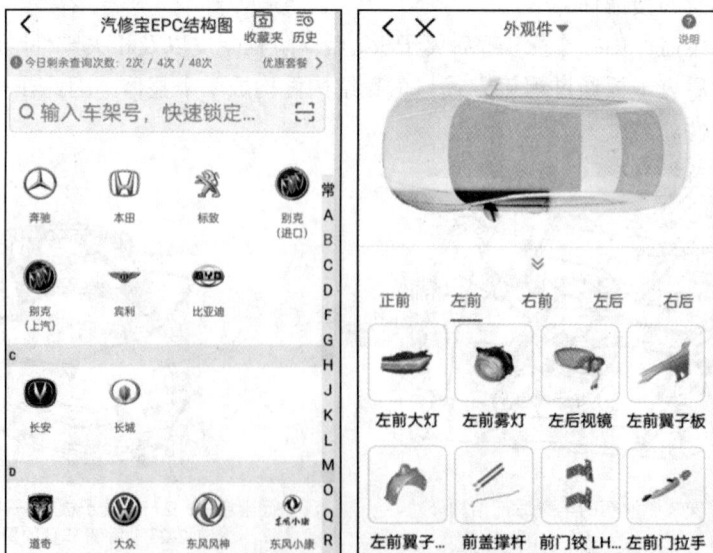

图 1-2-25　用信息化手段查询车身零件信息

能 力 评 价

请针对任务案例"小李在网络上看到一段越野车拖拽 SUV 的视频……结果越野车加速过急将 SUV 后车身拉坏……",依据所学知识和技能,分析并回答以下问题。

（1）越野车与货车多采用的车身结构是（　　）。

　　A. 承载式　　　　B. 非承载式　　　C. 独立式　　　　D. 分体式

（2）轿车、SUV 和 MPV 等车型多采用的车身结构是（　　）。

　　A. 承载式　　　　B. 非承载式　　　C. 独立式　　　　D. 分体式

（3）与越野车车身同类型的车身结构特点有（　　）。

　　A. 有独立车架，车身强度高　　　　　B. 结构紧凑，质量轻

　　C. 车辆质心高　　　　　　　　　　　D. 碰撞时，车身的损坏复杂，不易维修

（4）与轿车车身同类型的车身结构特点有（　　）。

　　A. 车身紧挨地面，质心低，行驶稳定性较好

　　B. 车身结构简单

　　C. 有利于在碰撞时保护车内乘员

　　D. 碰撞后车身变形更简单，损伤修复容易

（5）综合以上分析，越野车能将 SUV 车身拉坏是因为（　　）。

　　A. 越野车车身结构更复杂

　　B. 越野车车架强度更高，拖车钩焊接于车架上

　　C. SUV 车身强度低，不能保护车内乘员安全

　　D. SUV 车身板件薄，不抗拉

|任务 1.3　识别车身材料|

【知识目标】

（1）掌握车身材料的类型。

（2）掌握车身材料的应用及特点。

【能力目标】

（1）能够正确分辨车身的金属材料。

（2）能够正确分辨车身的其他材料。

【素质目标】

（1）培养学生独立分析问题的能力。

（2）培养学生主动探索的意识和创新精神。

任 务 分 析

随着科技的不断进步，现代轿车车身使用的材料越来越多样化，科技含量越来越高，开发比钢材轻的车身材料以降低车重成为发展趋势，新材料的大量应用使车身板件的性能发生了非常大的改变，传统的修理方法已经不能很好地修复已损坏的车身板件。所以要了解车身上主要材料的种类和性能，才能有针对性地对新型车身进行高质量的修复。

本任务需要学生了解车身的基础结构，掌握车身材料的应用情况，能够准确识别不同类型的车身材料，以及不同材料的维修要求。遇到问题能独立分析，必要时要大家讨论解决，要有团结协作的团队精神。

相 关 知 识

现代汽车车身上开始大量应用不同种类的新材料，如高强度钢、超高强度钢、铝合金、塑料等。例如，有些车身的前部由铝合金制成，中部车身及后部车身由钢板制成。通过使用这种混合结构及高强度钢板，车身质量减小了，优化了负荷分布及行驶性能，提高了行驶舒适性，并降低了废气排放量。

一、车身的金属材料

1. 白车身

白车身是指车身骨架及其覆盖件，是未经任何修饰的车身框架。选择白车身材料时，首先要考虑刚度、耐碰撞和抗振动方面的功能要求。要提高舒适性和被动安全性，通常情况下需要增加车辆质量，但是这一点与行驶动力性所要求的高刚度、低质量有矛盾，因此要求所设计的车身具有较高的被动安全性、较好的静态与动态刚度值、较低的重心、均衡的车桥负荷分布和较小的质量。此外还要考虑车身的使用寿命和噪声。白车身功能要求如表 1-3-1 所示，为实现轻型车身结构而采取的不同措施如表 1-3-2 所示。对白车身越来越多的要求可以通过使用高强度钢板来实现。

表 1-3-1　　　　　　　　　　　　白车身功能要求

被动安全性（碰撞）	使用寿命	噪声	刚度
正面碰撞	抗振动性能	隔音能力	静态
尾部碰撞（追尾）	腐蚀	车身结构隔音	动态
侧向碰撞		隔绝风噪	抗扭
其他（翻车）		空腔共振	抗弯

表 1-3-2　　　　　　　　　　为实现轻型车身结构而采取的不同措施

轻型结构设计	轻型结构制造	轻型结构材料
经过优化的套件	特制薄板（轧制、焊接）	高强度钢板
最佳力传输路径	成形加工技术，工艺点焊	铝合金、镁合金复合材料
均匀的结构过渡	点焊粘接	CFK（碳纤维增强塑料）
经过优化的几何形状	激光焊接、冲压铆接、冲压铆接粘接	

2. 车身用钢材

钢是一种碳含量低于 2% 的铁合金，车身结构中应用的钢板有热轧钢板和冷轧钢板两种。

（1）热轧钢板

热轧钢板是在 800℃以上的高温下轧制的，它的厚度一般在 1.6～8 mm，用于制造汽车上要求强度高的零件，如车身、横梁、车架、车身内部板件、底盘零件、底盘大梁等。

（2）冷轧钢板

冷轧钢板是由热轧钢板经过酸洗后冷轧变薄，并经过退火处理得到的，一般厚度为 0.4～1.4 mm。冷轧钢板的表面质量好，具有良好的可压缩性和焊接性能，大多数承载式车身都采用冷轧钢板制成。在悬架周围、车身底部容易被腐蚀的地方，常采用经过表面处理的冷轧钢板作为防锈钢板。

3．高强度钢

（1）高强度钢的种类

钢材按强度等级不同分为低碳钢、高强度钢、较高强度钢和超高强度钢等，高强度钢泛指强度高于低碳钢的各种类型的钢材。低碳钢的屈服极限小于 180 MPa；高强度钢指屈服极限为 180～300 MPa 的钢材，包括 IF 钢（无间隙原子钢）、BH 钢（烘烤硬化钢）、微合金钢等；较高强度钢指屈服极限为 300～600 MPa 的钢材，包括 DP 钢（双相钢）、TRIP 钢（相变诱导塑性钢）、特种钢和新种类 TWIP 钢（孪晶诱导塑性钢）和部分微合金钢等；超高强度钢指屈服极限大于或等于 600 MPa 的钢材，包括 CP 钢（复相钢）、MS 钢（马氏体复相钢）和 MnB 钢（锰硼合金钢）等（上述各屈服极限数值为大致范围，具体分类按图 1-3-1 所示）。车身上应用的部分高强度钢的种类和代号见表 1-3-3，不同类型钢材的强度等级和主要应用如图 1-3-1 所示。

类型	强度等级 /MPa（最低屈服极限）120 140 180 220 260 300 340 380 400 420 680 900 1200		主要应用
深拉延钢	× ×		复杂部件
无间隙原子钢	× × ×		深拉延和拉延部件
各向同性钢	× × ×		拉延部件
烘烤硬化钢	× × × ×		高强度
微合金钢	× × × × ×		高强度
双相钢	× × × × × × ×		高强度且吸收能量
相变诱导塑性钢	× × ×		
复相钢	×		高强度，结构件
马氏体复相钢	×		高强度
硼钢	×		碰撞加强部件

图 1-3-1　不同类型钢材的强度等级和主要应用

表 1-3-3　　　　　　　　　　　　部分高强度钢的种类和代号

代号	名称	代号	名称	代号	名称
DC	由低碳钢制成的冷轧钢	DP	双相钢	MS	马氏体复相钢
DX	由热镀锌钢板制成的冷轧钢	TRIP	相变诱导塑性钢	MnB	锰硼合金钢
IF	无间隙原子钢	TWIP	孪晶诱导塑性钢		
IS	各向同性钢	CP	复相钢		

（2）高强度钢的获得

获得高强度钢的方式主要有对普通碳钢进行热处理和对普通碳钢添加合金元素并同时进行热处理两种方式。

对普通碳钢进行热处理后，它的抗拉强度几乎可达到原钢材的 10 倍，这种钢有以下 3 种，它们的显微结构如图 1-3-2 所示。

① 单相钢只有一相显微组织（如马氏体），马氏体钢是最常用的超高强度钢之一。

② 双相钢是将钢材在一个连续的热处理传送带或带钢热轧机上淬火而得到的，这种钢具有两相显微组织（淬硬的马氏体结构和铁素体结构）。双相钢的可塑性好，其抗拉强度大于 800 MPa。这种钢材主要应用于前纵梁吸能区零件。

③ 多相钢具有多相的显微组织（铁素体结构、马氏体结构、贝氏体结构和奥氏体结构），它具有很高的强度。

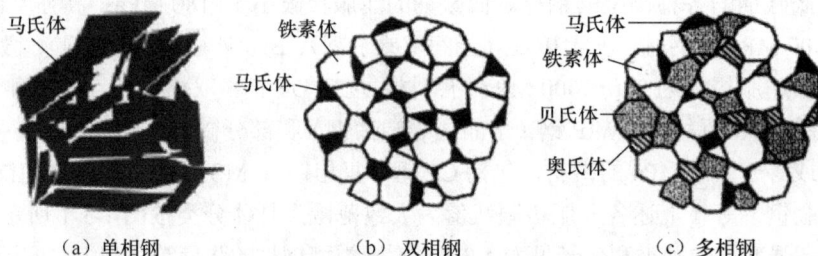

（a）单相钢　　　　　　（b）双相钢　　　　　　（c）多相钢

图 1-3-2　几种高强度钢的显微结构

对普通碳钢添加合金元素（如硼元素、碳元素等）并同时进行热处理也可以获得高强度钢，硼钢的抗拉强度能达到 1300～1400 MPa。例如，VOLVO SC90 型车的中柱就是用硼钢来制造的，可以极大地提高车身的强度。

（3）高强度钢在车身上的应用

承载式车身通常比非承载式车身小，车身的前部要求能够承受比过去大得多的载荷，并能够更好地吸收碰撞能量，高强度钢正好可以满足降低质量、增加强度这两方面的需求。由于对白车身越来越多的要求可以通过使用高强度钢板来满足，因此许多汽车制造厂都采用强度高、质量轻的高强度钢来制造现代车身大部分的板件。其中，外部覆盖件一般采用低碳钢或强度比较低的高强度钢制造，但是车身的结构件都采用高强度钢或超高强度钢来制造。

然而，高强度钢所具有的强度高和质量轻的特点却给修理带来了一些难题。高强度钢受到碰撞时不容易变形，但是一旦变形后，它比低碳钢更难修复到原来的形状。

4．铝合金在车身中的应用

铝合金可用来制造汽车上的各种板件，例如车门板、翼子板、发动机舱盖和车身前部的结构件等。车身中的铝合金，依照它们在车身中功能的要求，可分为压铸件、冲压件、铸造件。车身板件大部分使用压铸件。

压铸件用来制造能够承受大载荷的零件，在明显减轻质量的同时还具有较高的强度。这些板件外形通常为复杂的几何形状，通常是用真空压铸的方式生产，使它具有高强度。它还具有较高的延展性、良好的焊接性能、较高的塑性，保证它在碰撞时有很高的安全性。这些压铸件的铝合金类型是铝镁、铝硅系列铝合金，合金中的主要合金元素是镁、硅，有的还会加入铜。

冲压件有非常高的强度，它们能够加强车身的强度和刚性，使车身能够在剧烈的碰撞中保持结构的完整性。

铝合金铸造件也称铝铸件，一般是指采用砂型模或金属模将加热为液态的铝合金浇入模腔，得到的各种形状和尺寸的铝合金零件。铝合金铸造件在车身上应用得较少。

二、车身的其他材料

1．塑料在车身中的应用

塑料在汽车上的应用发展得很快，从最初的装饰件，发展到可替代金属制造各种车身板件。用塑料替代金属，既可获得轻量化的效果，又可改善汽车的某些性能，如耐磨、防腐、减振、减小噪声等。随着汽车工业的发展，塑料在车身中的应用越来越受到重视。

2．玻璃在车身中的应用

汽车用玻璃主要从安全性、舒适性等方面考虑，要有良好的光学性能。汽车上要使用安全玻璃，避免玻璃在破碎后对乘客造成伤害。现在的前、后风窗玻璃都做成整体一幅式的大曲面形，其上、下、左、右都有一定的弧度。这种曲面玻璃从加工到安装对技术的要求都非常高。

车身铝合金、塑料、玻璃维修的知识和技能将在后续任务中进行详细介绍，本任务不进行展开。

知 识 评 价

（1）现代轿车车身使用的材料越来越多样化、科技含量越来越高，车身损伤的维修也越来越容易。（　　　）

（2）现代车身板件主要采用高强度钢或超高强度钢制造。（　　　）

（3）车身上的高强度钢板不可以加热。（　　　）

（4）高强度钢受到碰撞变形后，只能更换不能维修。（　　　）

（5）选择白车身材料时，首先要满足的功能要求有耐碰撞、抗振动和（　　　）。

  A．耐腐蚀   B．隔音   C．刚度   D．易维修

（6）冷轧钢板是由热轧钢板经酸洗后冷轧变薄，并经过退火处理得到的，一般厚度为（　　　）。

  A．0.1～1.1 mm B．0.2～1.2 mm C．0.3～1.3 mm D．0.4～1.4 mm

（7）现代车身的结构件大都采用（　　　）。

  A．低碳钢   B．高强度钢或超高强度钢

  C．合金钢   D．工程塑料

（8）承载式车身上由高强度钢或超高强度钢制造的零件有（　　　）。

  A．翼子板   B．中柱

  C．车顶板   D．车顶横梁

（9）影响承载式车身强度的因素有（　　　）。

  A．零件的刚度和厚度   B．零件的形状和设计

  C．零件的质量   D．零件的材料

（10）观察身边汽车的车身，试判断车身零件使用的材料类型。

任 务 实 践

任务案例：一辆马自达轿车右侧车身受损严重，如图 1-3-3 所示。钣金维修人员在更换车身中柱时，想用电钻分离损伤的板件，结果用普通钻头很难钻透板件。

图 1-3-3　右侧车身受损严重的车身

一、分析加热对钢材性能的影响

1．对低碳钢的影响

对低碳钢进行加热时，随着钢板温度的升高，其强度和刚度会随之下降。停止加热，温度下降到常温后，钢板的强度又恢复到原来的程度。所以对于低碳钢来说，加热不会降低钢板原有的强度。用常规的氧乙炔焊和手工电弧焊进行焊接，或对低碳钢板进行短时间的加热都是允许的。

2．对高强度钢的影响

对高强度钢进行加热时，随着温度的升高，高强度钢内部的金属晶粒会发生改变，原来比较小的晶粒互相融合变成大晶粒，金属晶粒之间的作用力会随着晶粒的变大而减小，具体表现为强度会降低。当加热后的高强度钢恢复到常温时，它内部的晶粒不能够自己恢复到原来的小晶粒状态，所以高强度钢经过过度加热再冷却，其强度会下降。被加热过的高强度钢零件的外观及结构形状没有大的变化，这就容易引起维修人员的误会。这种变化对车身的危害是巨大的，车身的承重板件由于强度下降，一段时间后会产生变形，特别是在发生事故时，这些板件无法起到预期作用，如吸收碰撞能量，从而会发生更大的变形，导致更大的损害。加热车身高强度钢板除了会改变钢板的强度外，还会损坏镀锌层，导致钢板被锈蚀。

3．加热温度与钢材颜色的关系

对钢材加热时，钢材的颜色会随着温度上升而发生变化，从表 1-3-4 可以看出，当钢加热到 600℃时，才可以用肉眼观察到颜色变化，而这时已经超过绝大多数高强度钢板的耐热温度。并不是所有类型的高强度、超高强度钢板都不能加热，只不过它们允许加热的温度都很低，一般不超过 200℃。由于不能用常规方式控制加热的温度，所以制造厂一般不允许用产生热量过多的方式来修理现代汽车。

表 1-3-4　　　　　　　　加热温度与钢材颜色的关系

温度/℃	600	700	800	900	1000	1100	1200	1300
颜色变化	暗红色	红色	淡红色	橘红色	黄色	淡黄色	白色	亮白色

二、维修车身上的高强度钢板

为了满足零件的特性要求，汽车制造厂所供应的零件已经适当地进行了热处理。维修车身上的高强度钢板时应尽量避免加热，尤其是车架、梁等结构件，因此，修复受损坏的高强度钢板和较高强度钢板要采用可控制的方式加热，而对于损坏的超高强度钢零件不可修复，必须更换。

1．加热要求

在修理中对钢板进行加热的目的是消除钢板内部的应力，而不是用过度加热来软化钢板以方便修理。消除应力的加热温度一般不能超过200℃，在加热时要采用热敏材料来控制加热的温度。同时，持续加热时间不要超过3min。

热敏材料可以选用热蜡笔，加热前，先用热蜡笔在冷件上画标记，当达到一定的温度时，热蜡笔记号就会溶解，这比维修人员用眼睛观察钢板颜色变化确定温度要精确得多，用热蜡笔的误差为±1%。

2．焊接要求

安装新的零件时，不能用氧乙炔焊、电弧焊等会在焊接中产生大量热量的焊接方式，而应用惰性气体保护焊或电阻点焊等产生热量少的焊接方式。

3．分割要求

分割高强度钢板或进行点焊连接时，需使用特殊的钻头。如果要用砂轮切开钢板，必须注意，要先清除钢板表面的镀层等残余物。

能 力 评 价

请针对任务案例"钣金维修人员在更换车身中柱时，想用电钻分离损伤的板件，结果用普通钻头很难钻透板件"，依据所学知识和技能，分析并回答以下问题。

（1）轿车车身中柱在车身零件中属于（　　　　）。

    A．覆盖件　　　　B．结构件　　　　C．中部车身零件　D．后部车身零件

（2）车身结构中，对于中柱这一类零件，采用的材质大多是（　　　　）。

    A．普通钢　　　　　　　　　　B．高强度钢或超高强度钢

    C．铝合金　　　　　　　　　　D．塑料

（3）与车身使用的其他材料比，第（2）题中这类材质的特点有（　　　　）。

    A．质量轻　　　　B．高强度　　　　C．有很好的塑性　D．不易焊接

（4）在维修第（2）题中这类材质的车身板件时，要特别注意（　　　　）。

    A．要使用非钢铁工具

    B．不能反复敲打

    C．损伤后必须更换新件

    D．加热温度不要超过200℃，同时加热时间不可超过3 min

（5）综合以上分析，要正确分割中柱板件，可以用（　　　　）。

    A．切割砂轮磨削分割　　　　　　　B．等离子切割机分割

    C．气割方式分割　　　　　　　　　D．錾子錾削分割

┃项目拓展——车身造型，时尚科技┃

汽车的造型设计无疑是十分重要的。从汽车诞生的那一天起，人们就不断地对它的造型

进行改进，汽车造型设计具有明显的时代烙印，可以说汽车造型的变化历史，也是汽车的时尚进化史、科技进化史。随着科技的进步，汽车的造型越来越漂亮，汽车功能也越来越多，越来越符合空气动力学需求。

早期的汽车车身造型是将马车车厢直接移植于汽车上。1915年，美国福特汽车公司的T型车由篷体改为厢体，并装有门和窗，人们称这类车为"箱形汽车"，它奠定了以后汽车的基本造型。

20世纪30年代，为提高车速，设计师开始应用空气动力学的原理来降低风阻系数，轿车车身高度逐步降低到1.4 m，车宽逐渐增大，车身截面从方形变为椭圆形，从而减小了迎风面积。20世纪50年代，设计师开始应用人体工程学来设计汽车车身，把乘坐位置放在振动最小的船形车身的中部。

后来经过大量的探求和试验，设计师最终设计出了楔形车身。现代汽车的造型设计，基本都以楔形车身为基础，再融合其他车身的外观特点，变得更为实用、时尚。

早期车身

船形车身

现代汽车车身

项目 2
汽车车身损伤的评估

汽车车身损伤的原因和形式各不相同，在进行修复前首先要进行准确的评估。车身损伤评估包含现场鉴定和制定维修工艺两项工作内容。对于损伤的车身，在维修前，要准确鉴定出损伤部位和损伤程度，依据鉴定结果制订合理的维修计划，才能较为准确地预估维修工时和维修费用，保证维修过程有条不紊，并准确把握维修进度。认识车身金属板件的损伤、学习鉴定车身损伤的技巧、制定车身损伤维修工艺等是开展汽车车身钣金维修的前提。

| 任务 2.1　认识车身金属板件的损伤 |

【知识目标】

（1）掌握金属板件腐蚀损伤的相关知识。
（2）掌握金属板件变形损伤的相关知识。

【能力目标】

（1）能够正确选择车身板件的防腐蚀方法。
（2）能够消除金属板件的变形内应力。

【素质目标】

（1）培养学生运用理论指导实践的能力。
（2）培养学生精益求精的工匠精神。

任 务 分 析

车身损伤的形式主要有腐蚀损伤和变形损伤两大类，大部分的车身零件都是由金属制成的，金属的腐蚀是板件自身损伤的常见表现形式。车身损伤以机械性碰撞导致的变形损伤居多，当变形损伤导致金属保护层受损，也会伴随腐蚀损伤。

本任务需要学生了解车身材料的相关知识，以及金属材料的基础知识；掌握腐蚀损伤和变形损伤的相关知识，能够正确维修车身防锈钢板和消除变形金属板件的内应力。遇到问题能够独立分析并解决，要有爱岗敬业的职业精神。

相 关 知 识

一、金属板件的腐蚀损伤

铁在自然状态下只以氧化物或碳化物形式存在，而不是以金属形式存在。因此，铁和钢在大气条件下会重新转化为氧化物，人们将这个过程称为腐蚀或锈蚀。金属的腐蚀损伤不同于变形损伤，很多时候无法进行直观的检测，当外部能发现的时候，腐蚀损伤已经很严重了。所以对于车身板件的腐蚀损伤一定要提高警惕，在维修和保养过程中及时发现、及时解决，不给腐蚀创造条件。

金属腐蚀分为电化学腐蚀和化学腐蚀，以电化学腐蚀为主。

1．电化学腐蚀

在电化学腐蚀过程中，腐蚀作用通过导电液层（电解液）逐步在金属表面上扩展（潮气形成的薄水层、缝隙中残留的水以及手出的汗都能形成电解液），由非合金钢或低合金钢制造的、未经过保护处理的部件几天就会产生锈蚀痕迹。

电化学腐蚀的过程与原电池中发生反应的过程相同，如图 2-1-1 所示。原电池由两个采用不同材料的电极组成，这些电极位于导电液体（电解液）中，两种材料中的非贵金属（相对而言）溶解并引起腐蚀。在锌-铜原电池中，锌电极以离子（Zn^{2+}）形式溶解，铜电极上由于水分解而产生氢气。两个电极之间产生（较小的）电压，电压大小取决于电极材料。

各电极材料的电压（标准电位）通过相对一个基准电极（H）测量来得到，图 2-1-2 所示为电极材料的电压系列。在某一电压系列的两种材料中，左侧是非贵金属材料，右侧是贵金属材料。在一个原电池中，始终是在电压系列中位于左侧的金属先溶解。

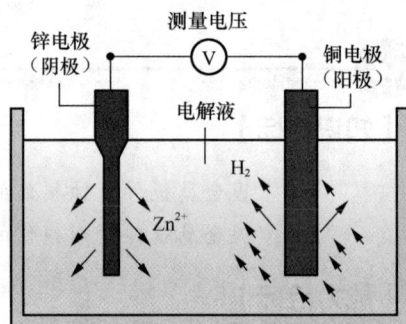

图 2-1-1 原电池原理

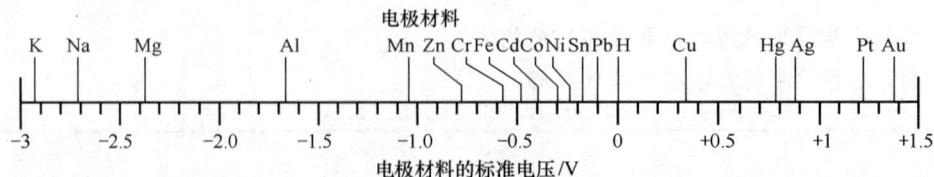

图 2-1-2 电极材料的电压系列

电化学腐蚀的典型例子是钢部件金属涂层区域，或者采用不同材料的两个部件之间的接触区域以及合金中的不同组织成分，极容易被腐蚀。所以在维修铝合金车身时，不能使用钢铁工具。

2．化学腐蚀

在化学腐蚀过程中，金属材料直接与腐蚀性物质发生反应，破坏部件性能。

二、金属板件的变形损伤

1．金属的结构特性

金属是由原子构成的，原子又按照一定的几何形状有规律地排列。不同的金属的原子排列规律是不同的，有些金属虽然原子排列的图形规律相同，但原子的大小和原子间的中心距是不同的。这些由许多原子按一定的几何形状排列的立体图形，称为"结晶格子"，简称"晶格"，如图 2-1-3 所示。

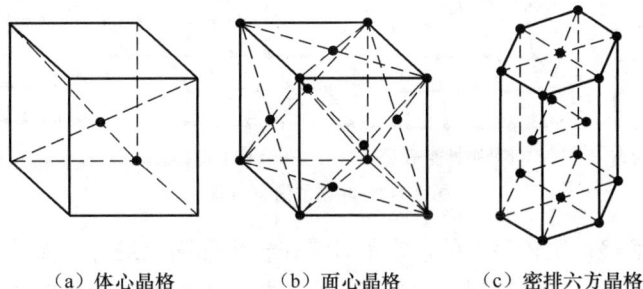

（a）体心晶格　　　　（b）面心晶格　　　　（c）密排六方晶格

图 2-1-3　3 种晶格的类型

2．金属的变形

金属在外力作用下，会经历弹性变形和塑性变形两个发展阶段，当外力继续增大，金属会发生断裂，如图 2-1-4 所示。

（1）弹性变形

在没有外力作用时，金属晶格中的原子处于平衡状态。在受到外力作用后，原子间的距离改变，造成晶格畸变，使晶格中的原子处于不稳定状态，表现为整个晶格变形。当外力除去后，晶格中的原子因为内力的作用，又立即恢复到原来的平衡位置，晶格畸变和整个晶体的变形也就立即消失。图 2-1-5 所示就是金属弹性变形，这种变形是很微小的。

（2）塑性变形

塑性变形是指在弹性变形的基础上，外力继续加大，晶格的一部分相对另一部分产生较大的错动，在新的位置与附近的原子组成新的平衡。塑性变形是一种不可恢复的永久变形。这种变形的变形量比弹性变形的大得多，如图 2-1-6 所示。塑性变形的形式有滑移和孪动两种。

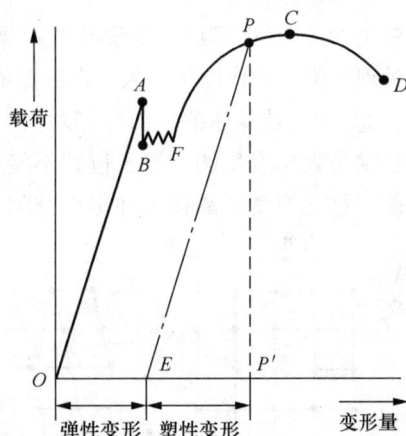

A—弹性极限；B—屈服点；C—抗拉强度极限；
D—断裂点；F—塑性变形点；P—塑性极限

图 2-1-4　金属的变形过程

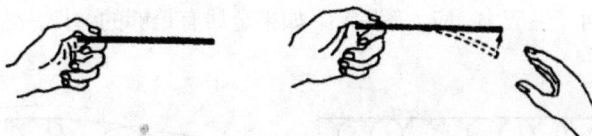

图 2-1-5　金属的弹性变形

图 2-1-6　金属的塑性变形

① 滑移是指金属在外力的作用下，晶体的某一部分沿着一定的方向，与另一部分产生相对移动。产生滑移的晶面称为滑移面，移动方向为滑移方向。金属的滑移面一般是晶格中原子分布最密的晶面，滑移方向则是原子分布最密的结晶方向。在金属晶格中，原子分布最密的晶面、结晶方向越多，产生滑移的可能性也就越大，金属的塑性也就越好。晶格的滑移过程如图 2-1-7 所示。

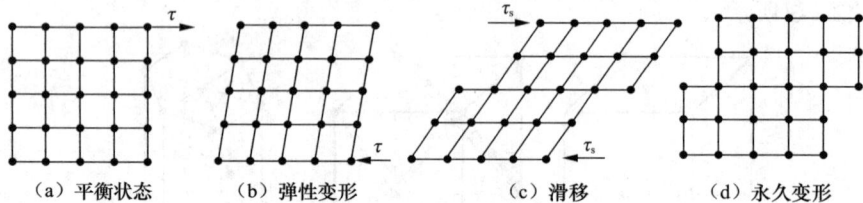

（a）平衡状态　　（b）弹性变形　　（c）滑移　　（d）永久变形

图 2-1-7　晶格的滑移过程

实际上，金属滑移是比较复杂的，它不只是在一个晶面上进行，而是在若干个平行的晶面（称滑移层）上进行。在滑移层之间形成一个阶梯。当塑性变形程度较大时，在金属表面上可以看到滑移的痕迹，即无数互相平行的线条，其常被称为滑移线。

金属发生塑性变形后，在滑移面附近会出现很多被挤乱的晶体碎块，同时晶格被歪扭，这就增加了滑移的阻力，变形越严重滑移面上的晶格紊乱碎块越多，继续滑移的阻力也就越大，这种现象称为冷作硬化现象。在钣金成形过程中，往往感到板料越敲越硬，就是这个道理。

② 孪动是晶体的一部分相对另一部分沿着一定的晶面和方向转动，如图 2-1-8 所示。金属孪动是突然发生的，原子位置不能产生较大的错动。因此晶体取得较大的永久变形方式主要是滑移。孪动后晶体内部出现空隙，易导致金属破裂。

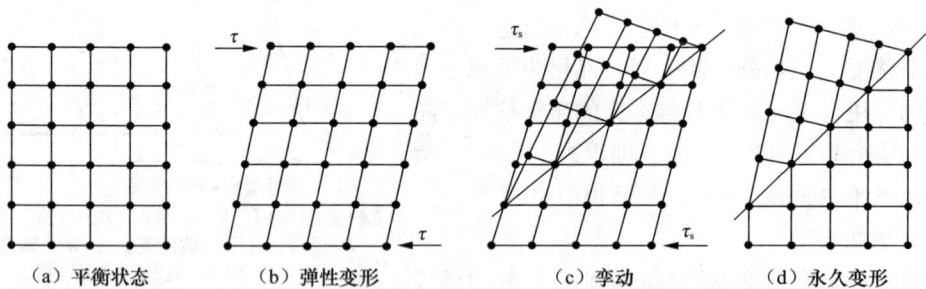

（a）平衡状态　　（b）弹性变形　　（c）孪动　　（d）永久变形

图 2-1-8　晶格的孪动过程

3. 金属的内部应力

平直金属材料中的晶粒都处于相对松弛的状态，如图 2-1-9 所示，当金属弯曲时，这些晶粒会产生轻度变形，从而产生应力。应力解除后，如果金属有足够的弹性，晶粒将回到原来的状态。

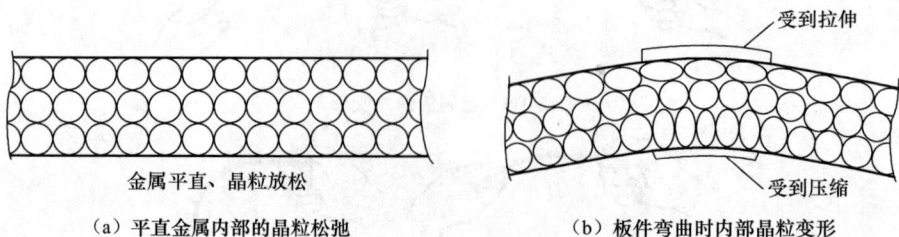

受到拉伸

金属平直、晶粒放松　　受到压缩

（a）平直金属内部的晶粒松弛　　（b）板件弯曲时内部晶粒变形

图 2-1-9　板件变形时内部产生应力

如果金属在碰撞中弯曲得很厉害，板件外侧的晶粒受拉伸力而严重扭曲，内侧的晶粒则受压缩力而扭曲，如图 2-1-10 所示。由于超过了金属的弹性极限，金属会产生塑性变形。在变形的部位有大量应力存在，以保持住这种状态。

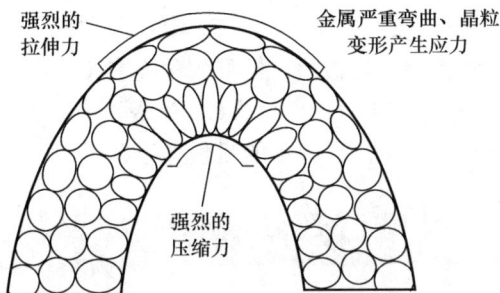

图 2-1-10　严重弯曲的金属板内部晶粒的变形

如果校正的金属板外形恢复后，有微小变形和不均匀晶粒的存在，金属内部还会有大量的应力存在。

4. 金属内部应力的消除

外形修复到与原形接近的金属板，其晶粒仍处于扭曲状态，只不过是形成了新的扭曲区域。一般用可控制的加热（一般在 200℃ 以下）和敲击（见图 2-1-11），让晶粒被激活，重新松弛后晶粒会恢复到原来状态。加热和外力使金属板恢复到原来的状态，减少了应力，从而使金属板尽可能变得平直，并且保持它原来的状态。在进行高强度钢板的应力消除时尽量不要采用加热的方式。

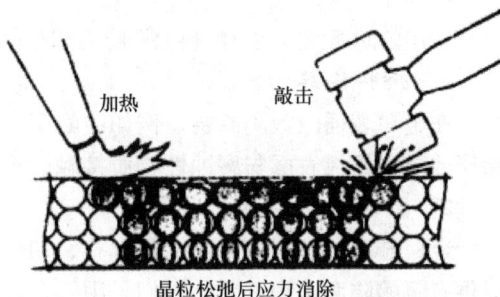

晶粒松弛后应力消除

图 2-1-11　金属应力的消除

知 识 评 价

（1）车身损伤都是由碰撞造成的。（　　）

（2）金属腐蚀以电化学腐蚀为主。（　　）

（3）在维修车身铝合金件时，不能使用钢铁工具。（　　）

（4）用火焰燃烧是清除车身防腐材料的常用方法。（　　）

（5）车身金属板件损伤类型多种多样，最难进行直观检测的损伤是（　　）。

    A. 变形　　　　　　　B. 锈蚀　　　　　　　C. 磨损　　　　　　　D. 断裂

（6）车身修复操作中造成维修部位腐蚀的原因是（　　）。

    A. 形成电化学腐蚀　　　　　　　　B. 内部的应力没有消除

    C. 破坏了防腐涂层　　　　　　　　D. 接触酸性物质

（7）维修车身铝合金件时，不能使用钢铁工具的原因是（　　）。

    A. 易形成电化学腐蚀　　　　　　　B. 钢铁工具硬度高

    C. 钢铁工具易生锈　　　　　　　　D. 钢铁工具沉重

（8）维修时，清除密封防腐材料的最佳方法是（　　　）。

  A. 煤气喷灯燃除   B. 加热到180℃以上铲掉

  C. 旋转式钢丝刷清除   D. 氧乙炔火焰燃除

（9）在电化学腐蚀中，与铁在一起先被腐蚀的是（　　　）。

  A. 铜   B. 铝   C. 镁   D. 锌

（10）车身用钢板的表面都有一层镀层，镀层的种类有（　　　）。

  A. 镀锌   B. 镀铝   C. 镀锡   D. 镀铜

（11）请观察你身边的受损汽车，分析车辆损伤类型。

任 务 实 践

任务案例：张先生的东风标致408轿车左前轮铝合金轮圈与铁门发生轻微刮擦，他没有在意，1个月后他发现擦伤变严重，半年后轮圈表面出现大面积腐蚀现象，如图2-1-12所示。

一、车身板件的防腐

常用的防腐蚀方式有涂料涂层防腐和金属涂层防腐两种。

1. 涂料涂层防腐

在金属表面涂敷隔离层，例如由耐腐蚀金属构成的涂料涂层或防止钢板表面与腐蚀性物质接触的涂料涂层。

图2-1-12　严重锈蚀的铝合金轮圈

2. 金属涂层防腐

金属产品技术结构中通常带有孔、切割边和冲孔等，在这些地方进行涂料涂层防腐只能提供有限的防腐保护。因此人们采用了金属涂层，这些金属涂层不仅具有一定的隔离作用，对铁和钢来说还具有所谓的阴极防蚀作用，利用的是金属的电化学腐蚀原理。

二、维修车身防锈钢板

1. 防锈钢板的应用

防锈钢板的表面有镀层，镀层的种类有镀锌、镀铝和镀锡。在这3种镀层中，镀锌和镀铝比钢板更容易被腐蚀，而镀锡的防腐蚀能力则比钢板好。镀锌钢板对碱性环境的防腐蚀性能要好于酸性环境，一般用作车身钢板；而镀铝钢板对酸性环境的防腐蚀性能要好于碱性环境，一般用作排气管护板；镀锡钢板则用于燃油箱。防锈钢板的种类和用途见表2-1-1。

表2-1-1　　　　　　　　　　　防锈钢板的种类和用途

防锈钢板种类		用途
镀锌钢板	熔融镀锌	车身钢板
	双层镀锌	车门、发动机等
镀锡钢板		燃油箱
镀铝钢板		排气管护板

车身用的镀锌钢板有单面镀锌和双面镀锌两种。双面镀锌钢板一般用在车身的下部板件，如车地板、挡泥板、发动机罩等部位，这些部位经常接触腐蚀性物质，需要重点防护。

单面镀锌钢板一般用在不经常接触腐蚀性物质的部位，如车身上部的板件。

2．防锈钢板的处理要点

对防锈钢板进行修理要注意尽量保护镀层的完整，在进行打磨、钣金处理或焊接等可能会破坏镀层的修理过程中，要尽量少地破坏镀层并要及时恢复镀层，否则镀层被破坏的钢板会很快被腐蚀。镀锌钢板不容易进行涂装，现在修补用的涂料一般都是在防锈钢板上喷涂，但是在防锈钢板上重新进行涂装的时候，还是需要注意，防止涂装后出现问题。

三、消除金属板件内应力

1．敲击消除内应力

在拉伸校正中利用拉力恢复变形的板件后，再用钣金锤敲击板件以消除内应力，这样才能保证变形彻底恢复。钣金锤通常与修平刀或木块（作垫块用）一起将打击力分散到较大面积上，从而消除内应力，让金属板回到原来的大小和形状。对于主要损坏部位相邻的地方也要用钣金锤敲击以减小应力。

2．加热消除内应力

大多数内应力的消除是冷作用，不需要很多热量，如果损坏部分需要加热，必须严格遵守汽车生产厂家维修手册上的建议。加热后不能用水或压缩空气冷却加热区，必须让它自然冷却。快速冷却会使金属变硬，甚至变脆。为了准确控制加热温度，操作时，可用热敏材料监测加热温度。

能 力 评 价

请针对任务案例"张先生的东风标致 408 轿车左前轮铝合金轮圈与铁门发生轻微刮擦，他没有在意，1 个月后他发现擦伤变严重，半年后轮圈表面出现大面积腐蚀现象"，依据所学知识和技能，分析并回答以下问题。

（1）在车身损伤中，占比较大的损伤类型是（　　　）。

    A．腐蚀损伤　　　　B．碰撞损伤　　　　C．疲劳损伤　　　　D．结构损伤

（2）案例中轮圈的腐蚀属于（　　　）。

    A．自然腐蚀　　　　B．人为腐蚀　　　　C．化学腐蚀　　　　D．电化学腐蚀

（3）该轮圈产生较严重锈蚀可能是因为（　　　）。

    A．轮圈质量不好　　　　　　　　　B．车主不经常洗车

    C．铁与铝合金接触　　　　　　　　D．轮圈表面涂层被破坏

（4）在维修车身板件时，为了防止腐蚀要特别注意（　　　）。

    A．打磨防锈钢板时要尽量保护镀层的完整

    B．若板件镀层被破坏，要及时进行防锈处理

    C．损伤后必须更换新件

    D．要根据零件材料特点合理选用维修工具

（5）综合以上分析，要避免铝合金轮圈腐蚀，可以（　　　）。

    A．及时给轮圈损伤部位喷涂油漆防腐

    B．在损伤部位贴保护膜

    C．将损伤部位打磨掉

    D．到专业汽车美容装饰店进行轮圈处理

|任务2.2 学习鉴定车身损伤的技巧|

【知识目标】

（1）掌握车身碰撞损伤变形特点。
（2）掌握承载式车身的碰撞吸能区。

【能力目标】

（1）能够综合分析影响车身碰撞损伤程度的因素。
（2）能够根据碰撞情况正确鉴定车身损伤。

【素质目标】

（1）培养学生主动学习和发现问题的能力。
（2）培养学生诚实守信的职业道德。

任 务 分 析

不同类型的车身在发生碰撞时，产生的变形有不同的特点，汽车发生碰撞时的位置、碰撞物的形状、碰撞力的方向等因素也会影响车身的碰撞变形。只有掌握了车身损伤的鉴定技巧，才能准确、全面地得出鉴定结果，并根据鉴定结果区分事故车，为接下来维修方案的制定提供依据。

本任务需要学生了解车身结构、材料及车身板件损伤等相关基础知识；掌握车身碰撞变形特点，能够根据车身损伤现象，独立分析损伤的过程和后果，准确区分事故车的类型和等级。在工作中要不断提高分析和解决问题的能力，培养爱岗敬业的职业精神。

相 关 知 识

一、非承载式车身的碰撞变形

车架被撞时产生的变形，大致可分为左右弯曲变形、上下弯曲变形、断裂变形、菱形变形和扭转变形5种类型。

1. 弯曲变形

（1）左右弯曲变形

当汽车一侧被碰撞后，被撞一侧钢梁的内侧及另一侧钢梁的外侧有褶皱，车门长边上有裂缝、短边上有褶皱，或汽车被撞一侧有明显的碰撞损伤，车身和车顶盖有错位等，即可确定有左右弯曲变形，如图 2-2-1 所示。

（2）上下弯曲变形

当汽车被撞后，车身在高度方向发生变形，通常碰撞位置的车身表面会比正常位置低，这就说明发生了上下弯曲变形，如图 2-2-2 所示。

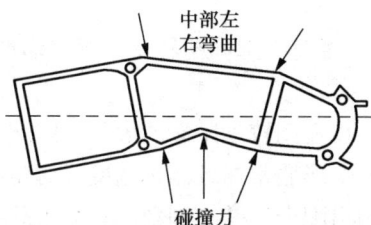

图 2-2-1　左右弯曲变形　　　　　　　图 2-2-2　上下弯曲变形

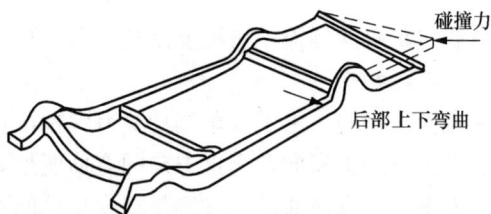

直接碰撞汽车的前部或后部，会引起在汽车上侧或两侧发生上下弯曲。可以通过观察翼子板与门之间的缝隙是否在顶部变窄、在下部变宽，以及车门在被撞击后是否下垂，判别出是否有上下弯曲变形。即使在车架上看不出褶皱和扭曲，大多数车辆的碰撞损伤中都会有上下弯曲变形。严重的上下弯曲变形会影响车架上车身钢板的准直。

2．断裂变形

汽车发生碰撞后，发动机罩前移或后车窗后移；车身上的某些部件或车架元件的尺寸小于标准尺寸；车门可能吻合得很好，但挡板、车壳或车架的拐角处有褶皱或有其他严重的变形；车架在车轮挡板圆顶处向上提升，引起弹性外壳损坏和保险杠有一个非常微小的垂直位移，这些都表明车架上发生了断裂变形，如图 2-2-3 所示。

3．菱形变形

当车辆前部（或后部）的任意一个侧角或偏心点受到撞击时，车架的一侧向后（或向前）移动，车架或车身歪斜近似平行四边形的形状，这种变形称作菱形变形，如图 2-2-4 所示。菱形变形是整个车架的变形，可以明显看到发动机罩及行李箱盖发生错位，在接近后车轮罩的相互垂直的钢板上或在垂直钢板接头的顶部可能出现褶皱，在乘坐室及行李箱地板上也可能出现褶皱和弯曲。此外，菱形变形还会附带有许多断裂及弯曲的组合损伤，但菱形变形很少会发生在承载式车身上。

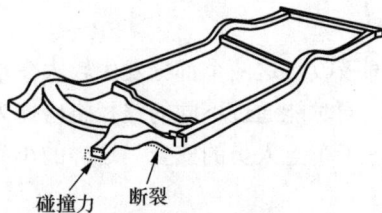

图 2-2-3　断裂变形　　　　　　　图 2-2-4　菱形变形

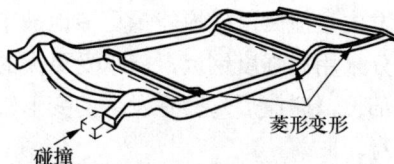

4．扭转变形

当汽车高速撞击到路缘石、隔离栏或车身后侧角端发生碰撞时，就可能发生扭转变形，如图 2-2-5 所示。发生扭转变形后，汽车的一角会比正常情况高，而相反的一角会

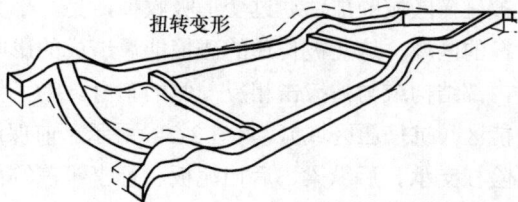

图 2-2-5　扭转变形

比正常情况低；汽车的一角会前移，而邻近的一角很可能被扭转向下。若汽车的一角下垂接近地面，就应对汽车进行扭转损伤检查。要特别注意的是，扭转变形往往隐藏在底层，也可能在检查钢板表面时看不出任何明显的损伤。

二、承载式车身的碰撞变形

承载式车身的碰撞损伤程度是按弯曲变形、断裂变形、增宽变形和扭转变形逐个递增的。

1. 弯曲变形

在碰撞的瞬间，由于汽车结构具有弹性，使碰撞振动传递到较远距离的大部分区域，从而引起中央结构上横向及垂直方向的弯曲变形。左右弯曲变形通常通过测量宽度或对角线来判别，上下弯曲变形通常通过测量车身部件的高度是否超出配合公差来判别。与非承载式车身的弯曲变形相似，这一变形可能仅发生在汽车的一侧。

2. 断裂变形

在碰撞过程中，碰撞点会产生显著的挤压，碰撞的能量被结构的折曲变形吸收，以保护乘坐室。而较远距离的部位则可能会产生褶皱、断裂或者松动。测量车身部件的长度是否超出配合公差来判别是否产生断裂变形。

3. 增宽变形

增宽变形与非承载式车身的左右弯曲变形相似，可以通过测量车身高度和宽度是否超出配合公差来判别。对于性能良好的承载式车身来说，碰撞力会使侧面结构偏向外侧弯曲，偏离乘客，同时纵梁和车门缝隙也将有相应变形。

4. 扭转变形

承载式车身的扭转变形与非承载式车身的相似，可以通过测量其高度和宽度是否超出配合公差进行判别。由于扭转变形是碰撞的最后结果，即使最初的碰撞直接作用在中心点上，但再次的冲击还是能够产生扭转力，从而引起汽车结构的扭转变形。

除无菱形变形外，承载式车身和非承载式车身的碰撞变形类型是极为相近的，但是承载式车身的损伤要复杂得多。承载式车身的修理与非承载式车身的修理步骤一样，采用"后进先出"的方法，首先校正最后发生的变形，这是修复承载式车身的最佳方法。

三、承载式车身的碰撞吸能区

1. 安全车身

在发生碰撞后，碰撞能量更多地被车身前部或后部吸收，这两个部分发生较大变形。驾驶室部分采用高强度钢板，能承受更大的碰撞冲击力，同时能通过不同的路径将碰撞力传导到其他部位，碰撞后驾驶室发生的变形较小，从而保证了车上人员的安全。这样的车身称为安全车身。

由薄钢板连接成的车身壳体，在碰撞中，能吸收大部分碰撞能量。其中一部分碰撞能量被碰撞区域的部件通过变形吸收掉，另一部分碰撞能量会通过车身的刚性结构传递到远离碰撞的区域，这些被传递的碰撞能量造成的影响称为二次损伤。二次损伤会影响承载式车身的内部结构或与被撞击相反一侧的车身。为了控制二次损伤变形，汽车前部和后部都设计了吸能区（抗挤压区域），如图 2-2-6 所示。前保险杠支承、前纵梁、前挡泥板、发动机罩、后保险杠支承、后纵梁、后挡泥板、行李箱盖等部位，一般设计为波纹状或通过表面钻孔等方式来达到局部强度的弱化。在汽车受到撞击时，它们就会按照预定的形式折曲，这样，碰撞能量在传递过程中就被大大减小直至消散。中部车身有很高的刚性，把前部（或后部）吸能区不能完全吸收而传递过来的能量传递到车身的后部（或前部），引起远离碰撞点部件的变形，从而保证中部乘客室的结构完整及人员安全。

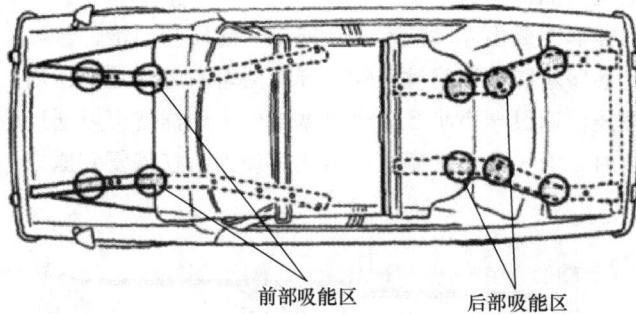

图 2-2-6 承载式车身的吸能区

在所有碰撞中，大部分的碰撞发生在汽车的前部。在碰撞力比较小时，由前部的保险杠、保险杠支承等的变形来吸收能量。碰撞剧烈时，前面的纵梁等能很好地吸收能量，如图 2-2-7 所示。

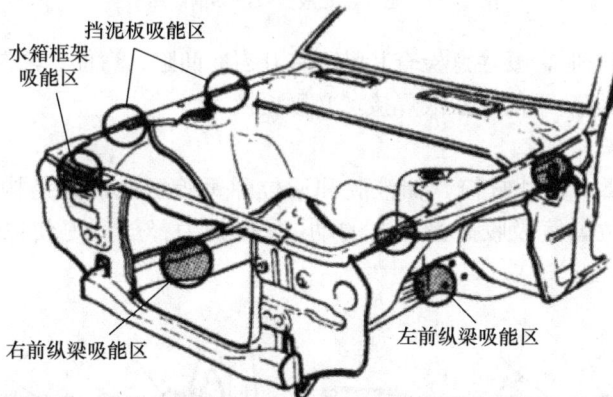

图 2-2-7 承载式车身的前部吸能区

2. 吸能型前纵梁

前纵梁作为前部最坚固的部件，不仅有承载前部其他部件和载荷的能力，在碰撞中它还作为主要的吸能元件，通过变形吸收碰撞能量。图 2-2-8 所示为不同的吸能型前纵梁。

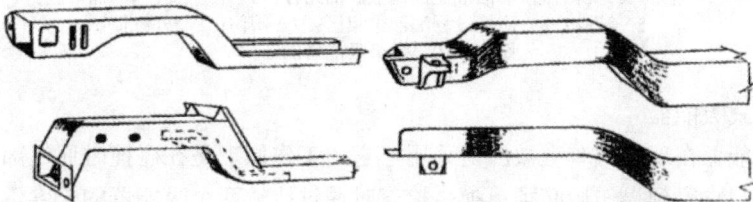

图 2-2-8 不同的吸能型前纵梁

3. 车身前部吸能装置

（1）橡胶吸能装置

橡胶垫装在吸能器和前纵梁之间。当受到碰撞时，吸能器受力后移，橡胶受力压缩，吸收冲击能量。当碰撞冲击力减小时，橡胶垫恢复到原始位置，保险杠恢复到原始位置。

检查时应该检查吸能器的固定轴和固定板是否弯曲，橡胶垫是否撕裂。当固定轴出现弯曲或者橡胶垫脱离安装位置时，吸能装置就必须更换。

（2）充气、充液型吸能器

充气、充液型吸能器主要由浮动活塞、活塞缸、液压油、惰性气体、计量杆等组成，如图 2-2-9 所示。浮动活塞左腔充满惰性气体，浮动活塞右腔中是液压油。当受到碰撞时，浮动活塞向右运动，液压油通过一个小孔流进活塞缸中，这样就可以通过液体的流动吸收冲击能量。当冲击力释放时，液压油从活塞缸中流出，使保险杠恢复到原来的位置。

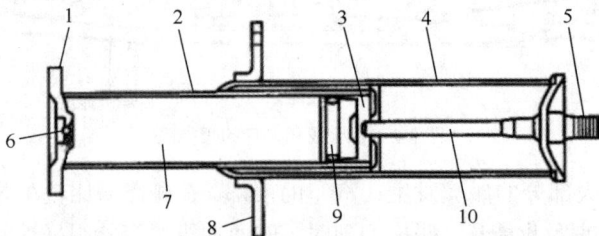

1—保险杠支架；2—活塞缸；3—液压油；4—外缸筒；5—安装螺栓；
6—密封钢珠；7—惰性气体；8—纵梁托架；9—浮动活塞；10—计量杆
图 2-2-9　充气、充液型吸能器剖面结构

对吸能器进行检查时，要注意检查其是否有开裂、凹陷、弯曲、渗漏等情况。注意，充气、充液型吸能器损坏后不能校正或焊接，必须更换。

（3）弹簧吸能器

弹簧吸能器主要由内外缸筒、储液腔和回位弹簧等组成，其结构如图 2-2-10 所示。其工作原理是用回位弹簧吸收碰撞冲击的动能，碰撞力释放后迫使保险杠恢复到原来的位置。

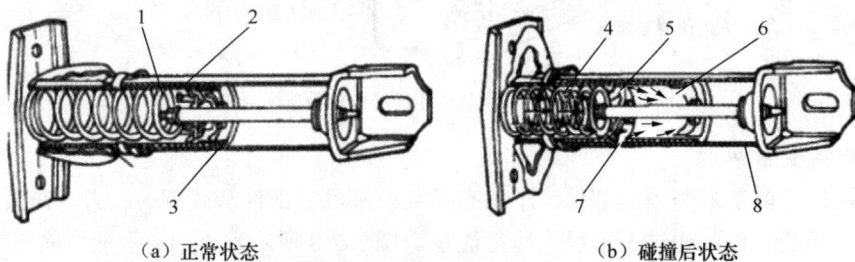

（a）正常状态　　　　　　　　　　　　（b）碰撞后状态
1—回位弹簧；2—碰撞后油液返回储液腔的路径；3—内缸筒；4—储液腔；
5—液孔；6—碰撞过程油液聚集区；7—阀门；8—外缸筒
图 2-2-10　弹簧吸能器的结构

（4）压溃式吸能器

压溃式吸能器在现代汽车上被广泛采用。它的工作原理是在碰撞时通过部件本身的压缩变形吸收能量，它受到损伤后必须更换。检查时通过比较两个吸能器的长度，就可以确定是否有变形。

四、事故车的分类

事故车是指在使用过程中，曾经发生过严重碰撞、严重水泡或严重过火的，即使经过修

复，但仍然存在安全隐患的车辆。

1. 碰撞事故车

在所有的车身损伤中，碰撞损伤占比最高，因此碰撞事故车是事故车中的最主要类型。车身碰撞的类型和程度各不相同，并不是所有发生碰撞的车辆均评价为事故车，只有当车身的梁、柱等结构件发生变形或其他严重损伤，该车才属于事故车，如图 2-2-11 所示。

图 2-2-11　碰撞事故车

在碰撞事故车中，按碰撞位置和程度的不同又分为不同的等级。损伤的位置在车身前部和后部对应的损伤等级要低于损伤位置在车身中部的损伤等级，因为车身中部结构强度更高，大量使用超高强度材料，其抗碰撞变形的能力更强。损伤同样在车身前部时，根据损伤程度的不同也可分为不同等级。若只是保险杠横梁受损，则损伤等级要低于前纵梁受损；若减振器支座受损，则该事故车的损伤等级较高。

2. 水泡事故车

影响汽车水泡损伤的因素包括水淹高度、水淹时间、水质等，车辆水泡损伤程度是多个因素共同作用的结果，最主要的因素是水淹高度和水淹时间，只有当水淹高度和水淹时间达到一定级别才属于水泡事故车，如图 2-2-12 所示。不同的车型因为功能不同也会影响到水泡损伤程度，例如越野车的底盘较高，在外界环境相同的情况下它的涉水性能要明显高于普通轿车。

图 2-2-12　水泡事故车

（1）水淹高度

水淹高度是指车辆在静止的状态下被水淹没的车身高度，车身高度不同水淹高度也会有差异。水淹高度一般分为：1级，车身地板以下；2级，车身地板以上，驾驶人座椅坐垫以下；3级，驾驶人座椅坐垫面以上，仪表台以下；4级，仪表台中部；5级，仪表台面以上，顶篷以下；6级，水面超过车顶，如图2-2-13所示。水淹高度对车辆的影响显而易见，水淹高度越高，车辆受损程度越重，一般水淹高度在2级以上，车辆长时间泡水即可评估为水泡事故车。

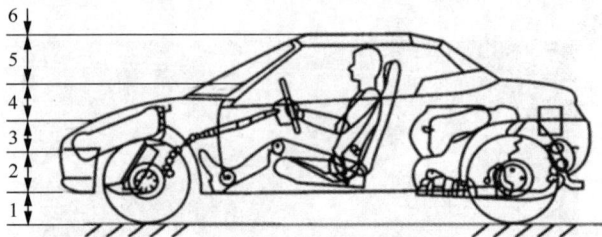

图 2-2-13　水淹高度示意图

（2）水淹时间

水淹时间是指从车辆受到水淹开始到施救为止的时间，水淹时间越长车辆受损程度越重，一般持续水淹超过1h而不及时处理，就会造成车身及接线插头腐蚀，部分控制模块失效。

（3）水质

淹没车辆的水的水质对车辆的影响也很大，水的酸碱度过大、水中含有的有害化学物质过多等会使被淹车辆的受损程度加重。如海水对车辆的损坏要明显严重于淡水。

3．过火事故车

汽车火灾造成的损失令人触目惊心，如扑救不及时，整个汽车转眼之间就会损毁，如图2-2-14所示。汽车起火的原因有很多，如车身电器、线路、供油系统、机械系统等车辆自身故障，所载货物或车辆周边可燃物起火，汽车发生碰撞等。若汽车在行驶过程中起火，还会给驾乘者造成严重的人身伤害。

图 2-2-14　过火事故车

知 识 评 价

（1）要求车身发生碰撞后，中部要发生较小变形，保证车上人员和汽车的安全。（　　　）

（2）碰撞力指向汽车的质心时，造成的损坏更严重。（　　　）

（3）前纵梁作为前部最坚固的部件，在碰撞中它不容易变形吸收碰撞能量。（　　　）

（4）承载式车身的碰撞损伤程度按弯曲变形、断裂变形、增宽变形和扭转变形逐个递增。
（　　）

（5）在正面碰撞事故中担负主要吸能作用的是（　　）。

    A. 中柱　　　　　　B. 前柱　　　　　　C. 前保险杠　　　　D. 前纵梁

（6）吸能型保险杠损坏后的维修方法为（　　）。

    A. 损坏不严重的修复后使用　　　　　B. 损坏严重的焊接牢固后使用

    C. 更换新件　　　　　　　　　　　　D. 更换前纵梁

（7）事故车的类型有（　　）。

    A. 严重碰撞　　　B. 严重水泡　　　C. 保养不善　　　D. 严重过火

（8）请观察你身边的受损车辆，试着评估其是否为事故车。

任 务 实 践

任务案例：一辆大众探岳与一辆华晨宝马 540 经过正面碰撞测试后，车身前部均发生了严重变形，如图 2-2-15 所示。小李认为探岳的车身更安全，小刘认为宝马的车身更安全。

图 2-2-15　正面碰撞测试后的汽车

一、分析影响车身碰撞损伤的因素

影响车身碰撞损伤的因素有碰撞的位置、碰撞物的形状、行驶方向、碰撞车型和碰撞力的方向等。除了这些因素以外，碰撞时的车速才是影响车身损伤程度的最重要原因，安全驾驶、遵守交通法规才能尽可能避免交通事故的发生。

1. 碰撞的位置

汽车前部与物体发生碰撞时，碰撞的位置不同，车身的损伤程度也不一样，如图 2-2-16 所示。

（1）碰撞点在上方

当碰撞点在汽车前端较高的部位时，会引起车壳和车顶后移及后部下沉。

（2）碰撞点在下方

当碰撞点在汽车前端较低的部位时，因车身惯性，汽车后部会向上变形、车顶被迫上移，在车门的前上方与车顶板之间形成一个大的裂口。

2. 碰撞物的形状

两辆相同的车，以相同的车速碰撞，当撞击对象不同时，损伤结果差异会很大。汽车撞上电线杆和撞上一堵墙壁，结果就大不一样，如图 2-2-17 所示。如果撞上墙壁，因碰撞面积较大，其损伤程度较轻。相反，撞上电线杆，因碰撞面积较小，其损伤程度较严重，汽车保险杠、发动机罩、水箱框架、水箱等部件都严重变形，发动机也被后推，碰撞影响还会扩展到后部的悬架等部位。

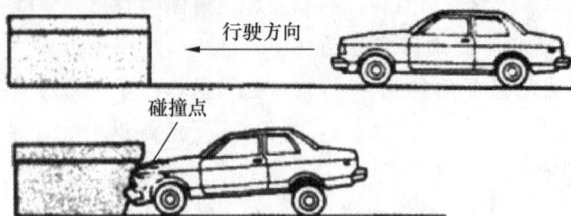

（a）车身前部高点位置的碰撞

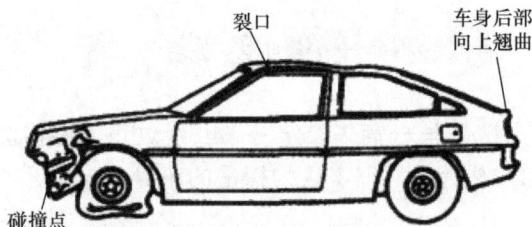

（b）车身前部低点位置的碰撞

图 2-2-16　碰撞的位置不同

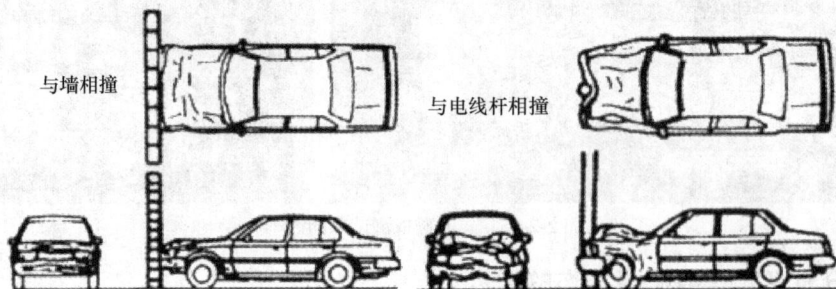

图 2-2-17　碰撞物的形状不同

3. 行驶方向

当横向行驶的汽车撞击纵向行驶的汽车的侧面时，如图 2-2-18 所示，纵向行驶的汽车的中部会产生弯曲变形，而横向行驶的汽车除产生压缩变形外还会被纵向行驶的汽车向前牵引，导致弯曲变形。

从此例可以看出，横向行驶的汽车虽然只有一次碰撞但损伤却发生在两个方向。反过来，也可能出现两种碰撞而损伤却发生在一个方向上的情况，在十字路口的汽车碰撞中，这种情况常常见到。

4. 碰撞车型

不同类型的车辆发生碰撞时，产生的变形也不一样。碰撞车辆质量越大，被碰撞车辆的

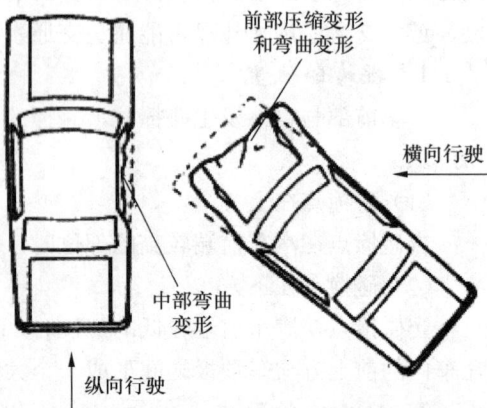

图 2-2-18　车辆侧向碰撞

变形和损伤就越严重。

5．碰撞力的方向

碰撞带来的损坏程度还取决于碰撞力与汽车质心相对应的方向，如图 2-2-19 所示。碰撞力的延长线不通过汽车的质心，一部分冲击力将形成使汽车绕着质心旋转的力矩，该力矩使汽车旋转，从而减少了冲击力对汽车零件的损坏；碰撞力指向汽车的质心，汽车就不会发生旋转，大部分能量将被汽车零件所吸收，造成的损坏是非常严重的。

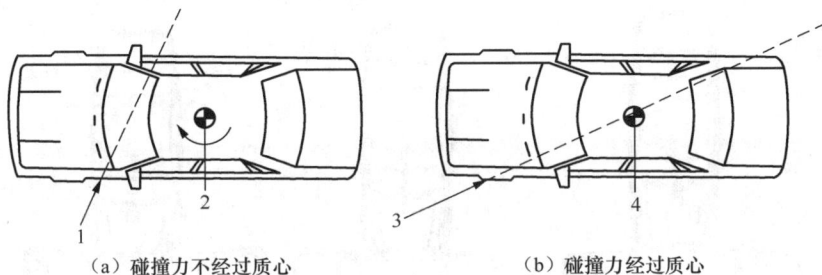

（a）碰撞力不经过质心 （b）碰撞力经过质心
1、3—碰撞力；2、4—质心
图 2-2-19 碰撞力与汽车质心的关系

二、鉴定承载式车身碰撞变形的方法

1．前部碰撞变形

汽车发生正面碰撞时，车身的变形过程如图 2-2-20 所示。

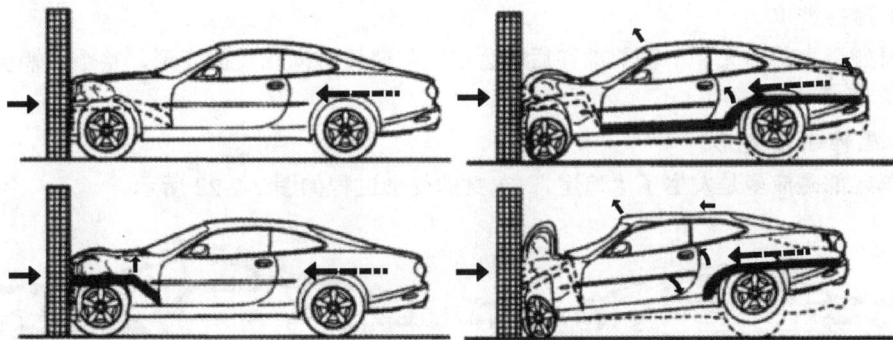

图 2-2-20 汽车正面碰撞车身的变形过程

（1）碰撞较轻

碰撞程度比较轻时，保险杠会被后推，前纵梁、保险杠支承、前翼子板、散热器支座、散热器上支承和机罩锁紧支承等也会被折曲。

（2）碰撞较重

如果碰撞的程度较剧烈，那么前翼子板就会弯曲而触到前车门，发动机罩铰链会向上弯曲至前围上盖板，前纵梁也会折弯到前悬架横梁上并使其弯曲。

（3）碰撞严重

如果碰撞力足够大，前挡泥板及前车身立柱（特别是前门铰链上部装置）将会弯曲，并使车门松垮掉下。另外，前纵梁会发生褶皱，前悬架构件、前挡泥板和前车门平面也会弯曲。

当前翼子板或后顶盖侧板受到垂直方向上较大的冲击时，振动波会传递到汽车相反一侧。当前翼子板的中心位置受到碰撞时，前轮会被推进去，振动波也会从前悬架横梁传至前纵梁。这样，悬架元件就会损伤，前轮的中心线和基线也都会改变。

2．中部碰撞变形

当发生侧向碰撞时，车门、前部构件、车身中柱以及地板都会发生变形，车身的变形过程如图 2-2-21 所示。发生侧向的碰撞时，转向装置的连杆及齿轮与齿条的配合也将被损坏。

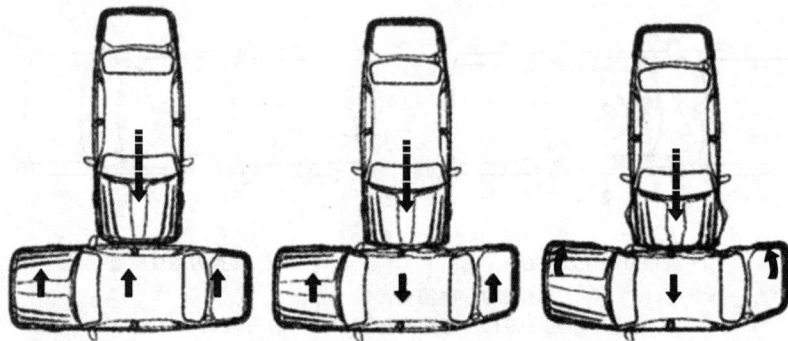

图 2-2-21　汽车侧向碰撞车身的变形过程

（1）碰撞较重

如果车身中部受到的侧向碰撞比较严重，车门、中柱、车门槛板、顶盖纵梁都会发生严重弯曲，甚至相反一侧的中柱和顶盖纵梁也朝碰撞的相反方向变形。

（2）碰撞严重

随着碰撞力的增大，车辆前部和后部会产生与碰撞方向相反的变形，整个车辆会变成弯曲的香蕉状。

3．尾部碰撞变形

汽车尾部碰撞多是发生了"追尾"，车身的变形过程如图 2-2-22 所示。

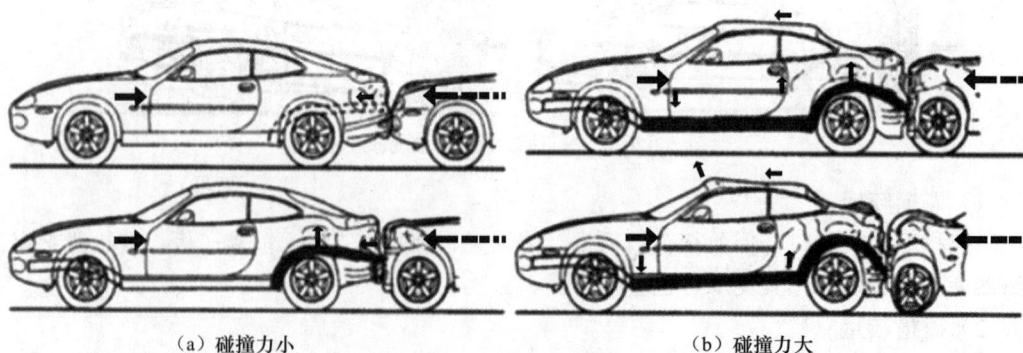

（a）碰撞力小　　　　　　　　　　（b）碰撞力大

图 2-2-22　汽车尾部碰撞时车身的变形过程

（1）碰撞较轻

如果碰撞力小，后保险杠、后地板、行李箱盖及行李箱地板可能会变形。

（2）碰撞较重

如果碰撞力大，相互垂直的钢板会弯曲，后顶盖、顶板会塌陷至顶板底面。而对于四门汽车，车身中柱也可能会发生弯曲。

4．顶部碰撞变形

当坠落物体砸到汽车顶部时，除车顶钢板受损以外，车顶纵梁、后顶盖侧板和车窗也可能同时被损伤。在汽车发生翻滚时，车的顶盖、立柱，车下部的悬架会被严重损伤，悬架固定点的部件也会受到损伤。如果车身立柱和车顶钢板弯曲，那么相反一端的立柱同样也会被损坏。由于汽车倾翻的形式不同，车身的前部及后部部件的损伤也不同，损伤程度可通过车窗及车门的变形状况来确定。

目测评估车身
碰撞损伤
（微课）

三、鉴定事故车的方法

1．鉴定碰撞事故车

鉴定碰撞事故车时，要按图 2-2-23 所示的顺序检查车身结构件的关键部位。例如水箱框架、保险杠、保险杠与纵梁连接部位、纵梁、减振器支座、门框、车顶梁、前柱、中柱、后柱等是否变形、断裂或被更换过。由于车身后翼子板与后柱、车顶纵梁、中柱及门槛外板多采用超高强度钢板一体冲压成形，因此在实际鉴定中将其等同于结构件，若后翼子板被更换过，则该车会被定义为事故车。

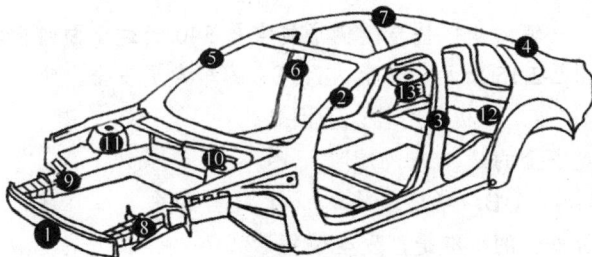

图 2-2-23　碰撞事故车重点检查部位

2．鉴定水泡事故车

图 2-2-24 所示为一辆发生严重水泡事故车辆维修前的状态，鉴定时要重点检查驾驶室内是否有水淹痕迹。拆下内饰件，观察缝隙处是否有泥沙残留，地板是否发生腐蚀，侧面挡泥板上的腐蚀是否有明显的高度分界线等。

图 2-2-24　水泡后的驾驶室

如果车辆发生水泡而出现霉味，除了在阴凉处打开车门，让车内的水充分散发，消除车内的潮气和异味外，还需对汽车内部进行彻底清洁，更换新的或晾晒后的地毯及座套。另外还要注意车内生锈痕迹的检查，查看车门的铰链部分，行李箱地毯之下、座位下的钢铁部分以及备用轮胎的固定锁部位有没有生锈的痕迹。

3. 鉴定过火事故车

实际工作中，鉴定过火事故车的难度较大，如果车辆着火后扑救及时，车辆受损轻，维修后很难鉴别出来，如果扑救不及时车辆会直接被烧毁，如图 2-2-25 所示，没有维修价值。但是，对于过火车辆，仍然可以通过内饰及其下部的零件表面是否有着火痕迹进行鉴定。

图 2-2-25 被烧毁的汽车

能 力 评 价

请针对任务案例 "一辆大众探岳与一辆华晨宝马 540 经过正面碰撞测试后，车身前部均发生了严重变形，如图 2-2-15 所示。小李认为探岳的车身更安全，小刘认为宝马的车身更安全"，依据所学知识和技能，分析并回答以下问题。

（1）案例中车身更安全的是（　　　）。

　　A. 探岳　　　　　　B. 华晨宝马　　　　C. 差不多　　　　　D. 无法确定

（2）评估车身是否安全的标准是，发生碰撞后（　　　）。

　　A. 车身坚固，碰撞后车身变形较小

　　B. 安全气囊配置全面，充分包裹驾乘人员

　　C. 碰撞能量更多地被车身前部或后部吸收，这两个部分发生较大变形，而驾驶室能承受碰撞冲击力，变形较小

　　D. 车辆仍然可以启动运行

（3）车辆损坏程度还取决于碰撞力的方向，受损更严重的情况是（　　　）。

　　A. 碰撞力的延长线不通过汽车的质心

　　B. 碰撞力指向汽车的质心

　　C. 碰撞力从前向后

　　D. 碰撞力从后向前

（4）在设计车身时，为了达到 "安全车身" 标准，解决方案有（　　　）。

　　A. 通过车身的结构设计，合理传递碰撞力

　　B. 通过在车身上设计碰撞吸能区，适当弱化某些结构部位的强度

　　C. 提高制动系统等主动安全配置

　　D. 车身中部采用超高强度钢提高强度

（5）为了避免车辆碰撞事故的发生，我们要控制（　　　）。

　　A. 碰撞的位置　　　　　　　　　　B. 碰撞时的车速

　　C. 碰撞力在车身中的传递方向　　　D. 碰撞时车辆的行驶方向

|任务 2.3　制定车身损伤维修工艺|

【知识目标】

（1）掌握车身碰撞损伤评估原则。
（2）掌握碰撞力在承载式车身上的传递方式。

【能力目标】

（1）能够根据车身损伤情况准确评估。
（2）能够根据评估结果制定合理的维修方案。

【素质目标】

（1）培养学生综合分析并解决问题的能力。
（2）培养学生实事求是的职业精神。

任 务 分 析

　　车身发生碰撞后，哪些零件在碰撞中损坏、哪些零件可以维修、哪些零件需要更换以及维修费用和维修时间是多少等是维修企业、保险公司和车主最关心的。准确评估需要综合各方面有用的信息，汽车碰撞时产生的碰撞力及车身受损程度取决于事故发生时的状况，可以通过了解碰撞的过程，辅助分析车身损伤情况。

　　本任务需要学生了解车身损伤鉴定基础知识，遵照碰撞损伤的评估原则，能够针对不同的车身损伤制定维修方案。遇到问题能够独立分析并解决，要有爱岗敬业的职业精神。

相 关 知 识

一、碰撞损伤的评估原则

1. 搜集碰撞信息

　　实际的汽车碰撞事故中，一辆汽车与另一辆汽车相撞后，还可能再次发生碰撞损伤，因此就会产生不同损伤类型的组合，如图 2-3-1 中的①和②所示。在评估之前，应尽可能多地了解现场情况，确定事故实际发生的过程，结合实际的鉴定才能制定出修复的具体步骤。这样虽然会花费一些时间，但能在整个修复过程中节省更多的时间，而且也会减少一些艰苦的工作。这种损伤评估的方法是非常有必要的，

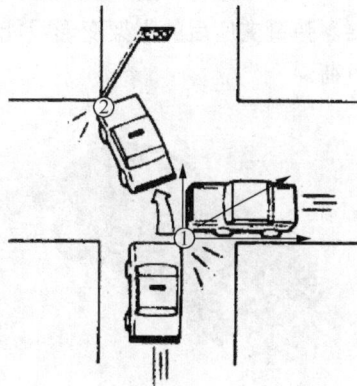

图 2-3-1　车身发生多次碰撞

它便于维修人员估算出修理的费用和维修工时。

2．圆锥图形法

承载式车身的碰撞损伤可以用图 2-3-2 所示的圆锥图形法来进行评估。将目测撞击点作为圆锥体的顶点，圆锥体的中心线表示碰撞的方向，其高度和范围表示碰撞力穿过车身壳体扩散的区域。

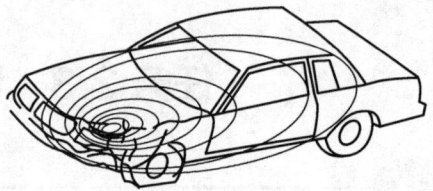

图 2-3-2　圆锥图形法

圆锥体顶点通常为主要的受损区域。从受力点开始，按照碰撞力的传递路径逐一排查，如图 2-3-3 所示。A 点受到一个大小为 F_0 的碰撞力，在 B 点断面形状变化很大的部分减弱为 F_1，其次由 C 点孔洞处的变形吸收了部分的冲击力，余下 F_2 大小的力传递至 D 点，减弱为 F_3，接着是前柱和车顶板结合处 E 点的变形，使力减弱成 F_4，中柱和车顶板结合处 F 点附近的碰撞力逐渐趋于零。

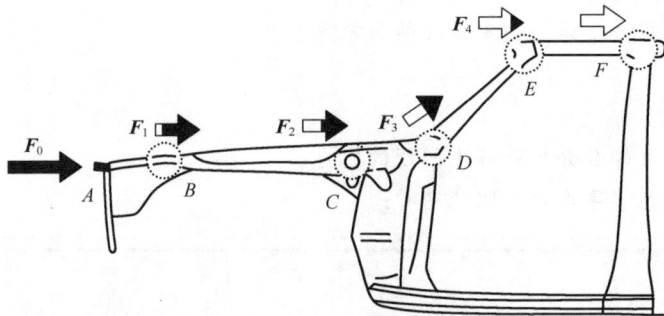

图 2-3-3　车身碰撞的传递路径

二、碰撞力在承载式车身上的传递

1．车身正面碰撞时力的传递

正面碰撞时力通过保险杠支架传递到车辆内。固定在保险杠支架上的防撞元件继续将力传递到发动机支架内。前桥架梁与弹簧支座共同作用的结果可有目的地实现变形吸能性能。即使车辆的碰撞接触很小，碰撞力也能通过保险杠横连杆、侧面防撞梁、前挡泥板和前桥架梁分散到车辆左右两侧，如图 2-3-4 所示。

同时，碰撞力通过发动机支架继续分散到地板总成，通过发动机至前隔板加强件再传递到变速器传动轴盖板，通过车轮传递到轮罩内车门槛加长件的变形吸能区以及前柱加强区域和侧框架，如图 2-3-5 所示。碰撞力通过弹簧支座和轮罩上的支架传递到侧框架也很重要。弹簧支座后的支架变形吸能区可以限制传递到前柱的力，同时可以减轻前柱附近车厢的负荷。

图 2-3-4　正面碰撞时力的传递　　　图 2-3-5　正面碰撞时地板上力的传递

彩图 2-3-4 和
彩图 2-3-5

2．车身侧向碰撞时力的传递

如果侧向碰撞是可移动障碍物撞到车辆上，那么碰撞力首先从侧面防撞保护件和车门锁传递到前柱、中柱和后柱。继续变形时侧面防撞保护件的安全钩会钩在中柱和后柱上。此外，车门内板也会支撑在车门槛上（通过结构上的重叠实现）。这样整个侧围即可非常牢固地连接在一起。这表示从这个阶段起，碰撞力通过承载式的侧框架结构作用在车厢上，如图 2-3-6 所示。

如果碰撞更严重，那么车门槛将相应的力通过座椅横梁传递至变速器传动轴盖板的连接支架和变速器支架以及地板的后部横梁，最后传递至车身的另一侧。与此同时，力也会通过车顶传向对侧。在不带活动天窗的车辆上，车顶弓形架的作用是将力传递至车辆另一侧。在带有活动天窗的车辆上，刚性很强的活动天窗框架可将力继续传递到对侧。如果中柱变形后挤压座椅，那么坚硬的座椅架会将所出现的力通过变速器传动轴盖板传递到车辆对侧。

图 2-3-6　侧向碰撞时力的传递

彩图 2-3-6～
彩图 2-3-8

3．车身尾部碰撞时力的传递

车辆发生尾部碰撞时，碰撞力通过保险杠支架及变形元件传递到车辆两侧，如图 2-3-7 所示。碰撞速度低于 15 km/h 时，这些元件作为变形吸能区，花费较低的维修费用即可更换。碰撞速度较高时，各纵梁才会出现变形。通过后桥架梁和车轮，作用在车辆整个宽度上的负荷由后部地板和整个车门槛承受。在上部区域，力主要由后部侧挡泥板吸收及传递。侧挡泥板将力传递至后柱和车顶，同时将一部分力通过车门向前传递。

尾部碰撞时地板上力的传递路径如图 2-3-8 所示。在侧框架和后桥架梁承受高负荷的区域安装了附加的加强件。其他碰撞力通过传动轴传递到发动机和变速器上，以及废气装置和蓄电池上。此外，传动轴也是特殊的变形吸能区。铝合金传动轴通过中间轴承的锥形法兰吸能，钢传动轴通过反拉伸管吸能。由于燃油箱位于后桥，所以尾部碰撞时一般不会造成燃油系统被损坏。

图 2-3-7　尾部碰撞时力的传递　　　　图 2-3-8　尾部碰撞时地板上力的传递

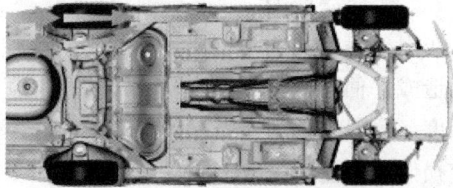

知 识 评 价

（1）保险杠横梁在汽车前部发生碰撞时，能将碰撞能量全部吸收。（　　　）

（2）承载式车身发生碰撞时，碰撞力可以通过纵梁传递，因此纵梁不会变形。（　　　）

（3）以下对用圆锥图形法评估承载式车身的碰撞损伤描述正确的有（　　　）。

　　A．将目测撞击点作为圆锥体的顶点

　　B．圆锥体顶点通常为主要的受损区域

　　C. 圆锥体的中心线表示碰撞的方向

　　D. 圆锥体的高度和范围表示碰撞力穿过车身壳体扩散的区域

（4）车身损伤后，维修时需要确定的内容有（　　　）。

　　A. 维修的零件　　　B. 更换的零件　　　C. 维修费用　　　D. 维修时间

（5）请你在实际生活中或网络上收集碰撞车辆信息，试着对其进行评估分析。

任 务 实 践

　　任务案例：一辆荣威轿车前部发生了碰撞，如图 2-3-9 所示，如何对该事故车制定合理的维修方案？

图 2-3-9　前部碰撞受损的汽车

一、诊断汽车碰撞损伤

　　诊断汽车碰撞损伤的步骤如图 2-3-10 所示。对于车身损伤，修复前应采用一定的方法确定损伤的具体部位、范围及损伤程度，以制定合理的维修方案。而在修复作业中及修复完成后，也应对损伤部位的修复情况进行随时监测，避免修复过度，并判断损伤部位是否修复完好。评估时要根据不同的车身板件、不同的损伤情况使用合理的评估方法，快速、准确地完成评估作业。

1. 观察法评估

　　车身覆盖件的凹陷损伤，往往由于该种损伤的特点和车身较脏污等原因不便于观察确定，从而造成评估不准确。评估时，车辆停放地点要保证光线充足，在观察时不断调整目光与板件的角度（一般都采用逆光、侧向观察，尽可能避免垂直观看），如图 2-3-11 所示，直到清晰地确定损伤的位置和大致范围。观察法评估多用于维修前损伤情况的确定和维修后质量的检查。

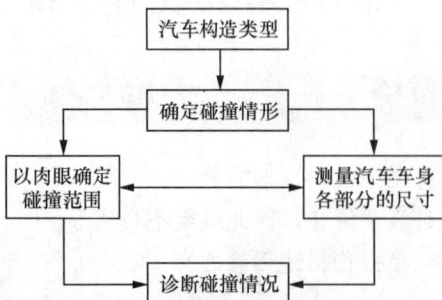

图 2-3-10　诊断汽车碰撞损伤的步骤

图 2-3-11　观察法评估

对于严重损伤的车身，在碰撞中碰撞力会穿过车身刚性大的部件传递，如车身前柱、车顶纵梁、地板纵梁等箱形截面梁，最终传递深入至车身部件内并损坏薄弱部件。因此，要找出汽车损伤，必须沿着碰撞力扩散的路径，按顺序一处一处地进行检查，确认出变形情况。检查过程中要特别仔细地观察板件连接点有没有错位断裂，加固材料（如加固件、盖板、加强筋、连接板）上有没有裂缝，各板件的连接焊点有没有变形，油漆层、内涂层及保护层有没有裂缝和剥落，以及零件的棱角和边缘有没有异样等。这样，损伤部位就容易被识别出来，如图 2-3-12 所示。

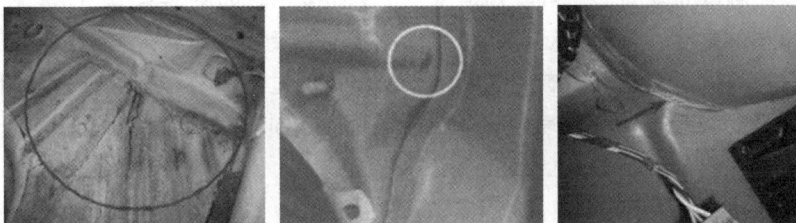

图 2-3-12　车身上容易识别损伤的部位

加固材料上的缝隙，各板件的连接焊点等部位在碰撞中容易发生变形。

2．触摸法评估

为了更准确地判断覆盖件表面的损伤部位，可以采用触摸法进行评估。操作时，手掌要平放在板件上，微微用力下压，按手指的方向移动，移动范围要覆盖整个板件，如图 2-3-13 所示。操作的时候要将注意力集中在手掌上，如果手感不好，可以在手掌下垫块毛巾或者戴上棉线手套，再进行触摸评估，板件凹凸变形感会明显加强。

3．工具法评估

检查车身损伤时，可以使用直尺、卷尺、千分尺等量具做简单的检查评估，用直尺检查车身板件的凹陷时，把直尺放置在损伤区域上，通过观察直尺与车身板件的间隙大小，评估板件损伤程度和范围。要想对车身损伤做更精确的评估需要使用专用的测量系统。车身尺寸测量的知识，将在项目 3 中单独介绍。

如果板件形状复杂或损伤较重，不能直接用直尺评估出损伤情况，可以将直尺放在车身另一侧没有被损坏的区域上，检查车身和直尺的间隙；然后将直尺放在被损坏的车身板件上，评估被损坏的和未被损坏的板件与直尺的间隙相差多少，以此来判断损伤的情况，如图 2-3-14 所示。

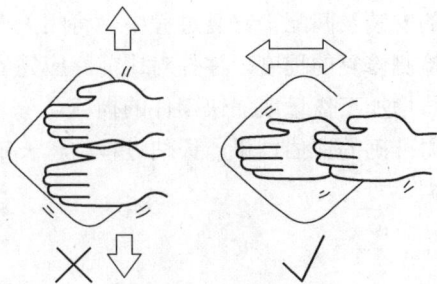

图 2-3-13　触摸法评估

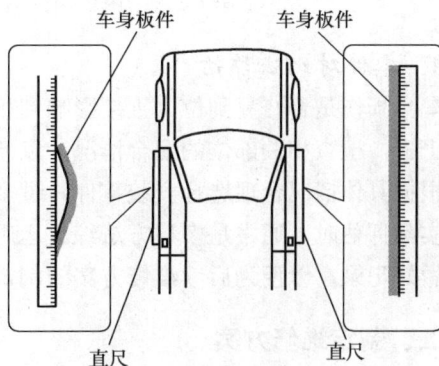

图 2-3-14　工具法评估

在维修过程中为了更好地修复覆盖件的外观形状，可使用专用钣金维修取样板或用薄纸板自制样板对损伤部位进行评估和维修情况监测。专用钣金维修取样板有的由若干个可以活动的塑料板组成，有的由软性的塑料制作而成。使用时，将样板垂直于车身板件表面用力下压，样板刃口的形状便与板件一致，并能够保持不变，取样完成。取样的位置为车身上与受损部位相对应的另一侧，然后将取样后的样板放在受损的部位，观察样板与车身板件的贴合情况，以此来判断损伤部位的损伤程度和确定维修方向。

车身上的车门、翼子板、发动机罩、行李箱盖、车灯之间的配合间隙都有一定的尺寸要求，通过观察和测量间隙的变化可以判定发生了哪些变形，如图 2-3-15 所示。在正面碰撞事故中，了解损伤最重要的是检查后车门与后顶侧板间隙及水平差异；另一个较好的方法是比较汽车发动机罩与翼子板左侧和右侧的间隙。车门是通过铰链装在车身立柱上的，可通过简单地开关车门及观察门的准直来确定车身立柱是否受到损伤。

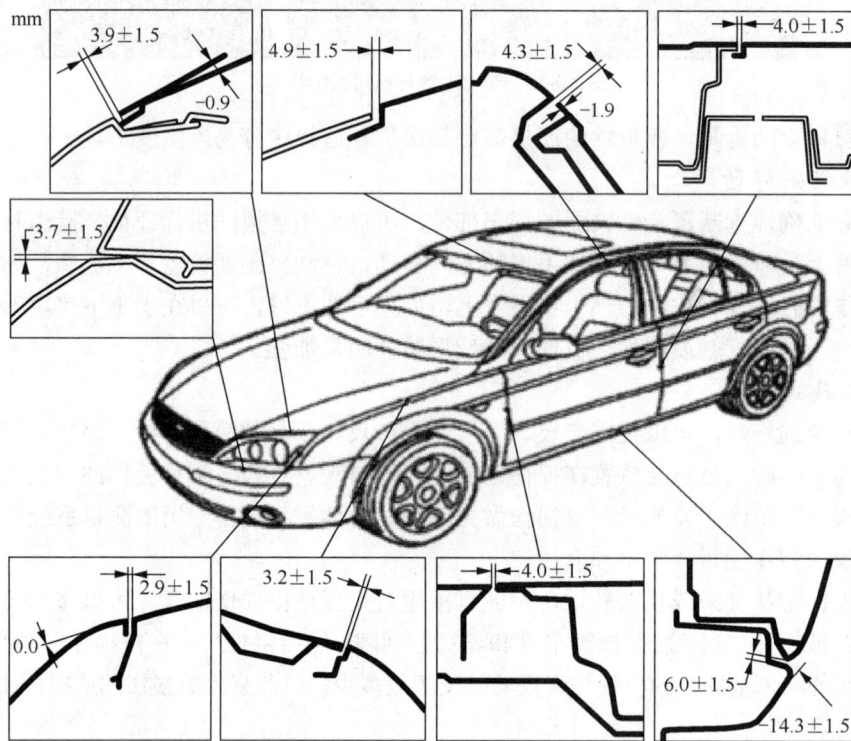

图 2-3-15　车身零件间的配合间隙

4．零件对比法评估

车身损伤是否修复到位，直接影响到相关零件的安装及匹配。修复过程中，将相关零件安装上去，检查相关部位的配合情况，以便判断、检测修复的程度。零件对比前，应凭借经验及根据具体情况合理选择安装零件，过多的安装将增加工作量或加快零件的损坏。

实际评估时，通常是多种方法综合运用，以获得准确的评估结果。评估过程中，一定要随时做好记录，以便为后续维修方案的制定提供依据。

二、制定维修方案

制定维修方案，除了要考虑车身损伤零件的可维修性、维修成本等，还要综合考虑整体维修质量是否会影响整车性能，如局部拉伸时如何保证周边部位不受影响，切割和焊接时如何保证金属内部结构尽量不发生较大的变化，以及使用何种钻孔、打磨工具才不会对安装造成影响等。凡是与整体维修方案有关的因素，考虑得越周详越好，这样才能在后续的工作中有备无患。

1．维修成本的核算

维修成本可以通过下面的计算公式来核算。满足下列条件时，维修比较经济、可行。

$$N > R \times L + M$$

式中：N——新部件的成本；

　　　R——维修工时（h）；

　　　L——小时工资，进行维修时计算；

　　　M——材料成本。

在核算成本时，必须考虑到有些更换的新车身零件也需要喷漆，并且更换也会产生拆装工时。同时，还要考虑维修效率、场地和其他维修材料成本。

2．车身零件的更换与维修确定

对待"更换或维修"这个问题，首先要考虑零件的损伤程度，以及维修后是否能满足使用要求，再综合维修成本、客户需求等多方面进行确定。

车身零件按损伤程度的不同通常分为轻度损坏、中度损坏和严重损坏 3 个等级，轻度损坏和中度损坏通常仅指表面损伤，鉴定损伤情况时通常无须拆卸部件。严重损坏时，零件变形程度重，损伤面积超过零件的二分之一。轻度损坏和中度损坏可以维修，严重损坏应尽可能更换新件。同时，如果零件的关键安装部位受损、车身碰撞吸能区变形等，也应更换新件，不建议维修。

总之，车身维修要在保证维修质量的前提下节约成本，维修人员必须熟知车辆碰撞损伤程度的确认、需要更换的部件的确定、需要修理的部件的确定、修理方式的确定、设备工具的选用以及各种操作规范化方面的知识，才能确保修复效果最佳。

能 力 评 价

请针对任务案例"一辆荣威轿车前部发生了碰撞，如图 2-3-9 所示，如何对该事故车制定合理的维修方案"，依据所学知识和技能，分析并回答以下问题。

（1）对案例中受损车身碰撞力的扩散描述正确的是（　　）。

　　A．以左前部碰撞点为中心，向车身右后部扩散

　　B．以左前部碰撞点为中心，只在发动机舱范围内扩散

　　C．左前部碰撞点受力最大，向车身后部递减

　　D．车身各部分均匀受力，碰撞力被均匀分散

（2）观察案例中的受损车身，需要更换的车身零件有（　　）。

　　A．前保险杠总成　　B．发动机舱盖　　C．前保险杠横梁　　D．前风窗玻璃

（3）观察案例中的受损车身，需要维修的车身零件有（　　）。

　　A．左前翼子板　　B．左前纵梁　　C．左前挡泥板　　D．左前门

（4）评估损伤时，为了评估结果准确、无遗漏，要（　　）。

　　A．沿碰撞力的方向和范围逐一排查

  B. 将损伤严重部件拆除，进一步仔细检查

  C. 从外观变形情况即可准确判断

  D. 由经验丰富的技师，从外观到内部逐一检查

（5）综合以上分析，对该事故车制定维修方案的内容包括（ ）。

  A. 确定需要更换和维修的车身零件 B. 预估维修费用

  C. 预估维修完成时间   D. 严格监控维修质量

| 项目拓展——碰撞试验，安全车身 |

  现在汽车的安全性已经成为新车一大卖点，汽车碰撞试验是用来评估一款新车型的车身安全性的有效方法，由具有资质的试验机构根据测试标准模拟车辆的真实碰撞过程，根据碰撞后车身变形和假人受伤害程度进行车身安全性评级，给出测试车型的安全星级，常见的车身安全星级从 5+级、5级、4级、3级、2级、1级逐级递减。

  汽车碰撞试验规定了不同车速下的正面碰撞、正面不同障碍物重叠率（碰撞接触面积与车辆碰撞面面积的比值）碰撞、侧向碰撞、尾部碰撞和顶部碰撞等多个测试项目。碰撞试验前，在汽车上加装各种试验监控设备，并给车辆加载以使碰撞试验车辆的重量（重量的分布）与满负载车辆的重量相同，还会在车上和假人身上安装传感器，使它们受到撞击时可以传输数据，并用多台高速摄像机多方位拍摄碰撞过程的视频和图片。

  目前常用的新车碰撞评测规程有我国的 C-NCAP、美国的 IIHS 和欧洲的 E-NACP 等，我国长城汽车的多款车型在多个严苛的测试标准下均获得了 5+级安全车身认证，表明中国汽车车身制造已经达到世界尖端水平。

长城哈弗碰撞试验

项目 3
汽车车身尺寸的测量

在车身修复工作中，要准确地确定车身变形、拉伸校正及安装部件等，都需要进行车身尺寸的测量。车身覆盖件要求维修后的外观及零件之间的配合要达标，且外形要美观。对于结构件的维修，需重点检查维修精度，车身底部结构件的某些重要测量控制点，要求修理后的尺寸与标准尺寸的误差不能超过±3 mm。如果维修后尺寸未能达到标准，就会影响汽车的某些使用性能，甚至影响行车安全。本项目重点介绍车身尺寸数据图的识读、车身尺寸的点对点测量和车身三维尺寸的测量等内容。

| 任务 3.1 识读车身尺寸数据图 |

【知识目标】

（1）掌握车身尺寸的测量控制点。
（2）掌握车身尺寸的测量基准。

【能力目标】

（1）能够正确识读车身上部点对点数据图。
（2）能够正确识读车身底部三维数据图。

【素质目标】

（1）培养学生运用信息化手段查询资料的能力。
（2）培养学生锐意进取的创新精神。

任 务 分 析

要想将车身的尺寸恢复到标准值，对原车尺寸的掌握是最基本的要求。如果没有原车车身的尺寸数据，对测量来说会有很大的难度，后续的车身修理也是不准确的。这样会对修复后的汽车的各项性能产生一定的影响。所以在进行车身测量和调整之前，掌握原车车身数据是十分必要的一步。

本任务需要学生了解车身结构基础知识，了解机械识图相关知识，能够识读各类型车身尺寸数据图，充分利用各种信息化手段获取车身尺寸数据。遇到问题能够独立分析并解决，要有开拓、创新意识。

相 关 知 识

一、车身的外廓尺寸

1. 车身长度方向的尺寸

汽车车身长度方向的尺寸主要有车长、轴距、前悬和后悬等，如图 3-1-1 所示。

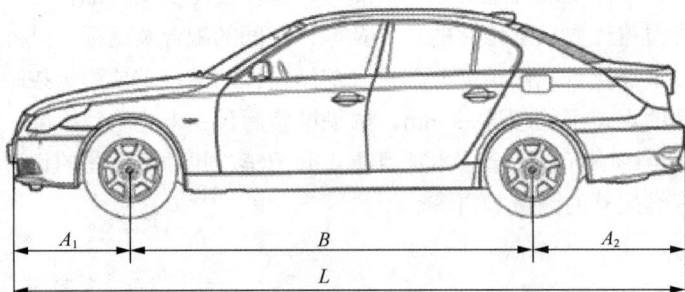

图 3-1-1 车长、轴距、前悬和后悬

（1）车长（L）是指垂直于车辆纵向对称平面并分别抵靠在汽车前、后最外端突出部位的两垂面之间的距离，就是沿着汽车前进的方向，最前端到最后端的距离。通常，乘用车（包含客车）的车长尺寸不超过 12m。

（2）轴距（B）是指汽车呈直线行驶时，同侧前后两车轮轴线之间的距离。

车长和轴距大意味着纵向可利用空间大，前后排座椅腿部活动空间都比宽裕，乘坐人不会有压抑感。但车长和轴距太大会给转弯、掉头和停车造成不便。相反，如果车长和轴距较小，例如微型车，乘坐空间局促，无论乘坐人是坐在前排还是坐在后排，都很容易产生疲劳感。

（3）前悬（A_1）是指汽车呈直线行驶时，汽车前端刚性固定件的最前点到通过两前轮轴线的垂面的距离。

（4）后悬（A_2）是指汽车后端刚性固定件的最后点到通过最后车轮轴线的垂面的距离。

2. 车身宽度方向的尺寸和高度方向的尺寸

汽车车身宽度方向的尺寸和高度方向的尺寸主要有车宽、轮距和车高等，如图 3-1-2 所示。

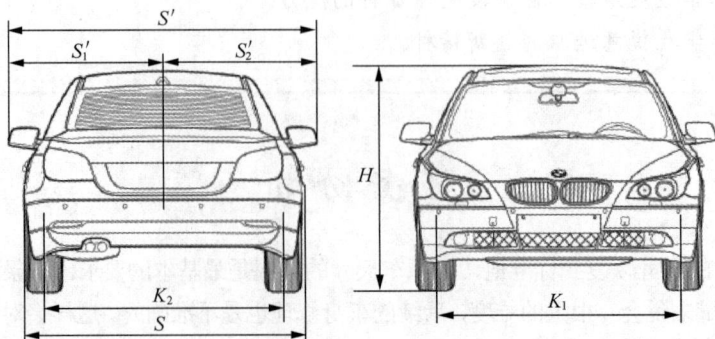

图 3-1-2 车宽、轮距和车高

（1）车宽（S）是指平行于车辆纵向对称平面并分别抵靠车辆两侧固定突出部位的两平面之间的距离，就是汽车最左端到最右端的距离。其中，"两侧固定突出部位"并不包括后视镜、侧面标志灯、转向指示灯以及轮胎与地面接触部分的变形。包括两侧固定突出后视镜的车宽为 S'，以车身中心线对称分为 S_1' 和 S_2'。通常，乘用车（包含客车）车身的车宽尺寸不超过 2.5 m。

车宽主要影响乘坐空间和汽车灵活性。对于乘用轿车，如果要求横向布置的 3 个座位都有宽阔的乘坐空间（主要是足够的肩宽），那么车宽一般都要达到 1.8 m 以上。车身较宽的好处是乘坐在后排的乘客不会感到拥挤，大大提高了乘坐舒适性。若汽车的车宽过窄，会使前后排的乘客感到拥挤，长时间乘坐易使人产生疲劳感。

（2）轮距（K）是指在支撑平面上，同轴左右车轮两轨迹中心间的距离，分前轮距 K_1 和后轮距 K_2。轴两端为双轮时，轮距为左右两条双轨迹的中线间的距离。轮距越宽，汽车的稳定性越好。

（3）车高（H）是指车辆支撑平面与车辆最高突出部位相抵靠的水平面之间的距离，就是从地面到汽车最高点的距离。车高通常是指汽车在空载但可运行（加满燃料和冷却液）的情况下的高度。通常，乘用车（包含客车）的车高尺寸不超过 4 m。

车身高度直接影响车的重心和空间。大部分轿车的高度在 1.5 m 以下，与人体的自然坐姿高度相比低很多，主要是出于降低全车重心的考虑，以确保高速过弯时不会翻车。车身高度增加，会使整车重心升高，高速过弯时容易车身不稳。

3. 车身的其他尺寸

车身的最小离地间隙、接近角、离去角等会影响车辆的通过性能，它们也是车身的重要尺寸数据，如图 3-1-3 所示。图中还标示了发动机舱盖开启的最大高度 H_1，正常开启到极限的高度 H_2，行李箱盖开启时的高度 H_3。

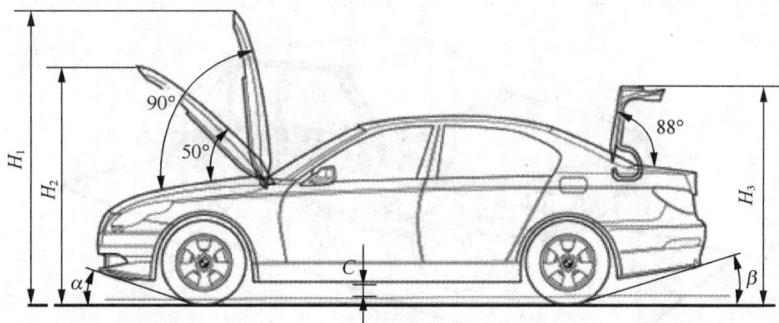

图 3-1-3 最小离地间隙、接近角、离去角

（1）最小离地间隙（C）是指满载时，车辆支撑平面与车辆最低点之间的距离。

（2）接近角（α）指汽车空载时，前端突出点向前轮引出的切线与地面的夹角。

（3）离去角（β）指汽车空载时，后端突出点向后轮引出的切线与地面的夹角。

二、车身尺寸的测量控制点

车身尺寸的测量控制点用于检测车身损伤及变形的程度。车身设计与制造中设有多个测量控制点，检测时可以测量车身上各个测量控制点之间的尺寸，如果测量值超出规定的极限尺寸，就应对其进行校正，使之达到技术标准规定范围。

承载式车身的测量控制点的基本位置如图 3-1-4 所示。测量控制点①通常是在前保险杠或前车身水箱支撑部位；测量控制点②在发动机舱的中部，相当于前横梁或前悬架支撑点；测量控制点③在车身中部，相当于后车门框部位；测量控制点④在车身后横梁或后悬架支撑点。

由于车身设计和制造是以这些测量控制点作为组焊和加工的定位基准的，因此这些测量控制点同样可以作为车身测量时的定位基准。此外，汽车各主要总成在车身上的装配连接部位，也必须作为测量控制点来对待。因为，这些装配孔的位置都有严格的尺寸要求，对汽车各项性能的发挥有着十分重要的影响。例如，汽车前悬架支撑点的位置正确与否，会直接影响前轮定位角和汽车的轴距尺寸；发动机支撑点与车身测量控制点的相对位置，则会影响发动机和传动系统的正确装配，如有偏差会造成异响甚至零件损坏。

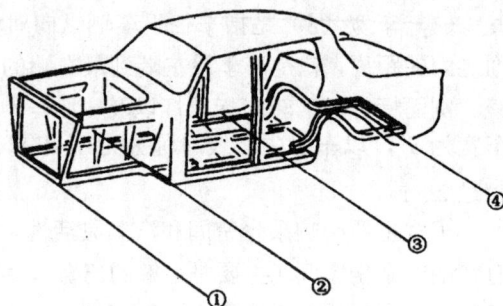

图 3-1-4　承载式车身测量控制点的基本位置

三、车身尺寸的测量基准

车身修理中对变形的测量，实际上就是对车身及其构件的形状与位置偏差的检测。选择测量基准又是形状与位置偏差检测中十分重要的内容。像使用直尺测量数据一样，要有一个零点作为尺寸的起点。同样，车身尺寸的测量也必须先找到长度、宽度和高度的测量基准。只有找到基准，测量才能顺利进行。

1．基准面

基准面是一个假想的面，与车身地板平行并与之有固定的距离，如图 3-1-5 所示。基准面被用来作为测量车身所有垂直轮廓的参照面，汽车高度尺寸数据就是通过基准面得到的测量结果。

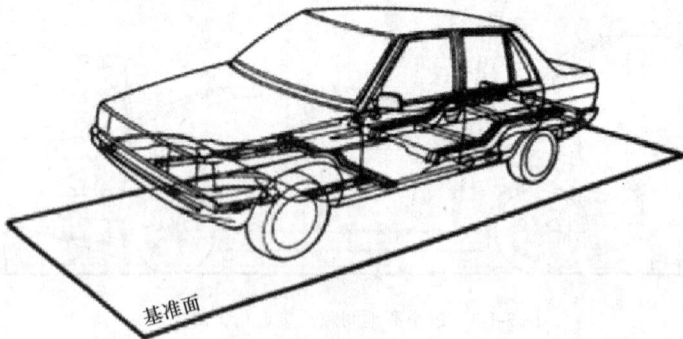

图 3-1-5　基准面

由于基准面是一个假想平面，基准高度可增加或降低以使测量读数更方便。因此在实际的测量过程中，只要找到一个与基准面平行的平面作为测量基准面，读取高度数值时只考虑所有的测量值与标准值的差距变化即可。

2．中心面

中心面是车身宽度尺寸测量的基准，它将汽车分成左右对等的两部分，如图 3-1-6 所示。对称的汽车的所有宽度尺寸都是以中心面为基准测得的。大部分汽车都是对称的，对称意味着汽车右侧尺寸与左侧尺寸是完全相同的。

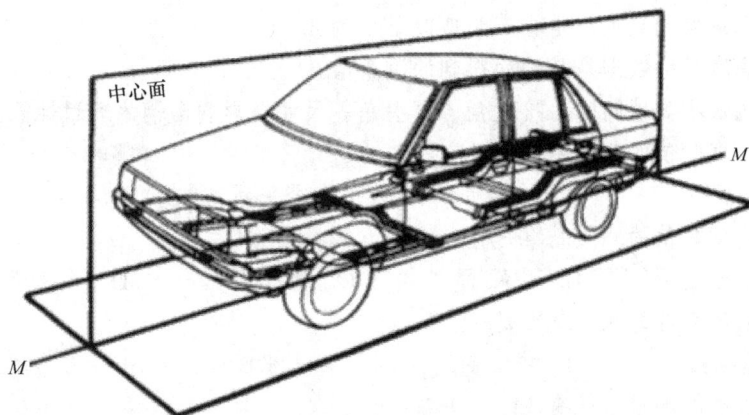

图 3-1-6　中心面

如果汽车不对称，相应的尺寸就不同。因此，校正不对称的汽车车身部件时，要使用车身数据图来不断测量和校正。

3．零平面

为了正确分析汽车损伤情况，一般将汽车看作一个矩形结构并将其分成前、中、后 3 个部分，这 3 个部分的基准面称作零平面，如图 3-1-7 所示，这 3 个部分在汽车的设计中已形成。无论是非承载式车身还是承载式车身，中部区域都是一个具有相当大强度的刚性平面区域，在碰撞时汽车中部受到的影响最小。这一刚性区域可用来作为观测车身结构的基础，所有的测量及对中观测结果都与零平面有关。在实际测量中，零平面也叫零点，是长度的测量基准。

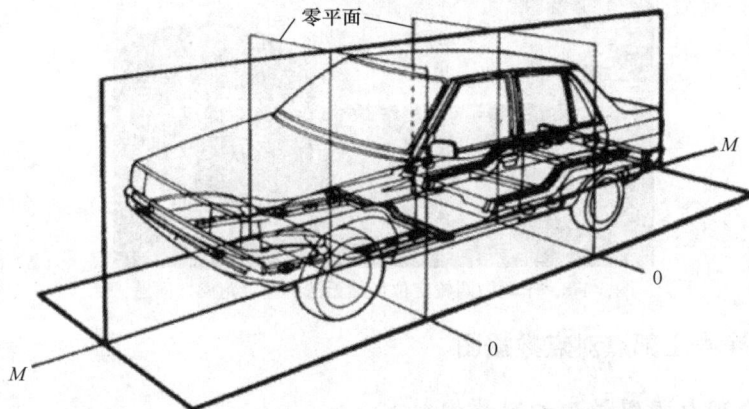

图 3-1-7　零平面

在实际测量工作中，长度的测量基准不在平台或测量尺上，而在车身上，可以找到前零平面或后零平面作为长度基准，以此来测量相应的长度数据。因为零平面有两个，所以车身尺寸的长度基准也有两个，有时同一点的长度值会不同，就是因为相对的长度基准不同。为了减少测量误差，一般车身前部的测量控制点以前零平面为基准，车身后部的测量控制点以后零平面为基准。

知 识 评 价

（1）车身越长、越宽则空间越大，乘坐越舒适，因此车身可以尽可能设计得大一些。（　　　）

（2）车身测量控制点可以是生产制造时留下的孔。（　　　）

（3）汽车高度尺寸数据是从地面得到的测量值。（　　　）

（4）车身的最小离地间隙、接近角、离去角等尺寸会影响车辆的通过性能。（　　　）

（5）车身高度数值的测量基准是（　　　）。

    A. 基准面　　　　　B. 中心面　　　　　C. 零平面　　　　　D. 参考面

（6）车身宽度数值的测量基准是（　　　）。

    A. 基准面　　　　　B. 中心面　　　　　C. 零平面　　　　　D. 参考面

（7）车身长度数值的测量基准是（　　　）。

    A. 基准面　　　　　B. 中心面　　　　　C. 零平面　　　　　D. 参考面

（8）车身长度的测量基准有（　　　）。

    A. 1个　　　　　B. 2个　　　　　C. 3个　　　　　D. 4个

（9）请利用网络等信息化手段，查询不同类型车身的外廓尺寸数据，对比它们有何不同。

任 务 实 践

任务案例：一辆奔腾 X80 左前部发生严重碰撞，更换了左前纵梁，交车后客户在用车过程中发现车辆严重向左"跑偏"，做了多次四轮定位仍然无法解决，如图 3-1-8 所示。

图 3-1-8　车辆做四轮定位仍然无法解决"跑偏"问题

一、识读车身上部点对点数据图

1. 车身上部数据图显示的测量控制点

车身上部数据图主要显示车身上部的测量控制点，包括发动机舱部位翼子板安装点、水箱框架安装点、减振器支座安装点，还有前、后风窗的测量控制点，前、后门测量控制点，前、中、后柱铰链和门锁的测量控制点、行李箱的测量控制点等。

车身上部的这些测量控制点同发动机舱的测量控制点一样，对车身的性能影响很大，其他的测量控制点数据对车身外观的调整非常重要。

2. 点对点数据图的识读

有些数据图显示的是车身上部测量控制点的点对点数据，如图 3-1-9 所示。数据图包括发动机舱，前、后风窗，前、后门，前、中、后柱和行李箱的尺寸。

（1）发动机舱的数据图［图 3-1-9（a）］中显示发动机舱部位的主要部件的安装点数据，可以通过点对点测量的方式进行测量，测量工具可以使用卷尺、轨道式量规等。

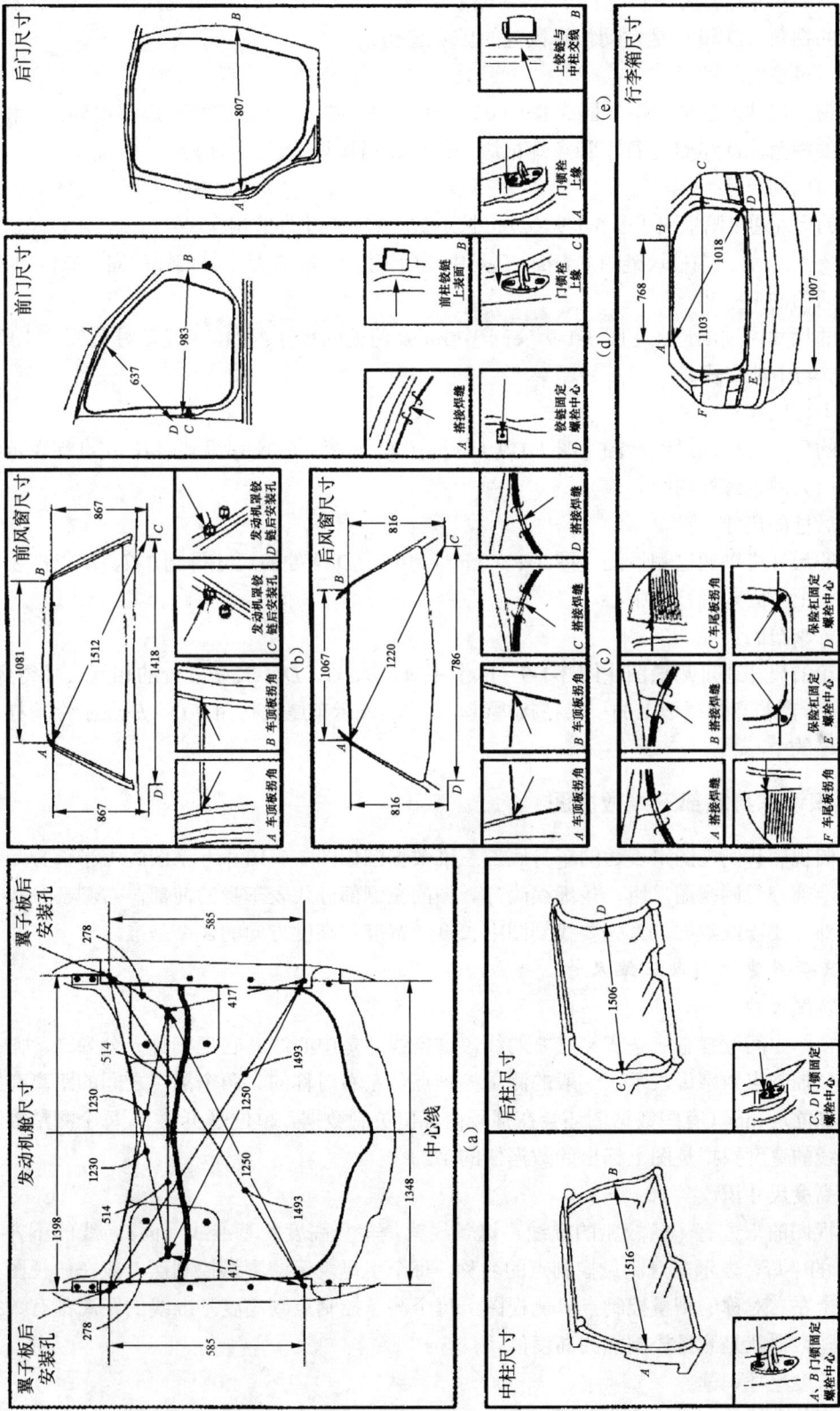

图 3-1-9 车身上部测量控制点的点对点数据

（2）前风窗的尺寸

前风窗的尺寸通过测量图［图 3-1-9（b）］中 A、B、C、D 4 处的相互尺寸得到，A 和 B 是车顶板的拐角，D 和 C 是发动机罩铰链的后安装孔。

（3）后风窗的尺寸

后风窗的尺寸通过测量图［图 3-1-9（c）］中 A、B、C、D 4 处的相互尺寸得到，A 和 B 是车顶板的拐角，D 和 C 是行李箱点焊裙边上的一条搭接焊缝。

（4）前门的尺寸

前门的尺寸通过测量图［图 3-1-9（d）］中 A、B、C、D 4 处的相互尺寸得到，A 是风窗立柱上的搭接焊缝，B 是前柱铰链的上表面，C 是中柱门锁栓上缘，D 是中柱门铰链固定螺栓中心。

（5）后门的尺寸

后门的尺寸通过测量图［图 3-1-9（e）］中 A、B 两处的尺寸得到，A 是后柱门锁栓上缘，B 是上铰链与中柱交线。

（6）中柱的尺寸

中柱的尺寸可以通过测量图［图 3-1-9（f）］中 A、B 两处的尺寸得到，A、B 点都表示中柱门锁扣上方固定螺栓的中心。

（7）后柱的尺寸

后柱的尺寸可以通过测量图［图 3-1-9（g）］中 C、D 两处的尺寸得到，C、D 点都表示后柱门锁扣上方固定螺栓的中心。

（8）行李箱的尺寸

行李箱的尺寸通过测量图［图 3-1-9（h）］中 A、B、C、D、E、F 6 处的相互尺寸得到，A、B 表示行李箱点焊裙边上的一条搭接焊缝，C、F 表示车尾板拐角，D、E 表示保险杠上方固定螺栓的中心。

二、识读车身底部三维数据图

利用俯视图和侧视图来表达的车身底部三维数据图如图 3-1-10 所示。图的上半部分是俯视图，下半部分是侧视图，用一条虚线隔开。图的左侧部分代表车身的前部，右侧部分代表车身的后部。要读取数据，首先要找到图中长度、宽度、高度方向的 3 个基准。

1. 识读测量控制点三维尺寸

（1）宽度尺寸识读

在俯视图中间位置有一条贯穿左右的线，这条线就是中心线，它把车身一分为二。俯视图上的测量控制点用字母表示，一般的测量控制点是左右对称的。两个黑点之间的距离有数据显示，单位是 mm（有些数据图还会在括号内标出英制数据，单位是英寸），每个测量控制点到中心线的宽度数据是图上标出的数据值的 1/2。

（2）高度尺寸识读

在侧视图的下方有一条较粗的黑线，这条线就是车身高度的基准线（面）。线的下方有从 A 至 R 的字母，表示车身测量控制点的名称，每个字母表示的测量控制点一般在俯视图上部显示两个左右对称的测量控制点。侧视图上每个测量控制点到高度基准线的距离都有数据表示，这些数据就是测量控制点的高度值。

（3）长度尺寸识读

在高度基准线的字母 K 和 O 的下方各有一个小黑三角，表示 K 和 O 是长度方向的零点。

从 K 点向上有一条线延伸至俯视图，在虚线的下方位置可以看出汽车前部每个测量控制点到 K 点的长度数据。从 O 点向上有一条线延伸至俯视图，在虚线的下方位置可以看出汽车后部每个测量控制点到 O 点的长度数据。长度基准点有两个，K 点是车身前部测量控制点的长度基准，O 点是车身后部测量控制点的长度基准。

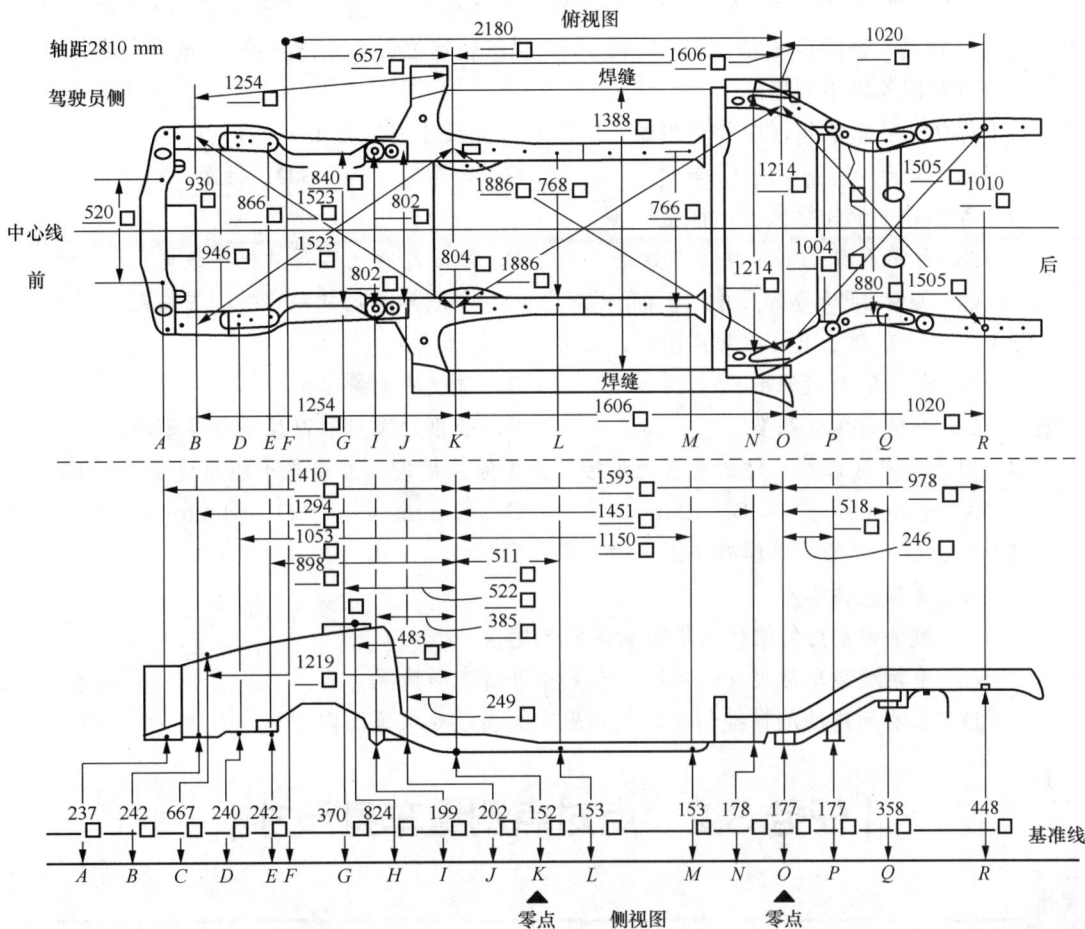

图 3-1-10　利用俯视图和侧视图来表达的车身底部数据图

2. 数据图的使用

三维数据图配合测量系统进行使用时，首先要把测量系统的宽度基准调整到与车辆的宽度基准一致或平行，然后调整车辆的高度，让车辆的高度基准与测量系统的高度基准平行，长度基准就在车身下部的基准孔位置。找到基准后，可以使用各种测量头（也称为定位器）对车身进行三维测量。

例如，我们要找 A 测量控制点的长、宽、高尺寸，首先要在图中找出 A 测量控制点在俯视图和侧视图上的表示位置，从俯视图中可以找出左右 A 测量控制点之间的距离是 520 mm，A 测量控制点至中心线的宽度值是前述距离的一半，即 260 mm。从侧视图的高度基准线可以找出 A 测量控制点的高度值为 237 mm。通过 A 测量控制点和 K 测量控制点的向上延伸线可以找出其长度值为 1410 mm。

实际工作中，如果没有车身标准尺寸数据图，则可用一辆没有损伤且是同一厂家、同一生产年份、同一型号的车身尺寸作为参照。在应急情况下，如果仅车身一侧受到损伤而且不严重，还可以通过测得未损伤一侧的尺寸并以此作为损伤一侧的对照尺寸。

能 力 评 价

请针对任务案例"一辆奔腾 X80 左前部发生严重碰撞，更换了左前纵梁，交车后客户在用车过程中发现车辆严重向左'跑偏'，做了多次四轮定位仍然无法解决"，依据所学知识和技能，分析并回答以下问题。

（1）你认为会造成案例中的"跑偏"现象的车身尺寸因素有（　　　）。

　　A. 车长　　　　　B. 车宽　　　　　C. 轮距　　　　　D. 轴距

（2）若要进一步分析原因，你需要（　　　）。

　　A. 获取车身下部尺寸标准数据　　　B. 获取车身上部尺寸标准数据

　　C. 测量相同车型的尺寸，与案例车对比　D. 利用车身尺寸对称性，左右对比

（3）在识读车身三维尺寸数据图时，首先必须先找到（　　　）。

　　A. 长度的测量基准　　　　　　　　B. 宽度的测量基准

　　C. 高度的测量基准　　　　　　　　D. 长度、宽度和高度的测量基准

（4）对于车身底部结构件的重要测量控制点，维修后的尺寸误差不能超过（　　　）。

　　A. ±1 mm　　　　B. ±2 mm　　　　C. ±3 mm　　　　D. ±4 mm

（5）综合以上分析，要解决案例中的问题，可以（　　　）。

　　A. 更换整体车身

　　B. 更换技术好的维修人员重新做四轮定位

　　C. 重新测量车身尺寸，对照标准数据分析变形情况

　　D. 将有问题的测量控制点调整到规定的误差要求范围内

|任务 3.2　点对点测量车身尺寸|

"

【知识目标】

（1）掌握车身测量控制点之间距离的计算要求。

（2）掌握量规的类型和作用。

【能力目标】

（1）能够使用量规测量车身尺寸。

（2）能够根据测量结果分析车身的变形情况。

【素质目标】

（1）培养学生独立分析和解决问题的能力。

（2）培养学生诚实守信的职业道德。

"

任务分析

按测量数据的不同，车身尺寸测量可以分为点对点测量和三维尺寸测量。点对点测量是指测量车身上两个对称的测量控制点之间的距离。通过跟标准尺寸对比或者对比对称点之间的尺寸变化情况来判断车身变形情况。

本任务需要学生具有识读车身尺寸数据图的能力，了解车身尺寸相关知识，能够规范使用常规的车身测量工具测量车身两个测量控制点间的尺寸，能够设计并改进车身测量工具。遇到问题能够独立分析并解决，培养锐意进取的创新精神。

点对点测量（微课）

相关知识

一、车身测量控制点之间的距离

车身尺寸的测量控制点多在螺栓头、车身拐角处等，多数为生产装配孔，两个测量控制点之间的距离是指孔中心距，常规的直尺和卷尺无法直接定位中心。因此，要注意测量方法，计算中心距时还要注意两个测量孔的直径是否相同，如图 3-2-1 所示。

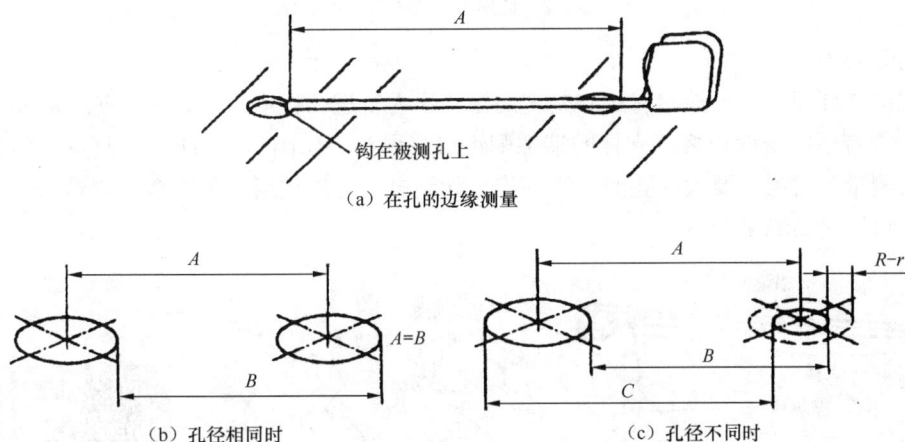

（a）在孔的边缘测量

钩在被测孔上

（b）孔径相同时　　　　（c）孔径不同时

图 3-2-1　测量控制点之间的距离

卷尺测量（动画）

1. 孔径相同

当两孔的直径相同时，可以直接测量两个孔同侧边缘（左侧或右侧）距离，得到的即孔的中心距。

2. 孔径不同

当两孔的直径不同时，先测量两个孔右侧边缘距离 B，再测量两孔左侧边缘距离 C，中心距 A 按下式计算：

$$A=(B+C)/2$$

在实际测量中，测量前要保证孔本身没有变形，这样才能保证测量结果精确。同时，确定孔径是否一致也比较麻烦，因此，无论两个测量孔的直径是否一致，都可以先测量两孔内侧边缘距离（最小），再测量两孔外侧边缘距离（最大），然后将两次测量值相加除以 2，得到孔的中心距。

二、量规

钢板尺和卷尺是车身维修人员常用的基本测量工具，可以方便地测量两点之间的距离。但是，汽车车身的结构复杂，很多时候两个测量控制点之间有障碍物，会使测量结果不准确，这时就需要使用量规，如图 3-2-2 所示。量规主要有轨道式量规、中心量规和麦弗逊撑杆式中心量规等。轨道式量规多用于测量点对点之间的距离，中心量规用来检验部件之间是否发生错位，麦弗逊撑杆式中心量规可以测量麦弗逊式悬架支座（减振器支座）是否发生错位。轨道式量规和麦弗逊撑杆式中心量规既可作为一个整体使用，也可作为单独的测量工具使用。

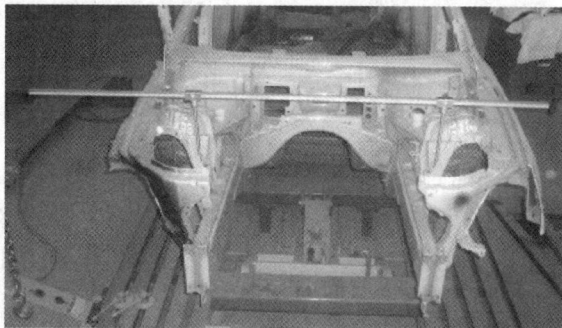

图 3-2-2　量规

1．轨道式量规

轨道式量规俗称杆规，用一根附有尺寸刻度的横梁作为轨道，轨道上垂直安装两个能够滑动的支杆，支杆有不同长度规格，支杆的端部配锥形测量头，如图 3-2-3 所示。测量孔的距离时，所选用测量头的锥头要大于孔的直径，锥头起到自定心的作用，免去多次测量和计算的烦琐程序，可以提高测量精度。

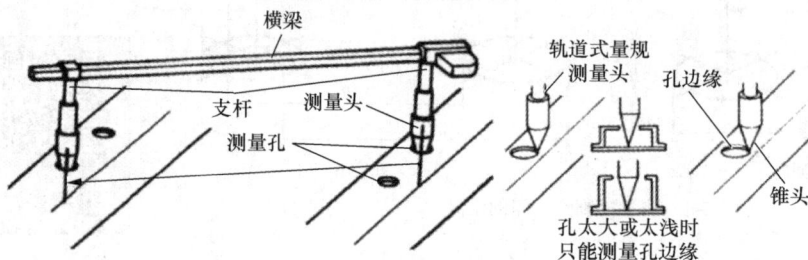

图 3-2-3　轨道式量规

2．中心量规

中心量规中最常用的是自定心量规，自定心量规的结构同轨道式量规很相似，但它不是用来测量的。自定心量规测量的原理是找到车辆的基准面、中心面和零平面等，找出它们的偏移量，在车身维修中只能做一个大体的分析，因为它不能显示测量的具体数据。具体到每一个尺寸的变形量的测量，需要使用三维测量系统。按安装方式不同，中心量规可分为杆式、链式和麦弗逊撑杆式几种。

（1）杆式中心量规

杆式中心量规可安装在汽车的不同位置，在量规上有两个由里向外滑动时总保持平行的横臂，通过挂钩可使量规在汽车的不同测量孔上安装，通过观察中心销的位置情况来判断车身变形程度，如图 3-2-4 所示。

（2）链式中心量规

链式中心量规一般通过挂链悬挂在车身壳体的基准孔上，通过检查中心销、垂链及平行尺是否平行，以及中心销是否对中，就可以十分容易地判断出车身壳体是否有变形，如图 3-2-5所示。

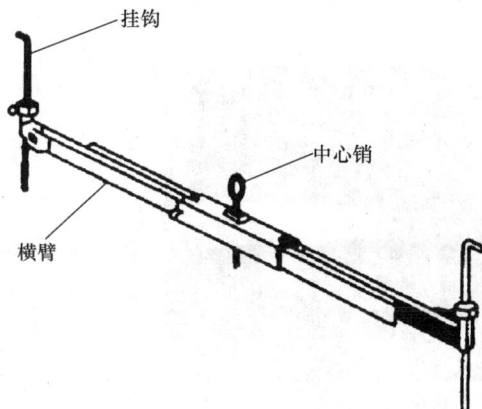

图 3-2-4　杆式中心量规

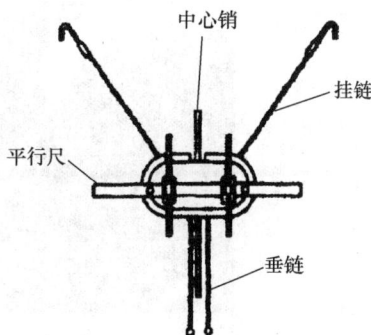

图 3-2-5　链式中心量规

（3）麦弗逊撑杆式中心量规

麦弗逊撑杆式中心量规一般用来检测减振器拱形座的不对中情况，另外，它还可以用来检测散热器支架、中柱、车颈部和后挡泥板等的不对中情况。它一般安装在减振器的拱形座上，这样就能通过量规观察到上部车身的对中情况。

知 识 评 价

（1）两孔之间的距离是指孔中心的直线尺寸。（　　　）

（2）轨道式量规是机械式三维测量系统的测量工具之一，不能单独使用。（　　　）

（3）测量孔中心距时无须找到孔的中心。（　　　）

（4）承载式车身前减振器支座的变形可以用麦弗逊撑杆式中心量规来测量。（　　　）

（5）测量车身上两点之间的尺寸最方便的测量工具是（　　　）。

　　A. 轨道式量规　　B. 链式中心量规　C. 钢板尺　　　　D. 麦弗逊撑杆式中心量规

（6）能够检查车身变形情况但不能测量尺寸的测量工具是（　　　）。

　　A. 卷尺　　　　　　　　　　　B. 中心量规

　　C. 自由臂式测量系统　　　　　D. 轨道式量规

（7）在点对点测量中，两孔直径相同时，（　　　）。

　　A. 同侧边缘的距离大于孔中心距　　B. 同侧边缘的距离小于孔中心距

　　C. 同侧边缘的距离等于孔中心距　　D. 同侧边缘的距离跟孔中心距离无关

（8）用同缘测量法测量两个直径不同的孔的距离时，外边缘距离为 450 mm，内边缘距离为 430 mm，则两个孔的中心距是（　　　）。

　　A. 20 mm　　　　　B. 430 mm　　　　C. 440 mm　　　　D. 450 mm

（9）试着用现有的材料，设计制作一种适合用于测量车身尺寸的工具。

任务实践

任务案例：钣金学员小陶跟师傅维修一辆前风窗框受损的宝马轿车，风窗框外形修复后，他们发现玻璃无法安装到位，如图 3-2-6 所示。他跟师傅说："我用量规沿对角线测量了窗口尺寸，两个数是一样的，为什么装不上玻璃呢？"

图 3-2-6　维修前风窗框

一、分析车身尺寸测量数据

1．测量值直接使用

汽车上固定点（如螺栓孔）的测量位置是其中心，点对点测量为测量两点间的直线距离。对卷尺的前端进行打磨加工后，再将其插入测量孔，会使测量结果更为精确，如图 3-2-7 所示。使用轨道式量规进行测量时，量规轨道应与汽车车身平行，这就要求量规轨道上的测量尺要选择不同长度的。

将测量值与车身尺寸标准数据对照，分析车身变形和维修情况，图 3-2-8 所示为某车型发动机舱尺寸数据。如果测量的两个点均为受损点，则测量结果可能会存在误差。特别是在维修过程中，需要先通过测量损伤点与相邻的未受损点的尺寸，并以此值作参考，才能确保损伤点已经被修复。

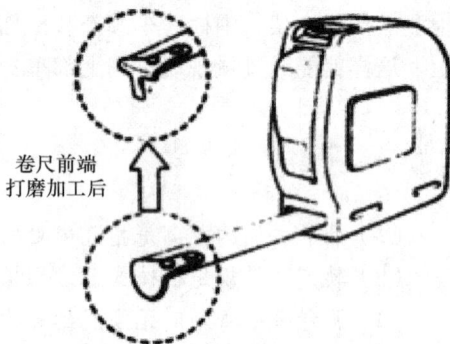

卷尺前端
打磨加工后

图 3-2-7　对卷尺的前端进行处理

2．测量值对比使用

运用对角线测量法可检测出车身是否翘曲，如图 3-2-9 所示。在发动机舱及车身下部数据遗失、车身尺寸表上没有提供数据或汽车在倾翻中受到严重创伤时，都可以使用对角线测量法。

在检测汽车两侧受损或扭转情况时，不能仅使用对角线测量法，因为测量不出这两条对角线间的差异。如果汽车左侧和右侧的变形相同，对角线长度依旧相等，此方法就不宜使用了。

使用对角线测量法测定和比较 AC、BD 的长度，可对损伤情况做出很好的判断，这一方法适用于车身左侧和右侧对称的部位。

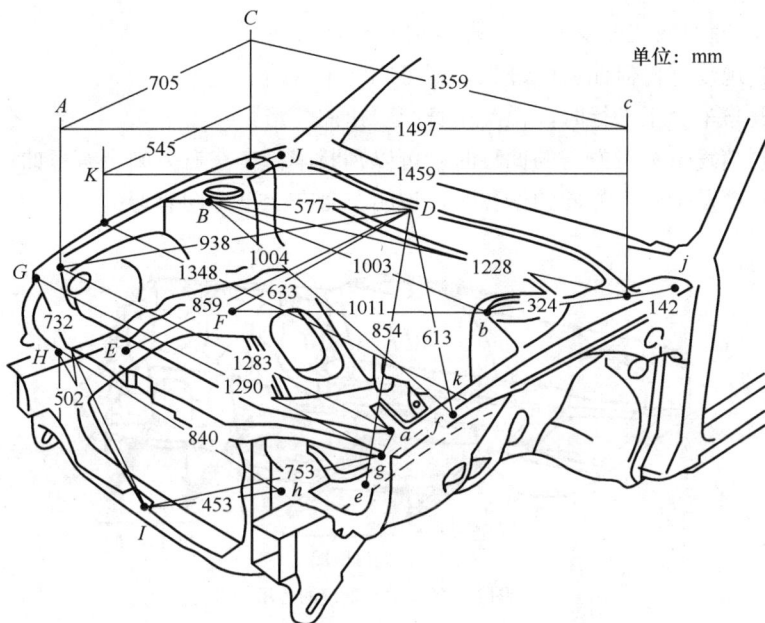

图 3-2-8 某车型发动机舱尺寸数据

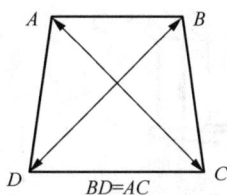

（a）车身没有翘曲

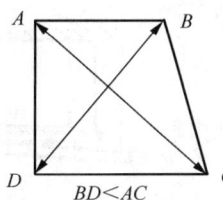

（b）车身向左或向右翘曲

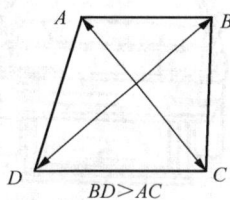

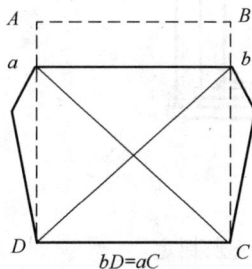

（c）车身两侧发生变形

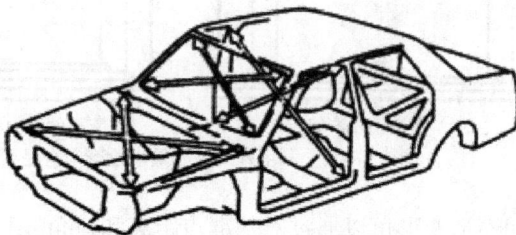

（d）车身上的测量点

图 3-2-9 对角线测量法

对角线测量法
（动画）

二、分析中心量规的测量结果

1．中心量规的使用

① 将 4 个中心量规分别安置在汽车最前端、汽车最后端、前轮的后部和后轮的前部，如图 3-2-10 所示。

② 每一个横臂相对于量规所附着的车身结构都是平行的。

③ 通过观察判断车身结构是否准直。

2．测量结果的分析

检查中心销是否处于同一轴线上和横臂与车身是否互相平行，就可以很容易地判断出车身是否有弯曲、翘曲或扭曲变形，如图 3-2-11 所示。

① 如果量规没有任何偏斜的迹象，则可判定车身没有变形损伤。

② 当横臂与车身不平行时，说明车身产生扭曲变形。

③ 当中心销发生左右方向的偏移时，可以判断车身在左右方向上有弯曲。

④ 当中心销发生上下方向的偏移时，说明车身在上下方向有弯曲。

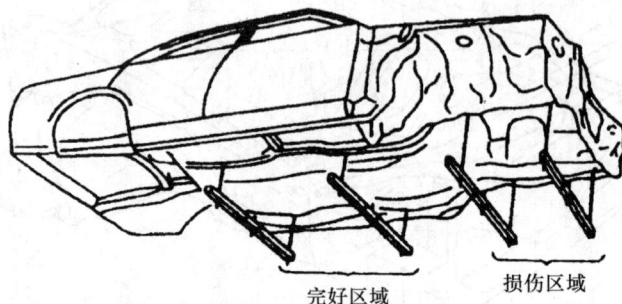

完好区域　　　损伤区域

图 3-2-10　中心量规的使用

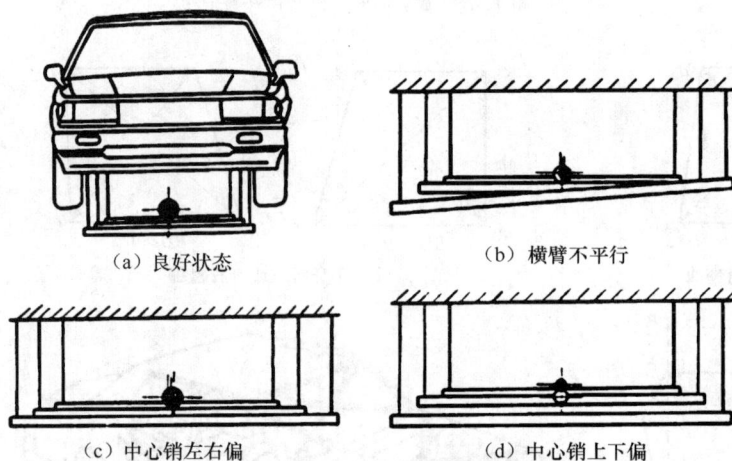

（a）良好状态　　　　　　　　　（b）横臂不平行

（c）中心销左右偏　　　　　　　（d）中心销上下偏

图 3-2-11　利用杆式中心量规检查车身是否变形

另外，挤缩和菱形变形可以通过对基准点距离和对角线长度的测量来判定。

用中心量规测量法判断变形从理论上讲结果是精确的，但如果操作不当很容易造成误判。特别是中心量规挂点的选择，一般以基准孔为挂点的优选对象，并注意检查基准孔有无变形等。当左右基准孔的高度不一致或为非对称结构时，一定要通过调整中心销的位置或挂钩（挂链）的长度加以补偿。

能 力 评 价

请针对任务案例"钣金学员小陶跟师傅维修一辆前风窗框受损的宝马轿车，风窗框外形修复后，他们发现玻璃无法安装到位，如图 3-2-6 所示。他跟师傅说：'我用量规沿对角线测量了窗口尺寸，两个数是一样的，为什么装不上玻璃呢？'"，依据所学知识和技能，分析并回答以下问题。

（1）你认为出现案例中的现象是因为（　　　）。

    A. 测量控制点不对　　　　　　　　　　B. 使用的测量工具不对

    C. 对比方法不对　　　　　　　　　　　D. 计算数值不对

（2）车身风窗框的尺寸数据一般为（　　　）。

    A. 点对点数据　　B. 二维数据　　C. 三维数据　　D. 标准数据

（3）当两个测量控制点之间有障碍物时，可以使用的测量工具是（　　　）。

    A. 钢板尺　　　　B. 卷尺　　　　C. 中心量规　　D. 轨道式量规

（4）用对角线测量法检测车身是否变形的局限有（　　　）。

    A. 操作烦琐

    B. 车身受损严重时不可选用

    C. 车身尺寸数据遗失时不可选用

    D. 如果变形部位左侧和右侧的变形相同，对角线长度相等，此方法不宜使用

（5）综合以上分析，要解决案例中的问题，可以（　　　）。

    A. 配合对角线测量法，同时测量风窗框侧边尺寸

    B. 将测量值与标准尺寸数据对比

    C. 测量一辆没有损伤且是同一厂家、同一生产年份、同一型号的车身尺寸作为参照

    D. 切割玻璃使之能够安装到位

| 任务 3.3　测量车身的三维尺寸 |

【知识目标】

（1）掌握机械式测量系统测量车身三维尺寸的方法。

（2）掌握电子式测量系统测量车身三维尺寸的方法。

【能力目标】

（1）能够测量车身的三维尺寸。

（2）能够根据测量结果分析车身的变形情况。

【素质目标】

（1）培养学生综合运用理论知识解决实际问题的能力。

（2）培养学生精益求精的工匠精神。

任 务 分 析

车身三维尺寸的测量需要使用专业测量仪器来测量车身测量控制点的长、宽、高 3 个尺

寸，将测得的尺寸与标准尺寸对比可判断车身变形情况。按使用的测量工具不同，车身三维尺寸的测量可分为机械测量和电子测量。机械测量操作简单、成本低，但是测量误差较大。电子测量使用电子车身测量仪器来测量车身三维尺寸，该种方法成本高，但是测量精度高，能满足车身尺寸标准公差±3 mm 的要求。

本任务需要学生熟练识读车身尺寸数据图，了解车身尺寸相关知识，能够规范使用三维测量系统测量车身三维尺寸。遇到问题能够独立分析并解决，测量中要做到精益求精。

相 关 知 识

一、机械式测量系统

1. 专用测量系统

专用测量系统的设计原理来源于车身的制造过程，在制造、焊接过程中，车身板件都是固定在车身模具上的，车身模具是根据车身尺寸制作的，通过模具可以对板件进行快速定位、安装、焊接等工作。专用测量系统根据车身上的主要测量控制点的三维空间尺寸，制作出一套包含主要测量控制点的测量头。在车身变形后，可以通过车身上每个主要测量控制点与它专用的测量头的配合情况来确定测量控制点的数据是否变化，直到主要测量控制点的位置与专用测量头完全配合后，就能够确定测量控制点的尺寸已经恢复到位。专用测量系统的测量是把注意力放在测量控制点与测量头的配合上，而不是像其他测量系统那样要测出具体数据，然后与标准数据对比才能知道尺寸是否正确。一套测量头一般可用来测量车身型号相同的汽车尺寸，每一款汽车都有一套专用测量头，可以快速、精确地测量车身尺寸；但它最大的缺点也是专用性，由于一套专用测量头只适用于一款车型，这就限制了它的应用范围。

2. 通用测量系统

通用测量系统最常见的为门式通用测量系统，如图 3-3-1 所示。使用通用测量系统时，需要配合车身校正平台（大梁校正仪），侧面安装两根立式轨道式量规，上下各有一根横置的轨道式量规，与立式轨道式量规组合成"门"字形，组合的测量系统可以在平台上前后滑动。测量时，车身在门框内，通过横置轨道式量规上的测量尺测量高度尺寸，通过立式轨道式量规上的测量尺测量宽度尺寸，长度尺寸测量尺在车身校正平台内侧面。机械式通用测量系统的测量操作相对简单、成本低，但是车身定位操作烦琐，测量精度低。

图 3-3-1　门式通用测量系统

二、电子式测量系统

典型的电子式测量系统包括视觉传感器、全局校准、系统控制、测量软件等几部分。每个视觉传感器都是一个测量单元，对应车身上的一个被测点，系统组建时，所有的传感器均已统一到基准坐标系下（即系统全局校准），传感器由系统中的计算机控制。测量时，每个传感器测量相应点的三维坐标，并转换到基准坐标系中，传感器给出车身上所有被测点的测量结果，完成系统测量任务。

电子式测量系统按发射信号类型的不同，分为红外线测量系统和超声波测量系统等。

1. 红外线测量系统

红外线测量系统（见图 3-3-2）主要包括反射靶、红外线发射接收器和计算机等。其原理为：由红外线发射接收器发射激光到标靶上，每个标靶上有不同的反射光栅，通过红外线发射接收器接收光栅反射的红外线束测量出数据并传输给计算机，计算机通过计算得到测量控制点的空间三维尺寸。

2. 超声波测量系统

超声波测量系统（见图 3-3-3）由超声波发射器、超声波接收器、控制柜（包括计算机，也称主机）及各种测量头组成。它的测量精度高，测量稳定、准确，操作简便、高效。使用此系统可以对车辆的预检、修理中的测量和修理后的检验等工作提供有效的帮助。

图 3-3-2　红外线测量系统　　　　　　　图 3-3-3　超声波测量系统

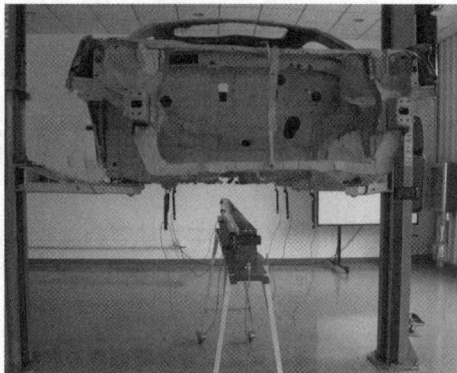

三、车身尺寸测量前的定位

电子式测量系统使用方便，不用进行烦琐的车身定位，也可以不在车身校正平台上进行测量，可以在不拆卸车身零件的情况下对车身尺寸进行测量，测量精度高、误差小，完全满足车身测量的精度要求。超声波测量系统的横梁或者红外线发生装置只要平稳安放在车身底部规定区域即可，小范围移动对测量没有影响。

使用机械式测量系统时，要进行车身与测量系统的定位，否则会影响尺寸的测量精度。进行车身定位时，要找到车身中部两对没有变形的基准点，如果基准点受损则选择与其相邻的一对测量控制点作为定位点。

1. 车身高度定位

定位车身高度基准时，先测量一对基准点的高度，调整另一对测量控制点的高度，使两对定位点的实际测量值和标准数值的差相等。比如其中一对定位点的实际测量值与标准数值的差是 50 mm，然后调整另一对定位点的高度，使它的实际测量值和标准数值的差也是 50 mm，那么整个车身的测量基准面与标准基准面的差距就是 50 mm。在测量其他点时，只需考虑测量控制点的实际测量数据与标准测量数据的差值是否在（50±3）mm 内就可以，而不用关心基准面在哪里。

2．车身中心定位

定位车身与测量系统的中心时，将底部测量头对准定位点，通过测量尺上的宽度读数可以知道两对定位点分别到中心线的距离，然后调整车辆或测量尺，使测量系统的中心与车辆的中心重合，这时测量得到的读数就是实际数值。有时调整车身位置会很困难，那么使测量系统的中心与车辆的中心平行也可以，但要记录车辆中心面与测量系统中心面之间的距离。例如车身中心面相对测量系统中心面向左平移了 15 mm，测量其他测量控制点尺寸时，所有车身左侧的测量值要增加 15 mm，而右侧的测量值要减去 15 mm，调整后的宽度数值与标准尺寸数据对比才有意义，否则可能导致结果错误。

3．车身长度定位

定位车身长度基准时，因为长度的基准不在平台或测量尺上，而在车身上，可以找到前零平面或后零平面作为长度基准，记录对应的测量系统长度值。例如车身零平面与测量系统长度 25 mm 刻度重合，测量其他测量控制点的长度数据时，在测量值的基础上再减去 25 mm，计算后的数据即该点相对选择的零平面的长度数据。

无论是机械式测量系统还是电子式测量系统，测量车身三维尺寸时，都必须先测量 4 个基准点的尺寸。

知 识 评 价

（1）专用测量系统源于车身的制造过程，可以方便地测量大部分车型的车身尺寸。（　　　）

（2）机械式通用测量系统操作简单、成本低、测量精度高。（　　　）

（3）汽车发动机舱的尺寸也可以使用三维测量系统来测量。（　　　）

（4）如果车身后部发生碰撞变形，测量时要选择后部的基准点作为测量基准。（　　　）

（5）关于机械式通用测量系统，说法错误的是（　　　）。

    A．只能测量每个点的变形方向

    B．可以测量每个点的三维数据

    C．可以测量车身每一个点的数据

    D．操作简单、成本低，但是存在一定的测量误差

（6）对于电子式测量系统的使用，说法错误的是（　　　）。

    A．能在不拆卸车身零件的情况下对车身尺寸进行测量

    B．必须先测量 4 个基准点

    C．可以边拉伸边测量

    D．可以快速校正变形的车身

（7）超声波测量系统的横梁在测量时向前移动 10 mm，会使（　　　）。

    A．长度读数增加 10 mm   B．长度读数减少 10 mm

    C．长度读数不变   D．长度读数变化 10 mm

（8）在车身修复的各个工序中，需要使用测量系统的有（　　）。

    A. 诊断分析   B. 拉伸操作   C. 拆除部件   D. 安装部件

（9）用你自己设计的车身测量工具测量车身尺寸，并对不足之处进行改进。

任 务 实 践

任务案例：一辆大众宝来轿车前部发生严重碰撞，如图 3-3-4 所示，维修人员小朱辅助师傅拆除损坏严重的零件，并测量车身尺寸以便准确判断车身的变形情况，获得某点的测量数据，师傅让他说说这个测量控制点发生了怎样的变形。

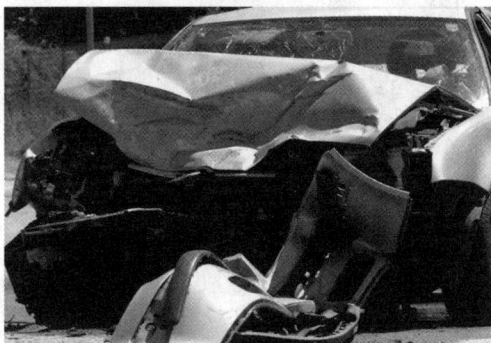

所选点的数据表			
测量控制点 B[右]	长度/mm	宽度/mm	↑ 高度/mm ↓
标准数据	0	510	65
测量值	−35	589	69

图 3-3-4　损伤汽车和测量数据

一、用机械式测量系统测量车身三维尺寸

1. 测量前车身的定位

（1）将车身安置在车身校正仪上时，尽量放置在平台的中部。调整 4 个主夹具的位置和钳口开合程度，让车身底部裙边完全落入主夹具的钳口中。

（2）把测量横尺放入车身底部，在长梯上安装固定座和测量头（按照图纸选择合适的测量头），选择车身中部的 4 个测量基准点来进行定位测量，如图 3-3-5 所示。

（3）按照要求调整车身位置，如图 3-3-6 所示。当车身基准面、中心面和测量系统的基准有偏差时一定要记录偏差值。

图 3-3-5　通过基准定位车身

图 3-3-6　调整车身位置

（4）在定位车身时，同时记录基准点的长、宽、高尺寸，如图 3-3-7 所示。如果汽车发生的是正面碰撞就选择后面的基准点作为长度基准点；如果汽车发生的是尾部碰撞就选择前面的基准点作为长度基准点；如果汽车发生的是侧向碰撞，就需要先对车辆中部进行整修，直到中部的 4 个基准点中有 3 个尺寸是准确的，然后按照前后损坏的情形选择前面或后面的基准点作为长度基准点。

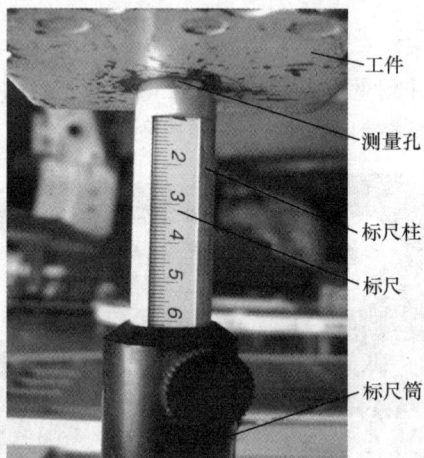

图 3-3-7　测量基准点尺寸

⚠️ **注　意**

当车身的中心面和基准面与测量系统不重合时，要保证它们是平行的，并记录偏差，因为此时所有测量点的三维数据要重新计算，才能跟标准尺寸对比。

当利用基准点长度确定长度基准时，测量值不在测量系统的零点上，一定要记住基准点对应的长度值，其他测量在此基础上进行计算。

2. 测量车身尺寸

根据车辆的损坏情况，确定要测量的点，在车身上找出要测量的点后，在图纸上找出相应的标准数据。根据数据图的提示，在机柜内选择正确的量杆和测量头，安装在中心线杆（横尺）上，测量头与要测量的测量控制点配合。在测量车身底部尺寸时，测量头的选择非常重要，如果选择了错误的测量头，那么测量的高度尺寸数据将是错误的。

（1）测量车身底部数据。测量控制点的长度尺寸通过移动标尺固定座上的孔，读取校正平台上的长度尺寸数据获得，如图 3-3-8 所示。宽度尺寸数据从测量横尺上读出，从不同高度的量杆上读出高度尺寸数据。那么要测量的点的三维数据就出来了，与标准数据对比就可以知道数据的偏差。

（2）测量车身侧面数据。根据图纸的要求把立尺放置在底部测量横尺上，设置好立尺的长度基准。在立尺上安装刚性量规的安装座，把刚性量规安装好，把标尺安装在刚性量规上，把标尺筒安装在长标尺上，然后根据图纸要求选择合适的测量头，对侧面测量控制点或测量面进行数据测量，如图 3-3-9 所示，并进行数据对比。

（3）测量车身上部尺寸。根据图纸的要求把立尺放置在底部测量横尺上，设置好立尺的长度基准。调整上横尺的高度基准，把上横尺安装到两个立尺上，然后把刚性量规安装在上横尺上。在刚性量规上安装标尺座，选择合适的标尺筒、标尺柱和测量头，然后安装在标尺座上就可以对上部发动机舱或行李箱的尺寸进行测量了，如图 3-3-10 所示。

图 3-3-8　读取测量控制点的长度尺寸数据

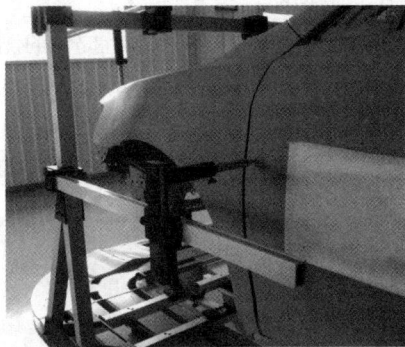

图 3-3-9　测量车身侧面数据

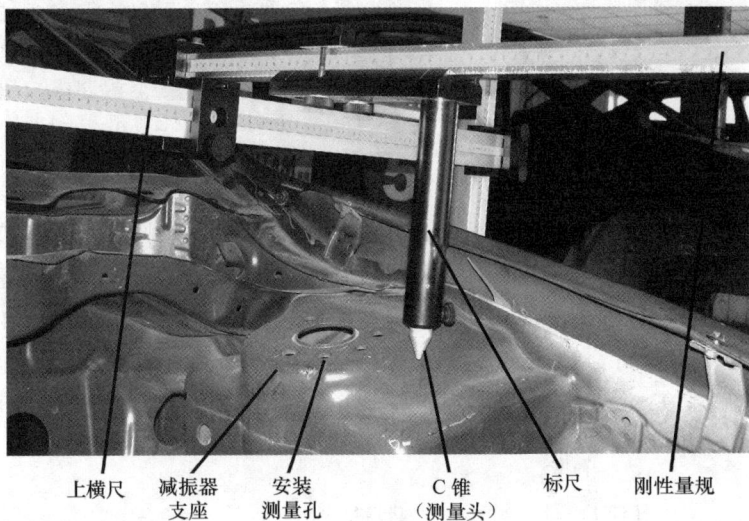

| 上横尺 | 减振器
支座 | 安装
测量孔 | C 锥
（测量头） | 标尺 | 刚性量规 |

图 3-3-10　测量车身上部尺寸

用机械式测量
系统测量车身
三维尺寸
（微课）

（4）拉伸操作中的测量。进行拉伸测量时，可以把测量头定在标准的宽度、长度和高度尺寸上拉伸部件，直到测量控制点的尺寸达到标准值。用测量头同时测量几组要拉伸的数据，监测拉伸中数据的变化情况，保证修理后数据的准确性。

二、用电子式测量系统测量车身三维尺寸

1. 红外线测量系统的使用

红外线测量系统由计算机、红外线发射接收器、反射靶以及其他附件组成。红外线测量系统不但能独立测量车身的尺寸，还能在不拆卸车身零件的情况下对车身尺寸进行测量。

（1）测量前的准备

① 安装车身。将车身安装到校正平台上，调整好高度，并固定好。为了方便操作，车身最好安装在校正平台的中部。若要在不拆卸零件的情况下测量车身尺寸，只要将车身举升到规定高度即可。

② 安装红外线发射接收器。在车辆的中部下方放置红外线发射接收器，保证安放牢固，

并连接好红外线发射接收器与计算机之间的连接线，如图 3-3-11 所示。

③ 进入操作系统。打开计算机，进入车身测量界面。输入车型信息，调出被测车辆的车身尺寸数据图。

④ 安装标靶。根据计算机提供的测量控制点的实物参考图，可以方便地找到安装标靶的测量控制点。根据测量控制点的高低选择长度合适的标靶，保证红外线能照射到标靶的感应区。同时，标靶的背面标有表示靶号的数字，相同长度的标靶是成对的。安装标靶时，将单号标靶安装于车身左侧的测量控制点上，将双号标靶安装于车身右侧的测量控制点上，如图 3-3-12 所示。

图 3-3-11　连接红外线发射接收器

图 3-3-12　安装标靶

（2）测量控制点三维数据的测量

① 基准点的测量。首先测量 4 个基准点的长、宽、高尺寸，或者是测量基准点的变形尺寸，如图 3-3-13 所示。通过测量图可以得到的信息有：长度以前部基准点为零点，左后基准点变长了 552 mm，右后基准点变长了 531 mm；左前基准点变低了 1 mm，右前基准点变高了 1 mm，都在合理范围内；左后基准点变高了 26 mm，右后基准点变高了 22 mm；左前基准点变宽了 92 mm，右前基准点也变宽了 92 mm；左后基准点变窄了 90 mm，右后基准点也变窄了 90 mm。

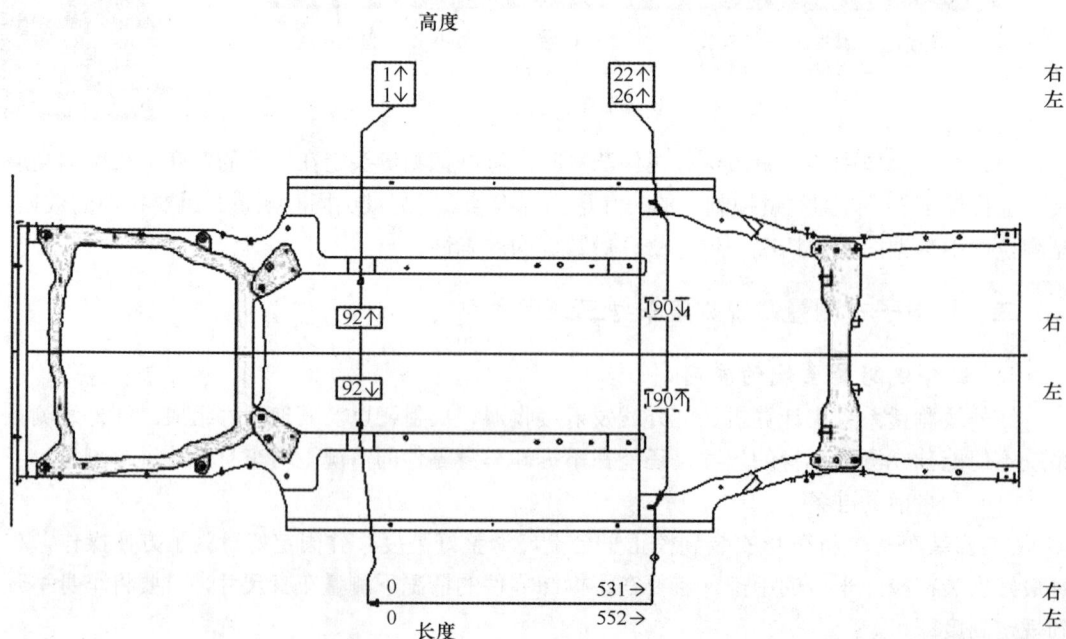

图 3-3-13　基准点尺寸的测量

注　意

　　分析测得的数据可以得出车身前部变宽了，后部变窄了，车身拉长了。事实上车身无论发生何种事故也不可能发生这样的变形。出现这种情况是由于在测量时车型选择得不对，计算机存储的标准车身尺寸与实际测得的车身尺寸不匹配。

　　② 其他点的测量。根据测量控制点的情况选择合适的探头和标靶，安装好即可进行测量，如图 3-3-14 所示。

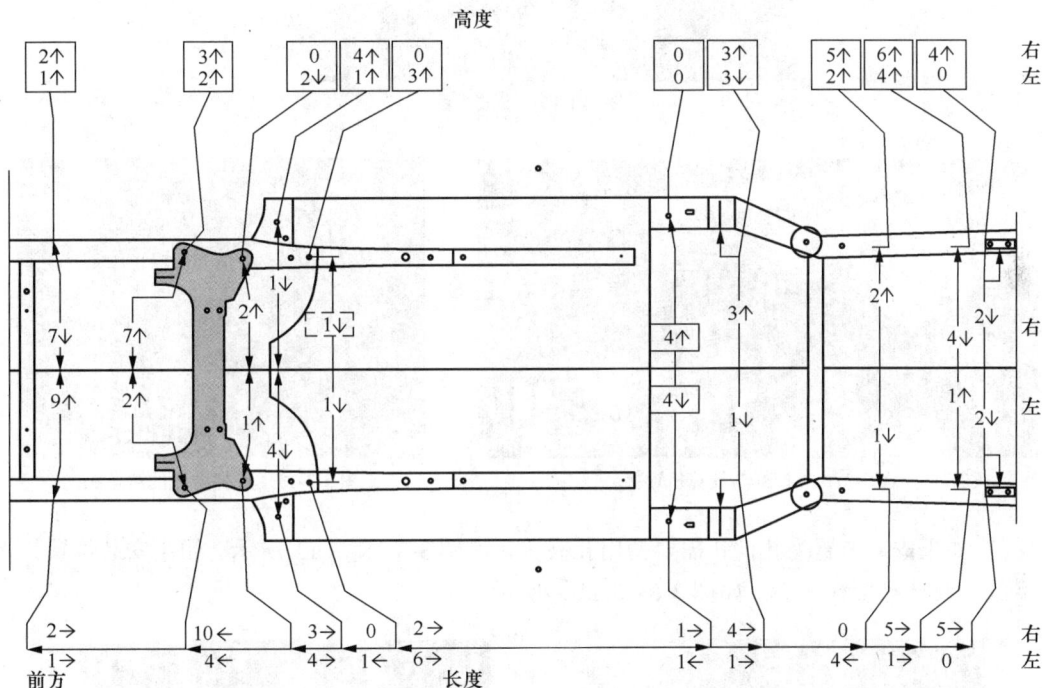

图 3-3-14　其他点的测量

　　③ 拉伸中的测量。若车身有变形，可根据对应的测量控制点的变形情况进行相应的拉伸校正，直到测量的尺寸数据在误差准许范围内。

　　2. 超声波测量系统的使用

　　（1）测量前的准备

　　① 将车辆举升到一定高度，将横梁安放到车身下部，要求车身下部的最低点距离横梁下平面 30～40 cm，如图 3-3-15 所示。并且最好使横梁的前方与车辆前方一致，横梁支架要牢固，车辆举升位置稳定。

　　② 将横梁与计算机相连（见图 3-3-16），要求电源采用稳压电源。

　　③ 开机进入系统界面，选择语言的种类。为了方便各国的使用者，系统内安装了包括中文在内的多种主要语言。

　　④ 选择车辆型号。首先记录用户信息，包括车辆的信息和车主的信息，这些信息可以与后面获得的测量结果一起存储，方便以后查询。然后根据事故车的类型选择汽车公司、汽车品牌、生产年代，从系统内调出符合的车型数据图。

　　⑤ 根据车身的损坏情况来选择车身上哪些点需要测量，需要测量的点按照计算机的提

示选择合适的测量头，如图 3-3-17 所示。

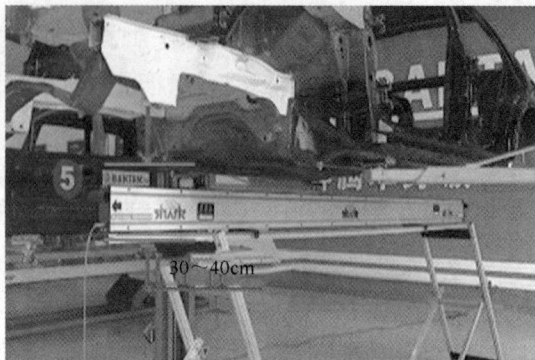

图 3-3-15　安放横梁

图 3-3-16　横梁与计算机连接

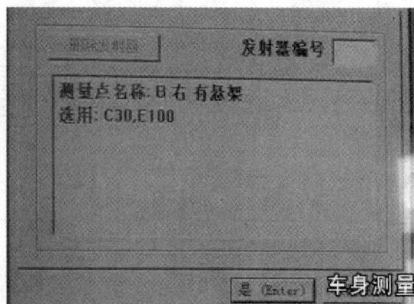

图 3-3-17　选择合适的测量头

⑥ 如果安装位置为孔，就需要使用孔夹头，如图 3-3-18（a）所示。如果安装位置为螺栓，就需要选择螺栓夹头，如图 3-3-18（b）所示。

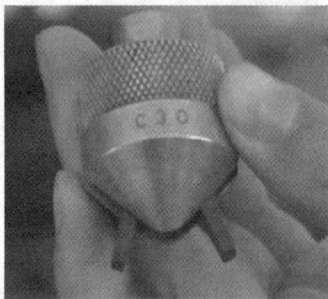

（a）孔夹头

（b）螺栓夹头

图 3-3-18　选择测量头

⑦ 将发射器连接到测量头上。把发射器的连接线连接到选定的接口上，如图 3-3-19 所示。

（2）测量

① 基准点的测量。计算机根据需求自动地把基准点的测量数值显示出来，包括测量控制点的标准数据、测量值和两者的差值，如图 3-3-20 所示。

② 拉伸校正中的测量。超声波测量系统一次可以测量多个测量控制点，能同时对几个点进行测量监控。可以选择持续测量实时监控模式，系统会自动隔很短的时间发射一次超声波进行测量，并把最新的测量结果在显示器上实时刷新。在校正过程中，维修人员可以很直

观地注意到车身尺寸的变化情况，如图 3-3-21 所示。

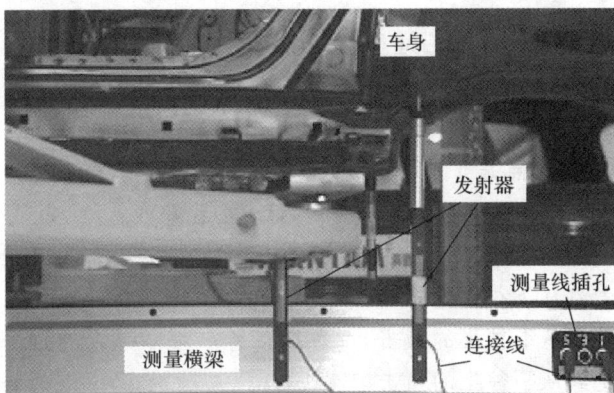

图 3-3-19　安装发射器

所选点的数据表			
b[右]	长度	宽度	高度
标准数据	0	510	65
测量值	−35	589	69
差值	→ 35	79	↑ 4
另一侧			
b[左]	长度	宽度	高度
标准数据	0	510	65
测量值	35	589	61
差值	← 35	79	↓ 4

图 3-3-20　基准点的测量（车身测量）

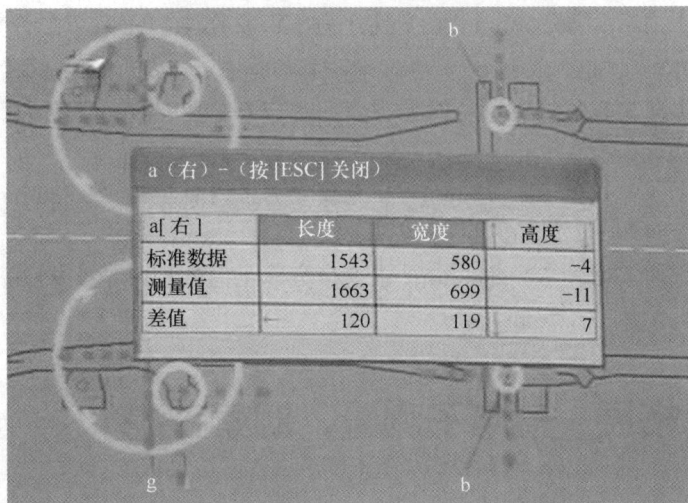

a（右）-（按 [ESC] 关闭）

a[右]	长度	宽度	高度
标准数据	1543	580	−4
测量值	1663	699	−11
差值	← 120	119	7

图 3-3-21　拉伸校正中的测量（车身校正）

用电子式测量系统测量车身三维尺寸（微课）

能 力 评 价

请针对任务案例"一辆大众宝来轿车前部发生严重碰撞，如图 3-3-4 所示，维修人员小朱辅助师傅拆除损坏严重的零件，并测量车身尺寸以便准确判断车身的变形情况，获得某点的测量数据，师傅让他说说这个测量控制点发生了怎样的变形"，依据所学知识和技能，分析并回答以下问题。

（1）案例中测量控制点的标准三维尺寸（mm）是（　　　　）。

A.（0，510，65）　　　　　　　　　　B.（−35，589，69）

C.（35，589，69）　　　　　　　　　　D.（35，589，61）

（2）案例中的测量控制点是（　　　　）。

A. 左前基准点　　B. 右前基准点　　C. 左后基准点　　D. 右后基准点

（3）如果只针对案例中的测量数据进行分析，则该车可能发生的碰撞是（　　　　）。

A. 左前部受到从下往上的撞击

B. 右前部受到从下往上的撞击

C. 右后部受到从下往上的撞击

D. 左后部受到从上往下的撞击

（4）案例中测量控制点尺寸的变化情况是（　　　　）。

A. 在长度方向向前移了 35 mm，在宽度方向向左移了 79 mm，在高度方向向上移了 4 mm

B. 在长度方向向后移了 35 mm，在宽度方向向右移了 79 mm，在高度方向向上移了 4 mm

C. 在长度方向向后移了 35 mm，在宽度方向向左移了 79 mm，在高度方向向上移了 4 mm

D. 在长度方向向后移了 35 mm，在宽度方向向右移了 79 mm，在高度方向向下移了 4 mm

（5）维修该点时，要（　　　　）。

A. 在长度方向上向后拉伸 35 mm，在宽度方向上向右拉伸 79 mm，在高度方向上向下拉伸 4 mm

B. 在长度方向上向后拉伸 35 mm，在宽度方向上向左拉伸 79 mm，在高度方向上向下拉伸 4 mm

C. 在长度方向上向前拉伸 32 ~ 38 mm，在宽度方向上向右拉伸 79 ~ 82 mm，在高度方向上向下拉伸 1 ~ 7 mm

D. 在长度方向上向前拉伸 32 ~ 38 mm，在宽度方向上向左拉伸 79 ~ 82 mm，在高度方向上向下拉伸 1 ~ 7 mm

| 项目拓展——电子测量，明察秋毫 |

车身电子式测量系统从半机械半电子式测量系统、半自动电子式测量系统发展到全自动电子式测量系统，测量操作越来越简单，测量精度也越来越高。视觉检测系统是电子式测量系统的核心，早期，每个传感器的控制线都要独立连接计算机，传感器输出的视频信号经控制柜切换后进入图像采集卡，再由计算机进行处理。新型的视觉检测系统采用了现场总线控制方案，使用更方便，测量精度更高。用电子式测量系统测量车身尺寸，真正做到了"明察秋毫"。

　　以前，车身电子式测量系统一直以国外品牌，例如 CHIEF、CAR-O-LINER 等为主导，如今随着我国科技突飞猛进，国产车身电子式测量系统也取得了长足进步，例如奔腾等性能优良的车身电子式测量系统也受到了市场的广泛认可。

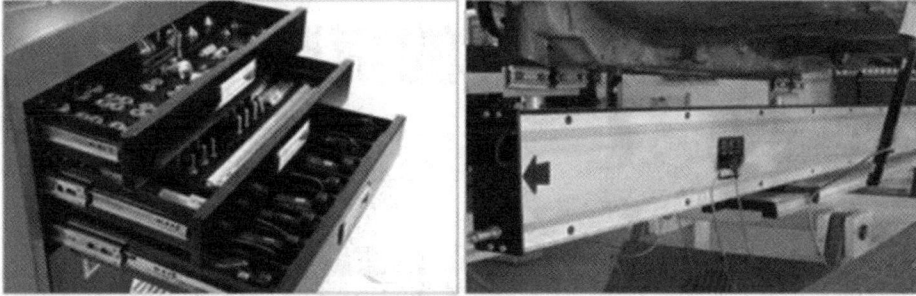

国产车身电子式测量系统

项目 4
汽车车身零件的拆装与调整

汽车车身由数量庞大的零件，通过螺栓、铰链、卡扣等可拆卸的方式，或者焊接、黏结等不可拆卸的方式组合而成。本项目主要介绍汽车发动机舱盖、玻璃等可拆卸覆盖件的拆装与调整。同时，在汽车钣金维修中，汽车座椅、汽车锁具等内部零件的更换和维修也是重要的作业内容。

| 任务 4.1　车身外部覆盖件的拆装与调整 |

【知识目标】

（1）掌握车身外部可拆卸覆盖件的类型和结构。
（2）掌握车门铰链和车门开度限位器的类型和作用。

【能力目标】

（1）能够拆装车身外部可拆卸覆盖件。
（2）能够调整车身外部可拆卸覆盖件的位置。

【素质目标】

（1）培养学生独立分析并解决问题的能力和动手能力。
（2）培养学生爱岗敬业的职业精神。

任 务 分 析

车身外部覆盖件按安装方式不同，分为前翼子板、发动机舱盖、车门总成、行李箱盖等可拆卸部分，以及后翼子板、后柱外板、后挡泥板等不可拆卸部分。可拆卸部分的拆装和调整是钣金维修的重要内容，也是后续进一步维修的前提。本任务重点介绍车身外部可拆卸覆盖件的拆装与调整，对于锁具以及车门内部附件的相关内容将在车身内部零件的拆装与调整中详细介绍。

本任务需要学生熟悉车身结构和材料，以及车身零件的连接等知识，能够规范地拆装和调整车身覆盖件。在操作中要注意安全，遇到问题能够独立分析并解决，不断提高自己的动手能力，要有爱岗敬业的职业精神。

相 关 知 识

一、保险杠

当轿车前后端与其他物体相撞时，保险杠不仅能有效地保护车身，而且有利于减轻被撞人和物的损伤程度。另外，保险杠作为车身外部装饰，与散热器面罩相互配合，能起到美化轿车外形的作用。保险杠有前保险杠和后保险杠之分，其结构和原理基本相同，故在此一并讲述。

1. 保险杠的结构

轿车保险杠主要由外蒙皮、保险杠横梁和其他附件组成，靠车身一侧为强度比较高的钢制保险杠横梁，将合成泡沫塑料或发泡橡胶等吸收冲击能量好的材料填充于加强板与外蒙皮之间，构成具有一定能量吸收功能的保险杠，如图 4-1-1 所示。当汽车受到轻度冲击时，填充材料在受冲击压迫的瞬间变形直接吸收能量。

（1）外蒙皮

现代轿车保险杠外蒙皮大多将蒙皮、加强件、雾灯饰板、通风格栅（中间面积大的也称为中网）和导流板支架等进行一体式设计，如图 4-1-2 所示。外蒙皮大多以聚丙

1—保险杠横梁；2—发泡塑料缓冲垫；
3—外蒙皮
图 4-1-1　具有能量吸收功能的保险杠

烯（polypropylene，PP）材料为主，还有改性增强尼龙、玻璃钢等，发生低能量撞击时，由面罩和加强板的变形来吸收能量。

（2）保险杠横梁

保险杠横梁也称为加强板，可以将偏置和正面碰撞产生的能量尽可能均匀地分布到吸能元件上，使能量最大限度地被吸能元件均匀吸收，并将碰撞力均匀地传递到两个纵梁上。当汽车与其他车辆或障碍物发生低速碰撞时，前保险杠横梁对翼子板、散热器、发动机舱盖和灯具等部件起着一定的保护作用，后保险杠横梁则可以减轻行李箱、尾门、后灯等部位的损伤。保险杠横梁大多是用钢板制作的，也有用铝合金制作的。

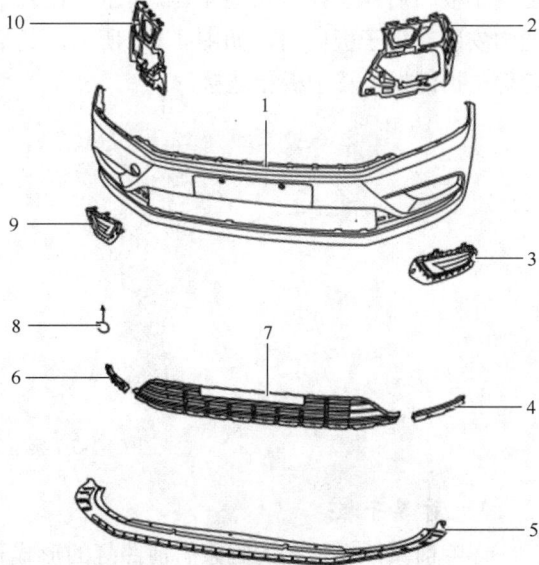

1—蒙皮；2、10—加强件；3、9—雾灯饰板；
4、6、7—通风格栅；5—导流板支架；8—前拖车钩饰盖
图 4-1-2　保险杠外蒙皮总成结构

2. 保险杠与车身的装配

（1）保险杠横梁与车身的连接

保险杠横梁通过支架与车体纵梁连接，通常支架部分设计成吸能零件。借助吸能零件安装的保险杠通过压溃元件及连接板安装在前（后）纵梁上，如图 4-1-3 所示。碰

撞时，由保险杠面罩、泡沫缓冲垫、压溃元件共同变形来吸收碰撞能量，使得通过纵梁向后（前）传递的能量相对减少。

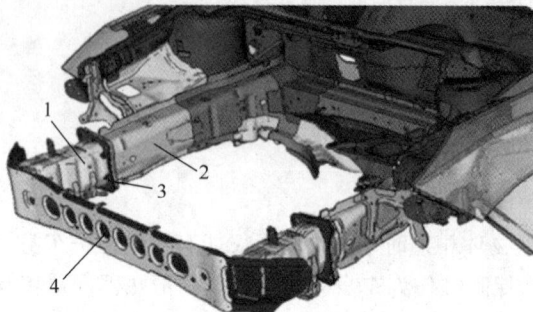

1—压溃元件；2—前纵梁；3—连接板；4—保险杠横梁
图 4-1-3　带压溃元件的保险杠

（2）蒙皮的连接

蒙皮与周围相关件之间还有一些辅助定位点，如侧面与翼子板的卡接、后上端与翼子板的连接，这些辅助定位点都是为了保证保险杠与翼子板之间的间隙，如图 4-1-4 所示，此外，还有后面与车轮护罩的连接。

图 4-1-4　前保险杠侧面的安装定位

二、翼子板

翼子板是遮盖车轮、减振器的车身外板，一般由 0.6～0.8 mm 高强度钢板加工成形，是车上的重要覆盖件之一，其外形根据车身整体外形设计要求及车轮运动空间要求决定，分为前翼子板和后翼子板，如图 4-1-5 所示。在翼子板与发动机舱挡泥板和行李箱挡泥板之间，通常安装有翼子板内衬，如图 4-1-6 所示，其形状复杂多样，材料多为塑料，通过卡扣和螺栓等与挡泥板及翼子板相连接。

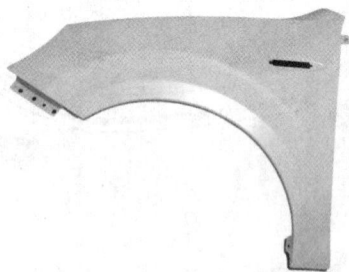

（a）左前翼子板

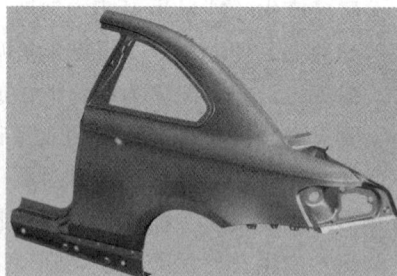

（b）左后翼子板

图 4-1-5　典型的轿车翼子板

1. 前翼子板

影响前翼子板形状的因素有前照灯的形式和布置，前门的外形，内侧发动机舱盖的形状、尺寸及侧缝线等。在承载式车身上，前翼子板是用螺钉与车身本体连接的，同时配合部分用黏结方式连接，如图 4-1-7 所示。前翼子板的后端通过中间板和前围立柱连接，侧面与发动机舱盖缝线处的挡泥板相连，前部和散热器固定架延长部分相连。在非承载式车身上，以焊接连接前翼子板的方式比较普遍。

图 4-1-6　翼子板内衬

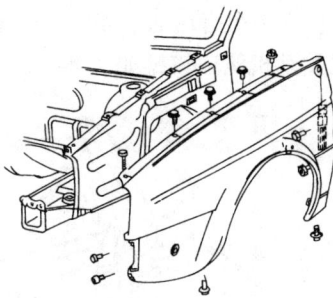

图 4-1-7　轿车前翼子板的安装

2．后翼子板

后翼子板与后柱、车顶纵梁、中柱及门槛等的外板一体成形，后翼子板和车顶板与车身结构件焊接成一个整体，它们虽然在结构上属于覆盖件，但更换方式与结构件相似。很多时候后翼子板和车顶板的损伤会与结构件的损伤维修同时进行，需要采用切割的方式进行拆卸，采用焊接的方式进行安装，如图 4-1-8 所示。

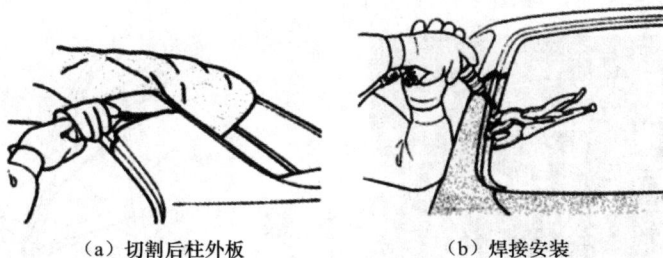

（a）切割后柱外板　　　　　　　　（b）焊接安装

图 4-1-8　更换后翼子板

三、发动机舱盖

1．发动机舱盖结构

发动机舱盖由外板和内板组成。为适应整车造型的需要，外板是较为平整（或稍有拱曲）的大覆盖件。有的外板表面还纵向布置有两条相差不大且等长的加强筋，以增强车身整体的纵向刚度。为了增强整体刚度，内板由薄钢板经整体拉延后成形，内板呈网格状，凸筋的布局增加了美感、提高了刚度。内板上开设的孔口除了要考虑减轻质量、增强整体刚度及整体美观等要求外，还要考虑避让铰链、锁机构等零件。内外板采用黏结和折边的方式连接，有些车型的发动机舱盖内板上还覆盖一层隔音隔热棉，前部设计有密封条。

2．发动机舱盖铰链

发动机舱盖的开启方式可分为向后开启（铰链在后）、向前开启（铰链在前）和侧向开启（铰链在纵向中线处）等几类，现代轿车大多数采用铰链在后的向后开启方式。因为向后开启的发动机舱盖的整体刚性好，相对位置稳定，间隙均匀，整个车头流线型好，容易满足造型的需要。在对发动机进行检查、维修时，容易从前部和侧面接近发动机，因而维修方便。但是这种开启方式在发动机舱盖锁钩磨损后，车辆在行驶中受到风压作用，可能会妨碍驾驶人视线。为防止这类事故发生，必须安装备用辅助挂钩系统。

发动机舱盖铰链是将发动机舱盖与车头本体相连接的结构，也是让发动机舱盖开闭的结构。发动机舱盖要求开闭轻便，灵活自如，并有足够的开启角度（一般开度在 40°～50°为宜），在开启过程中不得有运动干涉，要有足够的刚度和强度，可靠、耐久和易于制造。轿车常用的四连杆式发动机舱盖铰链如图 4-1-9 所示。

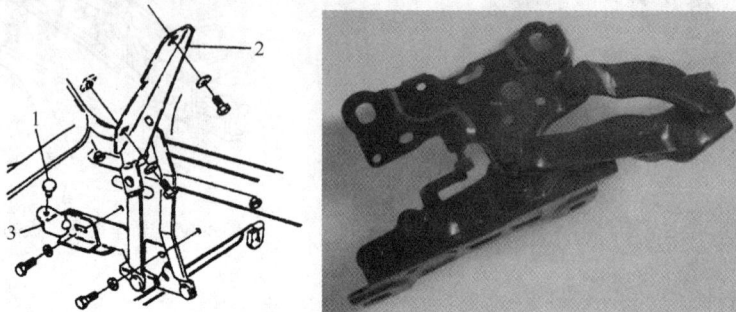

1—缓冲塞；2—铰链总成；3—限位角板
图 4-1-9　四连杆式发动机舱盖铰链

配合铰链的开启，发动机舱盖上应设置支撑结构，使舱盖停留在固定的角度上。一般，普通型轿车上采用一根支撑杆，需要手动操作，如图 4-1-10 所示；中高级轿车通常会采用压力挺杆，可自动升起舱盖，如图 4-1-11 所示。

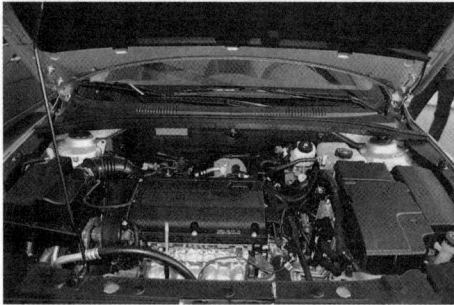

图 4-1-10　铰链与支撑杆配合支撑

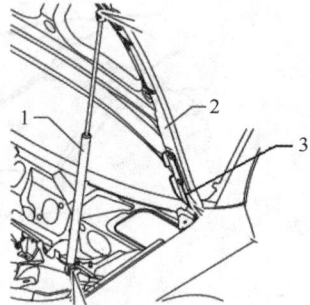

1—支撑杆；2—发动机舱盖；3—铰链
图 4-1-11　铰链与压力挺杆配合支撑

四、行李箱盖

为了适应行李出入的大开口，保证行李箱盖的开启角足够大，铰链常用臂式铰链，支撑杆则用扭力杆，如图 4-1-12 所示。对行李箱盖锁的基本要求是操作方便、锁闭可靠，通常采用卡板式。当锁被打开时，行李箱盖便在扭杆弹簧的作用下，自动弹开至最大极限位置，为取放行李提供方便。轿车行李箱的结构与发动机舱盖相似，此处不赘述。

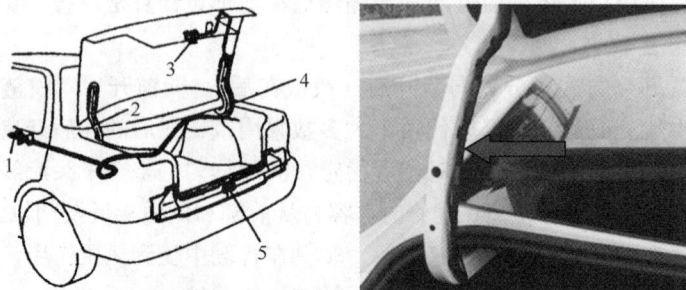

（a）行李箱结构　　　　　（b）扭力杆
1—行李箱盖开启操纵杆；2—臂式铰链；3—舱盖锁；4—开启拉索；5—锁扣
图 4-1-12　使用臂式铰链的行李箱盖

五、车门总成

1. 车门的结构

车门是车身上的一个独立的车身覆盖件，通过铰链安装在车身上。通常，车门由车门壳体、附件和装饰件 3 个部分构成。车门壳体（见图 4-1-13）包括车门外板、车门内板、门框（有些无门框）和加强件等，附件包括门锁系统、密封件等，装饰件包括内饰板、外饰条等。

（1）车门外板俗称车门皮，其形状基本上是根据车身外形来确定的，由厚度为 0.6～0.8 mm 的薄钢板冲压而成（多数为高强度钢板，也有使用镀锌板、铝合金板或玻璃钢的），通常在外板上冲制一些孔，用以装配外手柄、锁机构、装饰条等。

（2）车门内板是车门的主要受力部件，大多数附件装在车门内板上，所以车门内板的形状复杂，刚度、强度都较高，并且在一些重要位置还需焊上加强件。车门内板通常为薄钢板冲压件，整体为盘形结构，与车门外板组装后，其凹陷的空间内可容纳玻璃、玻璃升降器等结构。

2. 车门铰链

车门铰链是决定车门与车身间相对位置、控制开闭运动的装置，它由门铰链和销轴构成。门铰链通常采用合页式铰链，图 4-1-14 所示为上下合页式铰链的典型结构，车门通过铰链与车身立柱连接。按安装位置的不同，门铰链有内铰链（也叫隐铰链）和外铰链等，大部分轿车都使用内铰链，在某些特殊车身结构中也有外铰链的形式。

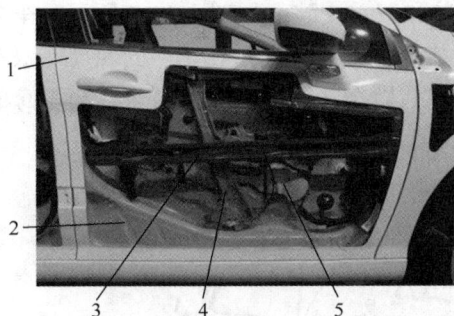

1—车门外板；2—车门内板；3—加强件；
4—玻璃托架导杆；5—玻璃升降器
图 4-1-13　车门壳体

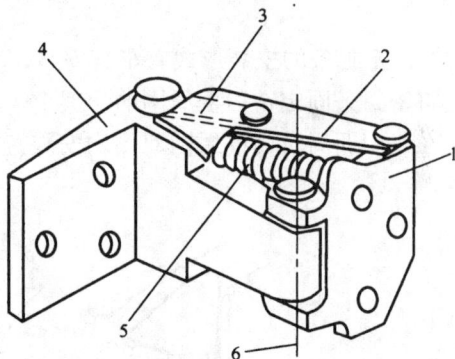

1—车门合页；2—连杆；3—传力构件；
4—门柱合页；5—弹簧；6—铰链轴线
图 4-1-14　上下合页式铰链

3. 车门开度限位器

车门要开关灵活，具有足够乘车人员上下车的开度，轿车车门极限开度范围一般为 60°～70°。同时，车门的开关过程应有轻度的阻尼，能在最大开度之前的设计位置上停稳。因此，在车门的开启结构中设计了开度限位装置，图 4-1-15 所示为典型的车门开度限位器结构。车门开度限位器的拉杆一端用销钉与车身连接，另一端嵌入车门体内。打开车门时，由于拉杆的楔形及凹槽设计，从而形成开启阻尼。当车门处于凹槽处时，阻力

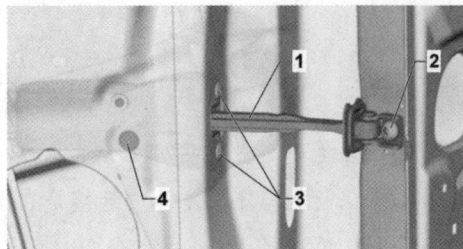

1—拉杆；2—限位器与车门固定螺栓；
3—限位器与车身固定螺栓；4—车门开度限位器
图 4-1-15　车门开度限位器结构

增大，车门锁止在一定开度；当拉杆全部伸出时，车门开度达到极限。

4．车门密封

车身密封是利用密封条将驾驶室和行李箱等的缝隙进行封闭，密封的部位为车门、行李箱盖、车窗玻璃等可移动零件与车身接触的部位。密封条的形状与断面应适应不同的使用部位及满足不同功能的要求。密封的作用是避免驾驶室内进风漏水，并防尘、隔音。当车身受到振动与扭曲时，密封条能起到缓冲、减振、保护玻璃的作用，还能对门窗的边缘起到装饰作用。

车门、行李箱盖等与车身间的密封是比较困难的，密封要求比较严格，需密封的部分比较长。如果密封条老化、破损或者安装不规范，就会漏水，如图 4-1-16 所示。

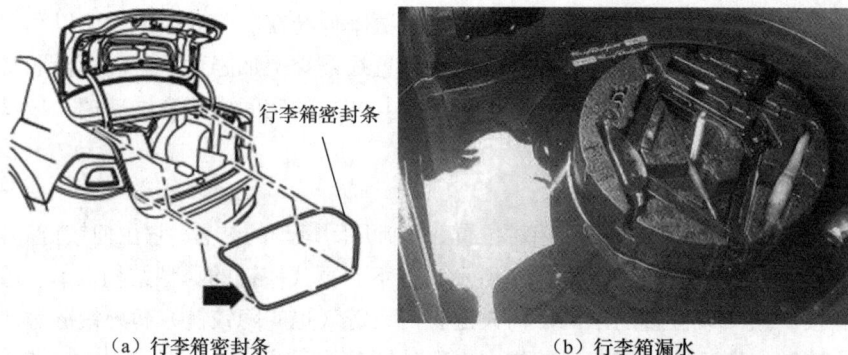

（a）行李箱密封条　　　　　　　　　　（b）行李箱漏水

图 4-1-16　行李箱密封

车门密封条的安装形式有车身安装、车门安装和双重安装，如图 4-1-17 所示。车身安装是将密封条固定在门框周围的骨架上，车门安装是将密封条固定在车门的四周，双重安装是在车门四周及门框周围双侧均安装密封条。现代轿车多采用双重安装来提高车身的密封性。

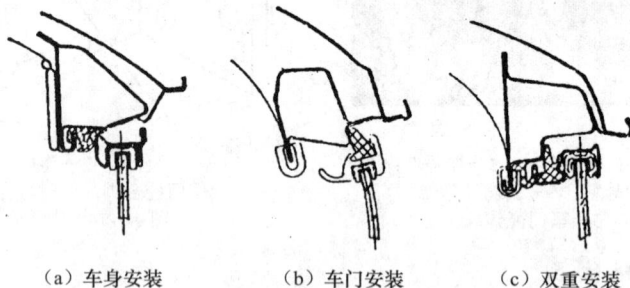

（a）车身安装　　　　　（b）车门安装　　　　　（c）双重安装

图 4-1-17　车门密封条的安装形式

知 识 评 价

（1）轿车保险杠多为外置式，外部加装饰罩起到美化轿车外形的作用。（　　　）

（2）保险杠与车身本体的连接是在保险杠面罩、横梁、骨架形成总成后，通过支架实现与车体纵梁的连接。（　　）

（3）前翼子板的形状受前照灯的形式和布置，前门的外形，内侧发动机舱盖的形状、尺寸及侧缝线等的影响。（　　）

（4）发动机舱盖依靠铰链开启，开启后应设置支撑结构。（　　　）

（5）车门开度限位器的作用是保证车门在任意开度的阻尼和防止车门开度过大。（　　　）

（6）车身密封是将驾驶室与外界彻底隔绝，防止被污染的空气进入。（　　　）

（7）对于前翼子板的描述错误的是（　　　）。

  A. 在承载式车身上，前翼子板是用焊接方式与车身本体连接的，同时配合部分用黏结方式连接

  B. 前翼子板的后端通过中间板和前围立柱连接

  C. 前翼子板的侧面与发动机舱盖缝线处的挡泥板相连

  D. 前翼子板的前部和散热器固定架延长部分相连

（8）决定车门与车身间相对位置、控制开闭运动的装置是（　　　）。

  A. 车门锁　　　　B. 车门开关　　　C. 车门扶手　　　　D. 车门铰链

（9）保持车门在任意开度的阻尼和防止车门无限度开启的装置是（　　　）。

  A. 车门开度限位器　B. 车门铰链　　　C. 车门锁　　　　D. 车门开关

（10）密封的作用有（　　　）。

  A. 防风防雨　　　B. 防尘、隔音　　　C. 缓冲、减振　　　D. 装饰

（11）观察生活中遇到的车身零件，试着找出可拆卸零件的调整位置。

任 务 实 践

任务案例：张先生要下车，刚打开车门，突然有强风从后方吹来，车门直接脱手被吹向前方，如图 4-1-18 所示。张先生在关车门时，发现车门晃动，前门与后门线条对不齐。

图 4-1-18　车门被风吹开超过极限

一、更换保险杠与前翼子板

1. 更换保险杠

（1）拆卸前保险杠

不同车型前保险杠的安装情况不一样，但是操作流程基本一致。

① 某车型前保险杠的安装情况如图 4-1-19 所示，拆卸前，要仔细观察保险杠的安装情况，确定所有螺栓的安装位置，特别注意侧面和一些隐藏部位的螺栓。

② 打开发动机舱盖，松开保险杠上部的紧固螺栓。将左、右前轮拆下，松开轮罩。从翼子板后面卸下保险杠侧面的紧固螺栓。断开雾灯等电源连接线，整体拆下保险杠，拆下防撞条、导流板等附件。

（2）拆卸后保险杠

① 某车型后保险杠的安装情况如图 4-1-20 所示。拆卸时，首先打开行李箱盖，松开保险杠上部的紧固螺栓。将左、右后轮拆下，松开轮罩。

② 从翼子板后面卸下保险杠侧面的紧固螺栓。断开电气元件的电源线插头，整体拆下保险杠。

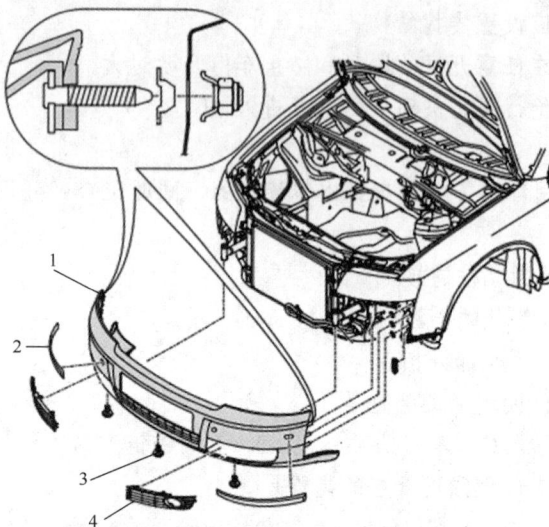

1—前保险杠；2—防撞条；3—紧固螺栓；4—导流板
图 4-1-19　某车型前保险杠的安装情况

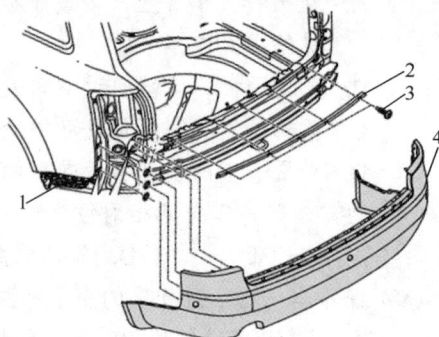

1—导向件；2—装饰条；3—紧固螺栓；4—后保险杠
图 4-1-20　某车型后保险杠的安装情况

（3）安装与调整

① 安装按照拆卸的相反顺序进行，注意保险杠的安装位置是否还原，不要忘记接线插头的连接。保险杠与前照灯和翼子板的配合缝隙要美观，只要将螺栓孔对齐，通过导向件定位即可安装到位。

② 如果缝隙不合格，则需进行调整。保险杠的调整位置为紧固螺栓。

2．更换前翼子板

（1）拆卸前翼子板

① 打开发动机舱盖，拆下前保险杠和前轮，拆下翼子板装饰板和内衬，露出固定前翼子板的所有螺栓。

② 拆下所有翼子板紧固螺栓，具体参见图 4-1-21。前翼子板上有转向信号灯的，拔开转向信号灯导线连接器，取下转向信号灯，卸下翼子板。

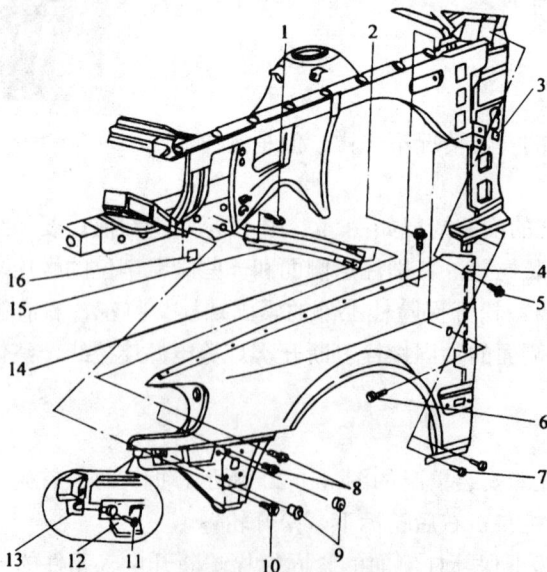

1、2、5、6、7、8、9、10、11—紧固螺栓；3、14、16—螺母；
4、12—翼子板；13—装饰板座；15—拉条
图 4-1-21　拆卸翼子板

（2）安装与调整

① 安装按照拆卸的相反顺序进行。检查前翼子板与前保险杠、前照灯、发动机舱盖和前车门的缝隙。

② 如果缝隙不合格，则需进行调整。前翼子板的调整位置为紧固螺栓，通常与发动机舱盖位置的调整相配合。

二、更换发动机舱盖

1. 拆装发动机舱盖

（1）拆卸

① 打开发动机舱盖，并用防护垫覆盖于车身上，以防损伤漆面。将前风窗玻璃清洗器喷嘴及软管拆离发动机舱盖。在发动机舱盖上铰链位置画上记号，以便以后安装。

② 如果发动机舱盖有动力支撑杆，则通常只拆卸支撑杆的上部（即与发动机舱盖相连接的部位）。对于带有塑料球形插座的支撑杆，可用一字螺钉旋具把定位夹向上挑起，即可使球头螺栓与支撑杆分离；对于带有金属球形插座的支撑杆，用钳子将销钉拔出即可，如图 4-1-22 所示。

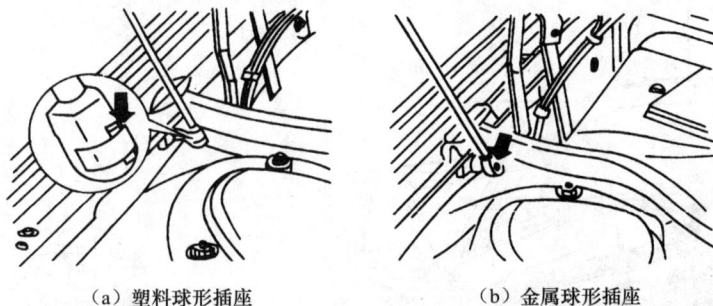

（a）塑料球形插座　　　　　　　（b）金属球形插座

图 4-1-22　动力支撑杆下部球形插座的拆卸

③ 两人配合，用螺钉旋具松开两个铰链上的紧固螺母，卸下发动机舱盖总成。取下发动机舱盖，将其放在钣金工作台上，进行维修。

（2）安装

安装发动机舱盖时，按标记在车身原位置安装，拧好铰链紧固螺母，将发动机舱盖总成与车身连接起来。

2. 调整发动机舱盖的位置

发动机舱盖位置的调整要求与相邻板件的间隙要均匀，高度要平齐。其前缘必须与翼子板前缘对齐，其后缘与前挡泥板、玻璃和前柱下缘之间保留足够的缝隙，以避免开启时相互干扰，同时其侧缘与翼子板的间隙要左右对称且均匀，并符合规定，如图 4-1-23 所示。车身板件配合间隙检查常用车身间隙规，如图 4-1-24 所示，也可以使用塞尺。

（1）后部的调整

发动机舱盖后部的调整通过铰链处的固定螺栓实现。调整时，先稍微松开铰链处的固定螺栓，按图 4-1-25 所示方向进行调整。铰链与发动机舱盖固定螺栓，可按 a_1 方向调整前后位置，按 b 方向调整左右间隙；铰链与车身固定螺栓，可按 a_2 方向调整前后位置，按 c 方向调整上下高度。调整后，扣上发动机舱盖检查，反复调整直到符合要求。

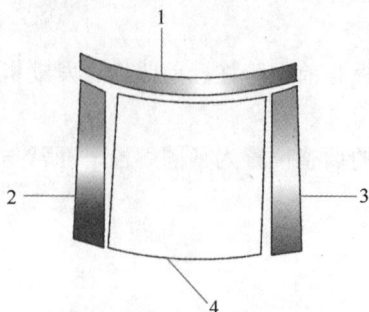

1—前挡泥板；2—右前翼子板；
3—左前翼子板；4—发动机舱盖
图 4-1-23　发动机舱盖与相邻板件的间隙

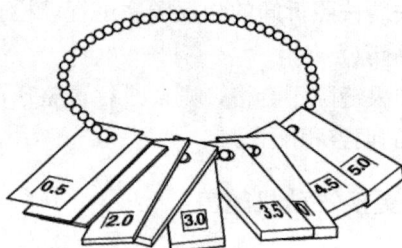

图 4-1-24　车身间隙规

（2）前部的调整

当发动机舱盖前部的高度需要调整时，先调整缓冲垫块，如图 4-1-26 所示。有些车上只有两个缓冲垫块，两个前角处各有一个，而有些车上则是 4 个角都有。前部缓冲垫块主要用来控制发动机舱盖前面两个角的高度，应将它调整到发动机舱盖前部与翼子板高度一致的位置上。缓冲垫块必须调整到能撑住发动机舱盖的位置，以免发动机舱盖产生移动和颤动。调整完毕后一定要将缓冲垫块上的防松螺母拧紧。

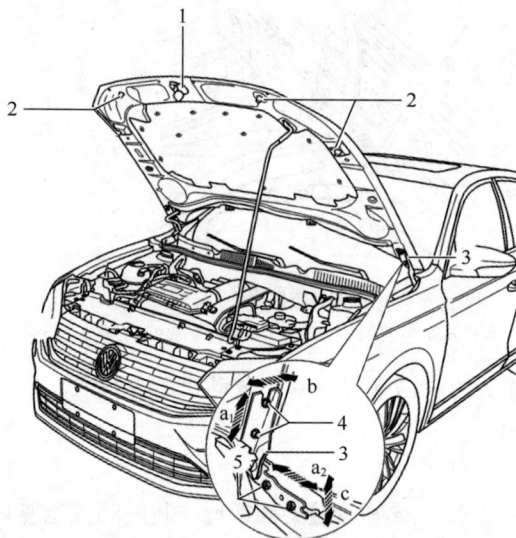

1—锁扣；2—缓冲垫块；3—铰链；
4—铰链与发动机舱盖固定螺栓；5—铰链与车身固定螺栓；
a_1、a_2—调整前后位置；b—调整左右间隙；c—调整上下高度
图 4-1-25　发动机舱盖铰链调整

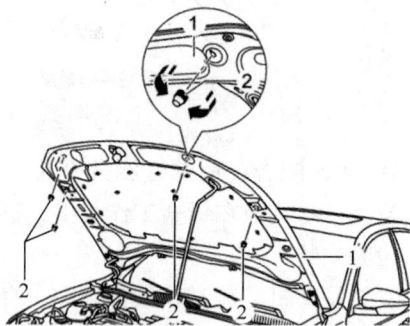

1—发动机舱盖；2—缓冲垫块
图 4-1-26　调整缓冲垫块

发动机舱盖前部的调整还可通过锁体、锁扣等部位的固定螺栓实现。调整时，先稍微松开固定螺栓。调整左右间隙时，按图 4-1-27 所示的 a 方向调整锁体或按图 4-1-28 所示的方向调整锁扣。调整上下高度时，按图 4-1-27 所示的 b 方向调整锁体。调整后，扣上发动机舱盖检查，反复调整直到符合要求。

（3）中部的调整

对于新换的发动机舱盖或前翼子板，容易出现与相邻板件高度不一致的情况，有时因边缘弯曲造成高度差，需要调整发动机舱盖的边缘曲线，使其与翼子板边缘高度一致，如图 4-1-29 所示。

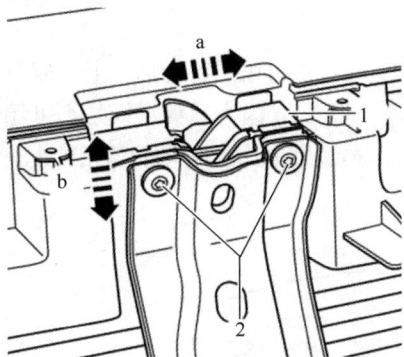

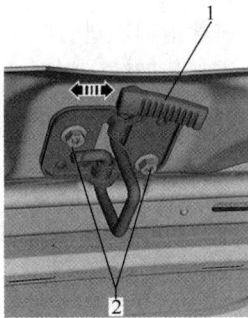

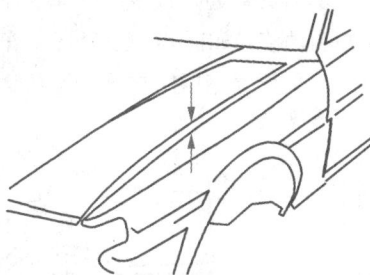

1—锁体；2—固定螺栓
图 4-1-27　调整锁体

1—锁扣；2—固定螺栓
图 4-1-28　调整锁扣

图 4-1-29　发动机舱盖高度不齐

行李箱盖的更换流程与发动机舱盖的相似，对其进行拆装和调整可参照发动机舱盖进行。

三、更换车门总成

1. 拆装车门及密封条

（1）拆装车门

① 打开车门，断开车门内通到车身的线束插头。断开车门开度限位器与车门的连接。

② 一人扶住车门，另一人拆下车门铰链与车门安装螺栓，如图 4-1-30 所示。拆下车门总成，将其放在钣金工作台上，拆卸其他附件。

（2）更换车门密封条

① 拆卸车门密封条时，要从门框的角落处先将密封条从车身上扯开一条缝隙，然后顺势取下整条密封条。拆卸时注意不要用力拉扯密封条内侧的柔软部分，以防拉坏橡胶层。

② 安装时，要注意将密封条接口部位对准车身立柱的中间部位，从角落处开始将其推入门框法兰内，如图 4-1-31 所示，用手轻轻拍打到位。全部安装完成后，可用橡胶锤再次轻轻敲击压实。

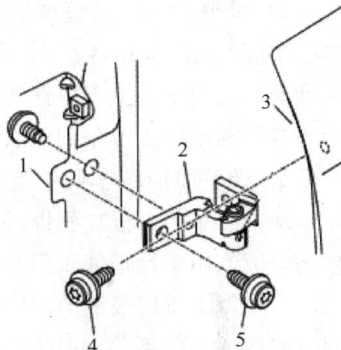

1—车身立柱；2—铰链；3—车门；
4—连接铰链与车门的螺栓；
5—连接铰链与立柱的螺栓
图 4-1-30　拆卸车门

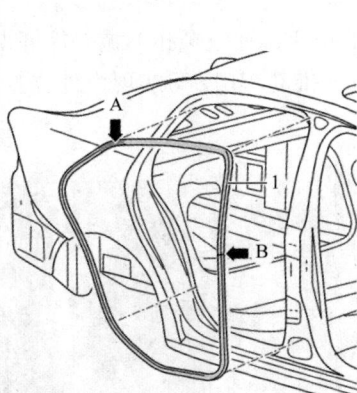

（a）安装后车门

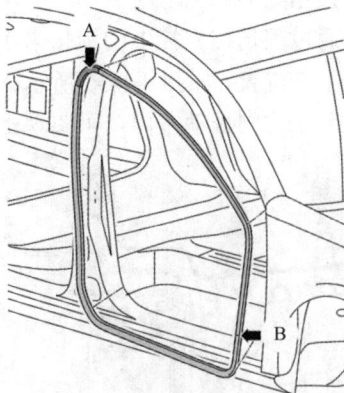

（b）安装前车门

1—车门密封条；A—开始安装部位；B—接口部位的安装位置
图 4-1-31　更换车门密封条

2．调整车门位置

车门后部通过铰链装在车身上，前部由门锁进行固定。车门通常可以进行前后、上下以及内外的调整，如图4-1-32所示。车门间隙的调整，通常是从后门开始，因为后翼子板是不可调的，故必须调整后门与这些不可调的部件配合。后门调好后，再调整前门使之与后门相匹配。

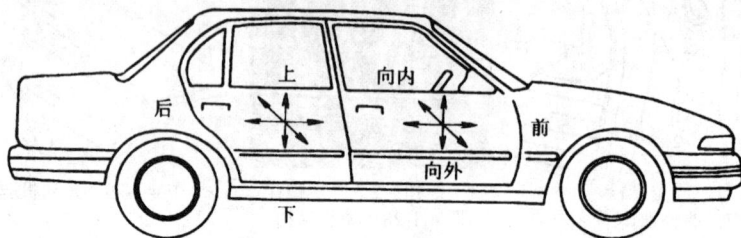

图4-1-32　车门的调整方向

不同车型的车门间隙有相应的调整要求，一般轿车前门与前翼子板的间隙为3～4 mm，前、后门间隙为4～5 mm，后门与后翼子板的间隙为3～4 mm，如图4-1-33所示。

（1）铰链处的调整

① 车门后部的调整通过调整铰链处的固定螺栓实现，如图4-1-34所示。按箭头A所示的方向推动可实现车门上下位置的调整，按箭头B所示的方向推动可实现车门前后位置的调整。

② 调整时应将车门铰链上的螺栓松开，可将木块置于车门内板加强框件下部位置，以防止损伤外板，用千斤顶使车门升起或降低。调整好后，应将每个车门铰链的固定螺栓仔细拧紧，紧固时要保证车门不动，以防改变向内或向外的位置，然后落下千斤顶并检查配合是否符合要求。

③ 一个铰链的前后位置应一次调好，如果

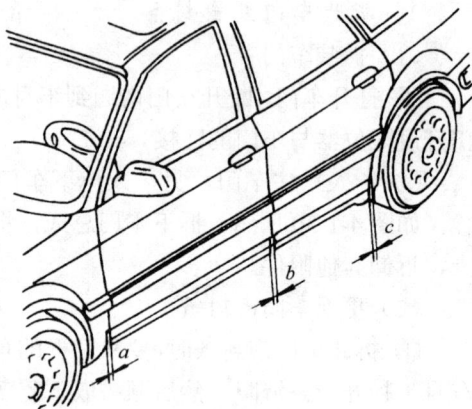

a—3～4 mm；*b*—4～5 mm；*c*—3～4 mm

图4-1-33　车门间隙的要求

车门铰链的插销已磨损，那么必须进行更换。有些车型上的铰链在铰链销外还有衬套，衬套磨损后可以更换，使衬套与铰链的配合恢复正常，也就在一定程度上重新调整了车门位置。

（2）锁扣处的调整

车门通过固定在立柱上的锁扣来实现车门闭合后的锁止，通过锁扣的调整能够调整车门的内外和上下位置，如图4-1-35所示。按箭头a所示方向推动车门，可实现内外位置的调整；按箭头b所示方向推动车门，可实现上下位置的调整。

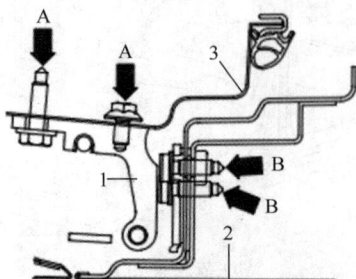

1—铰链；2—车门；3—车身立柱

图4-1-34　调整铰链位置

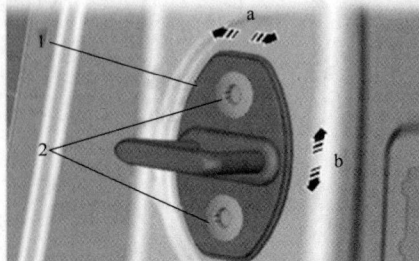

1—锁扣；2—固定螺栓

图4-1-35　调整锁扣的位置

能 力 评 价

请针对任务案例"张先生要下车，刚打开车门，突然有强风从后方吹来，车门直接脱手被吹向前方，如图4-1-18所示。张先生在关车门时，发现车门晃动，前门与后门线条对不齐"，依据所学知识和技能，分析并回答以下问题。

（1）案例中可能受损的车身零件有（　　　）。

    A. 左前门　　　　　　　　　　　　B. 左前翼子板

    C. 左前门铰链　　　　　　　　　　D. 左前门开度限位器

（2）车门与前翼子板之间的平整性，需要通过调整（　　　）来改善。

    A. 左前翼子板　　　　　　　　　　B. 门锁扣

    C. 车门开度限位器　　　　　　　　D. 车门锁

（3）通过铰链可以调整的车门位置有（　　　）。

    A. 内外和前后　　　B. 内外和上下　　C. 前后和内外　　D. 前后和上下

（4）通过锁扣可以调整的车门位置有（　　　）。

    A. 内外和前后　　　B. 内外和上下　　C. 前后和内外　　D. 前后和上下

（5）调整四门轿车的车门间隙时，参考的顺序为（　　　）。

    A. 先调整后门，以适合后翼子板，再调整前门以适合后门

    B. 先调整前门，再调整后门以适合前门

    C. 先调整前翼子板到适合前门，再调整前门以适合后门，最后调整后门

    D. 同时调整后门和前门，以适合后翼子板和前翼子板

| 任务 4.2　车身内部零件的拆装与调整 |

【知识目标】

（1）掌握汽车座椅的结构和调节。

（2）掌握汽车锁具的类型和结构。

【能力目标】

（1）能够更换汽车常见的内饰件。

（2）能够拆装车身锁具并排除车门锁故障。

【素质目标】

（1）培养学生独立分析并解决问题的能力和动手能力。

（2）培养学生爱岗敬业的职业精神。

任务分析

　　汽车内饰件的更换也是钣金维修工作的一部分。内饰件多采用卡扣和螺栓固定的连接方式，为了美观，固定螺栓外部通过装饰条遮盖起来。在拆装内饰件时不要损伤卡扣，更不能野蛮拆卸。

　　本任务需要学生熟悉车身结构知识，能够规范地拆装和调整汽车内饰件。在操作中要注意安全，遇到问题能够独立分析并解决，不断提高自己的动手能力，要有爱岗敬业的职业精神。

相关知识

一、汽车座椅

　　座椅是重要的车身内饰件，为乘车人员提供舒适的乘坐条件，保证驾驶安全，减轻长时间乘坐的疲劳。而且座椅应与安全带配合，保证乘客的安全。轿车座椅多采用5座式布置，也有6座或7座式，一般前排座椅多采用独立座椅，后排多采用一体式座椅，如图4-2-1所示。

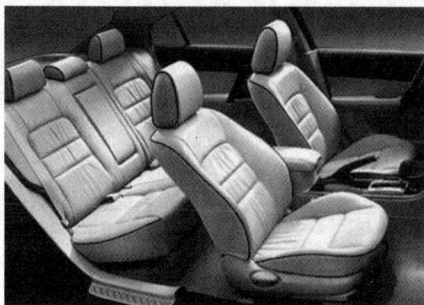
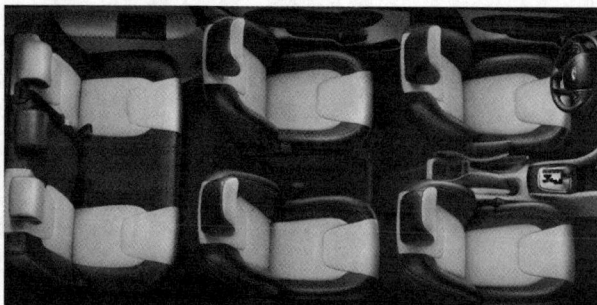

（a）5座式布置　　　　　　　　　　　　　　（b）7座式布置

图 4-2-1　轿车座椅的布置

1. 座椅的主体结构

　　座椅通常由座椅主体、调节结构以及扶手、加热、通风等辅助部件构成。座椅主体由坐垫、靠背、头枕3部分构成，图4-2-2所示为轿车前座椅的主体结构。每一部分均由骨架、软垫、饰面组装而成。坐垫和靠背是由螺栓固定连接的，外部装有罩板，罩板主要起装饰作用。头枕总成通过支杆插在镶入靠背顶部的导向套内，靠卡簧锁紧。

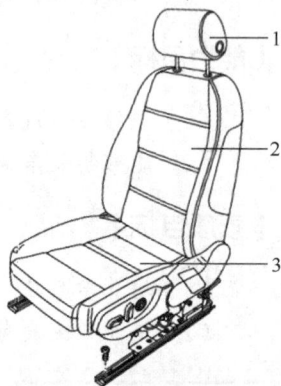

　　（1）坐垫和靠背骨架

　　坐垫骨架是由冲压件盆形底座和钢管框架焊接成形的。盆形底座的外形复杂，上面安装了软垫。盆形底座下部焊接钢管框架，钢管框架起加强和连接作用。钢板框架中部焊有中间导轨，中间导轨是 Z 形冲压件，上面有若干个长孔，是调节前后移动距离的定位孔。钢管框架两侧焊有侧连接板、连接轴、内螺纹座，起连接和固定靠背的作用。钢管框架上还焊有内、外滑板。滑板上装

1—头枕；2—靠背；3—坐垫
图 4-2-2　前座椅的主体结构

有导向块。导向块是塑料件，使座椅前后移动时无响声且耐磨。座椅移动导轨焊在车身地板上。骨架上装有操纵杆，操纵座椅前后移动，依靠弹簧回位。坐垫骨架如图 4-2-3 所示。

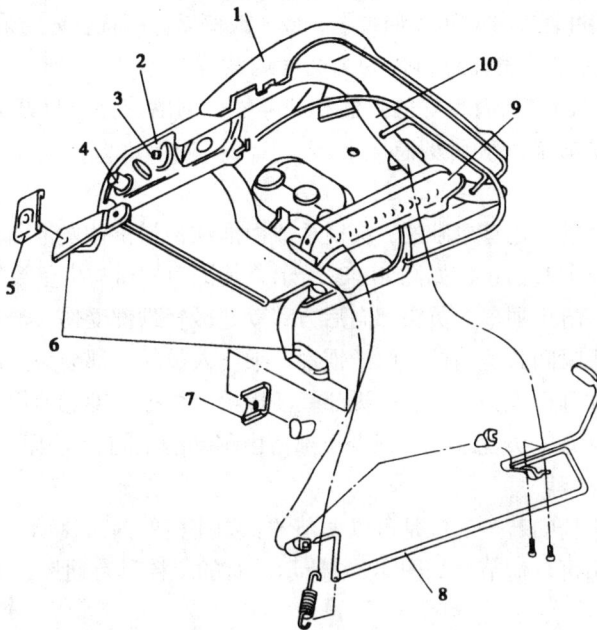

1—盆形底座；2—侧连接板；3—连接轴；4—内螺纹座；5—导向块；6—内、外滑板；
7—导向块；8—操纵杆总成；9—中间导轨；10—钢管框架

图 4-2-3 坐垫骨架

靠背骨架由左右侧骨架、上框加强板、左右成形框、连接管、横拉钢丝、靠背调节器等组成，如图 4-2-4 所示。左右成形框由钢丝冲压成形，焊在侧骨架上，使靠背骨架加强侧支撑并符合人体形态。连接管由钢管制成，内有传动轴通过，以传递力矩，使靠背调节器在调整时达到左右同步，控制靠背角度的调整。靠背调节器是有级调节的，靠齿轮啮合，传递力矩。钢丝架总成通过拉簧安装在靠背骨架焊接总成上，起支撑垫作用。

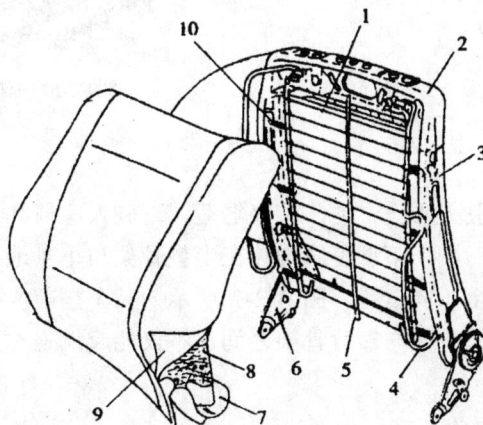

1—横拉钢丝；2—上框加强板；3—侧骨架；4—成形框；5—钢丝架总成；
6—靠背调节器；7—拉簧；8—软垫；9—蒙皮；10—横拉弹簧

图 4-2-4 靠背骨架

（2）软垫和蒙皮

软垫采用聚氨酯发泡成形或用其他软性材质制作而成，坐垫骨架与软垫之间装设有弹性元件，以减缓由车身传到人体的振动和冲击。有的轿车座椅靠背内设置有气垫，由一个电动气泵来充气。气垫有较好的缓冲性，并且可以通过充、放气改变靠背形状以适应乘车人员不同的身材。

包裹坐垫与靠背总成的表面材料称为饰面（或蒙皮），一般用棉织品、毛织品、皮革、人造革等材料缝制。饰面应具有良好的弹性和伸缩性，耐磨，并有良好的透气性和透湿性。饰面总成通过夹钉固定在软垫和骨架总成上。

（3）头枕

头枕有与座椅一体的，也有单独的。头枕总成由泡沫塑料整体发泡而成，其支杆直接插入靠背顶部的导向套，靠卡簧锁止，如图4-2-5所示。其饰面材料与坐垫及靠背的相同。在撞车或受到冲击时，头枕可防止乘车人员头部向后方移动、减轻颈部受伤。一旦发生尾部碰撞，汽车受后面的冲击力作用瞬间急速向前，由于惯性，乘车人员的头部会突然向后仰，这种后仰动作将持续到颈部被拉伸到极限为止，然后头部就像鞭梢一样被颈部加速甩向前方，这种情况对颈椎的伤害非常严重。有了头枕承托，减少头部自由移动的空间就可以降低对颈椎的冲击。

2．座椅的调节结构

根据使用要求，座椅的若干部位是可以调节的。如座椅的前后移动、靠背的倾斜、坐垫的高度、头枕的位置等都可以调节，如图4-2-6所示。有的座椅具有通风、加热、记忆等功能。

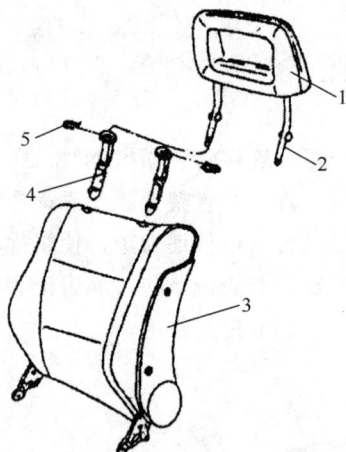

1—头枕总成；2—支杆；3—靠背总成；
4—导向套；5—卡簧
图4-2-5　头枕的连接

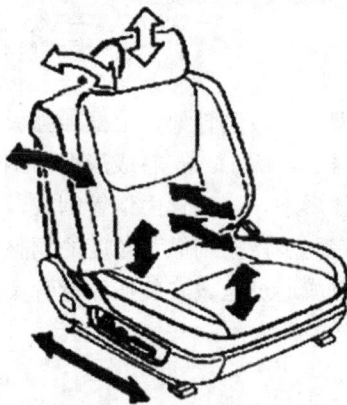

图4-2-6　座椅的调节

为了使不同身高的驾驶人操作方便、乘坐舒适，驾驶人座椅往往设有前后、上下、靠背倾角等调整结构。其中前后、上下调整结构装在坐垫骨架与车身地板之间，通过手动或其他动力系统操纵，把座椅调至不同位置，图4-2-7所示为某车型前座椅电动调节系统结构。靠背倾斜角调整结构装在坐垫骨架与靠背骨架之间，不仅能起调整靠背角度的作用，同时还是坐垫与靠背的连接件。

3．安全带

安全带是防止乘车人员在车内冲撞或被抛出车外的有效保护装置。轿车上多采用三点式安全带，某车型安全带的布置结构如图4-2-8所示。

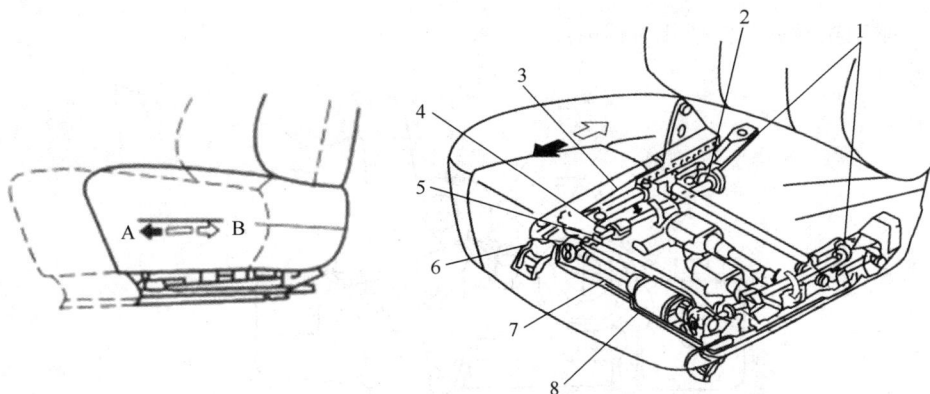

1—螺杆支架；2—后挡块；3—上导轨；4—螺杆；5—前挡块；
6—下导轨；7—电机支架；8—电机；A—向前调节；B—向后调节
图 4-2-7　某车型前座椅电动调节系统结构

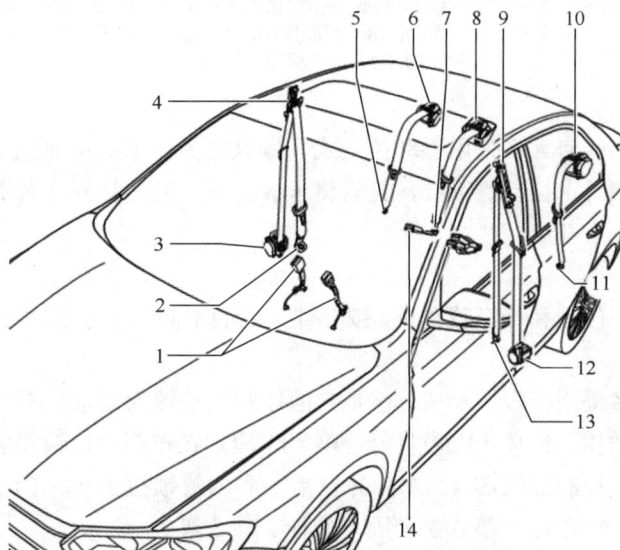

1、14—安全带锁；2、5、7、11、13—底部固定点；
3、6、8、10、12—自动回卷装置；4、9—高度调节装置
图 4-2-8　某车型安全带的布置结构

二、汽车锁具

汽车上使用锁具的位置有发动机舱盖、行李箱盖和车门等部位，主要功能是使锁零件安全锁闭，并固定其与车身的相对位置，保证在行车途中不会自动开启。发动机舱盖除了要有基本锁体外，还需要增加辅助安全锁，以防止行车途中锁具意外开启导致发动机舱盖弹起，引发交通事故。

1. 车身锁具的类型

按锁体结构不同，锁具可分为钩子锁、舌簧锁及卡板锁等形式，轿车上应用较多的是舌簧锁和卡板锁。发动机舱盖会采用舌簧锁和卡板锁，行李箱盖和车门多采用卡板锁。

（1）舌簧锁

舌簧锁又称为柱销锁，主要由柱销、锁帽、锁扣等组成。柱销安装在发动机舱盖内板上，锁帽和锁扣安装在散热器支架上。

（2）卡板锁

卡板锁的结构如图 4-2-9 所示，该种锁具在车身上应用广泛。锁止时，卡板伸入锁扣中；

解锁时，驱动拉索将卡板打开而解锁。

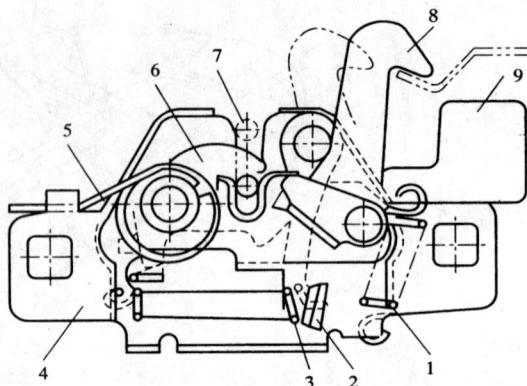

1—辅助挂钩弹簧；2—锁紧手柄；3—回位弹簧；4—锁体；5—举升弹簧；
6—卡板；7—锁扣；8—辅助挂钩；9—辅助挂钩离合器
图4-2-9 卡板锁的结构

（3）开锁结构

发动机舱盖锁的开启大多采用手动拉索式，操纵杆多在车身左前柱下部，拉索穿过前隔板与锁体连接。开锁时，拉动操纵杆，拉索将卡板打开，舱盖打开一条缝隙，再手动打开辅助挂钩，舱盖即可完全开启。

2．汽车门锁

汽车门锁包括车门锁和行李箱盖锁，按开锁方式的不同，分为手动机械开启和电动开启。

（1）门锁结构

汽车门锁锁体多采用卡板锁形式，但是它的控制结构较为复杂，图4-2-10所示为某车型主驾驶门锁系统的结构。锁体13通过固定螺栓11固定在车门内，锁扣安装在中柱上。开锁结构包括外部用钥匙控制的锁芯4、车门外把手7和内解锁拉索9、车门内把手拉索10。其他附件还有支架3、饰盖12、垫片5和固定螺栓2与8等。

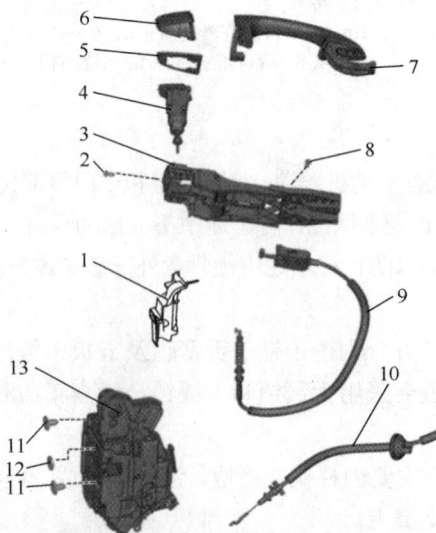

1—盖板；2、8、11—固定螺栓；3—支架；4—锁芯；5—垫片；6—罩盖；7—车门外把手；
9—内解锁拉索；10—车门内把手拉索；12—饰盖；13—锁体
图4-2-10 某车型主驾驶门锁系统的结构

　　在车外开锁时，钥匙转动锁芯带动解锁拉索解除锁止，解锁后才能拉动车门外把手打开车门。在车内开锁时，通过内解锁开关带动解锁拉索解除锁止，解锁后才能拉动车门内把手打开车门。轿车中车门内解锁开关的类型有上下提压式和侧面推拉式，如图 4-2-11 所示。如果是中控门锁，在主驾驶车门内部还会有一键解锁功能。

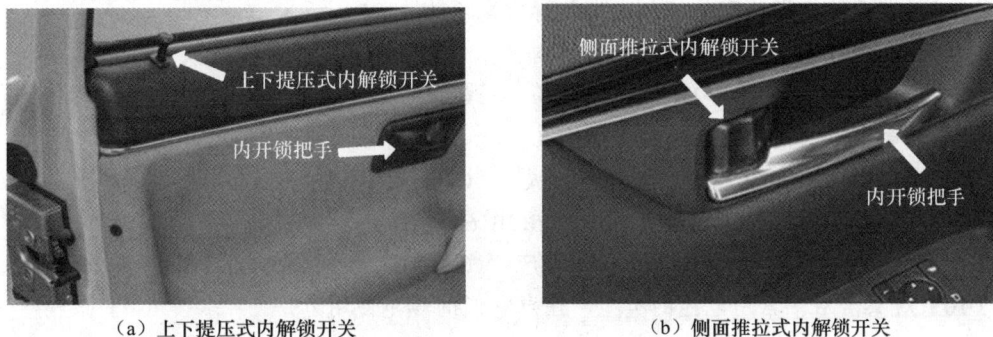

（a）上下提压式内解锁开关　　　　　　　　　　（b）侧面推拉式内解锁开关

图 4-2-11　车门内解锁开关的类型

（2）中控门锁

　　中控门锁全称为中央控制门锁，是指车门及行李箱盖的锁具由电机驱动，能够同时开启或锁止，其他车门锁的开关随主驾驶车门锁同步动作。现代轿车中控门锁的开关多为遥控式，有些车型还设计了无钥匙进入功能。钥匙多具有防盗和遥控功能，除了可以遥控车门锁的开关以外，还集成了其他功能，例如熄火后关闭车窗、遥控寻车、自动打开行李箱盖等。

　　遥控钥匙需装配纽扣电池作为电源，选用时要注意电压和尺寸规格与原配件相符。在电池的正面都会标识出规格，例如 CR2016、CR2025、CR2032 等，其中 CR 表示电池类型（锂二氧化锰电池），后面 4 位数字表示尺寸，前两位代表电池直径，后两位代表电池厚度。图 4-2-12 所示的电池规格为电压 3 V、直径 20 mm、厚度 2.5 mm。不能用两指同时捏住正极面和负极面，会造成电池短路，影响电池的寿命，方便的话可以戴手套或捏着电池的侧缘进行取放，如图 4-2-13 所示。

图 4-2-12　纽扣电池的规格

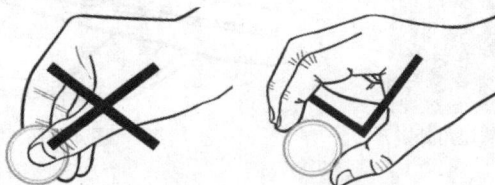

图 4-2-13　纽扣电池的取放

知 识 评 价

（1）有些汽车内饰件会使用隐藏式螺栓紧固，不可野蛮拆卸。（　　　）

（2）杂物箱一般跟仪表台一体制作，不能单独拆卸。（　　　）

（3）遮阳板用来遮挡前方和侧方的强光。（　　　）

（4）轿车座椅头枕属于装饰件，可以拆下不用。（　　　）

（5）行李箱盖和车门多采用卡板锁。（　　　）

（6）汽车遥控钥匙装配的纽扣电池的标准电压为 12 V。（　　　）

（7）发动机舱盖锁止系统除了要有基本锁体外，还需要增加（　　　）。

    A. 遥控锁　　　　　　B. 中控锁　　　　　　C. 儿童锁　　　　　　D. 辅助安全锁

（8）轿车上车门内解锁开关的类型有（　　　）。

    A. 上下提压式　　　B. 侧面推拉式　　　C. 中控解锁　　　　D. 机械钥匙解锁

（9）汽车遥控钥匙的纽扣电池规格"CR2016"表示（　　　）。

    A. 直径为 20 mm　B. 2016 年生产　　C. 厚度为 16 mm　D. 厚度为 1.6 mm

（10）观察生活中常用电池的类型，注意它们的规范使用方法。

任 务 实 践

任务案例：宋先生有一辆尼桑逍客，他在冬天洗完车的第二天早晨发现，主驾驶车门在外部打不开了，如图 4-2-14 所示。

一、拆装汽车内饰件

由于内饰件多为塑料材质，采用卡扣方式安装，拆卸时要使用专用工具，先从边角处撬开，再顺势将内饰件拆下，如图 4-2-15 所示。而有些部位要配合螺栓固定，为了美观，固定螺栓外部通过装饰条遮盖起来，拆卸时要找到隐藏的螺栓位置，避免野蛮拆卸，如图 4-2-16 所示。

图 4-2-14　车门无法从外部开启

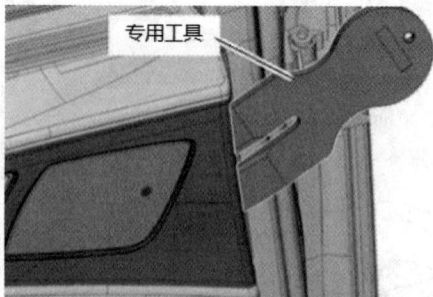

图 4-2-15　用专用工具从边角处撬开

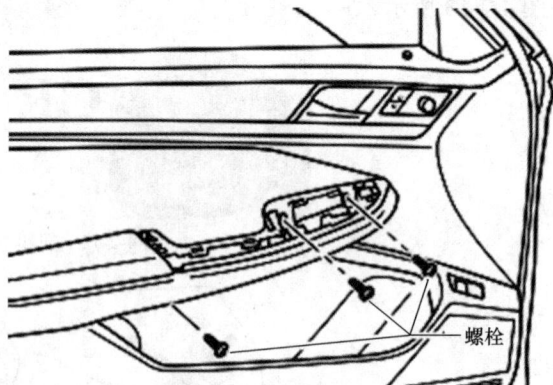

图 4-2-16　隐藏的螺栓

1. 杂物箱和饰板的拆装

（1）杂物箱的拆装

① 拆下侧面盖板。打开杂物箱盖，松开固定螺栓，如图 4-2-17 所示。断开线束插头，取下杂物箱，拆卸其他附件。

② 安装按照拆卸的相反顺序进行。注意线束插头的连接，固定螺栓数量较多，不能遗漏。

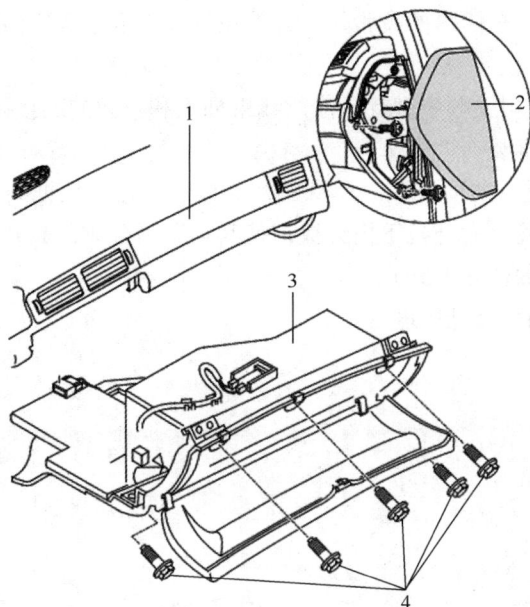

1—仪表板；2—侧面盖板；3—杂物箱；4—固定螺栓

图 4-2-17　拆卸杂物箱

（2）遮阳板的拆装

① 将遮阳板从内侧的固定钩中脱开；旋转遮阳板到遮阳位置；撬开螺栓帽，卸下螺栓，取下遮阳板，如图 4-2-18 所示。

② 安装按照拆卸的相反顺序进行。

（3）前柱盖板的拆装

① 卸下车顶扶手处的固定螺栓，撬开夹子，取下前柱盖板，如图 4-2-19 所示。注意不要损坏盖板和车身。

② 安装按照拆卸的相反顺序进行。

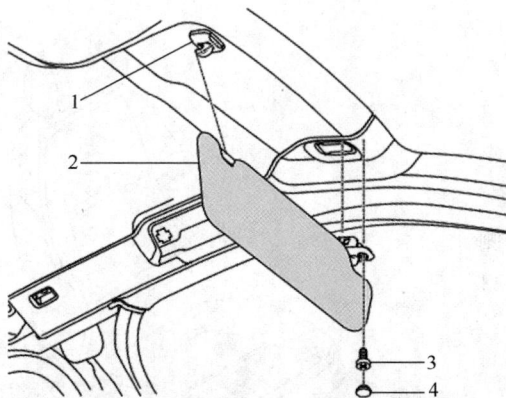

1—固定钩；2—遮阳板；3—固定螺栓；4—螺栓帽

图 4-2-18　拆卸遮阳板

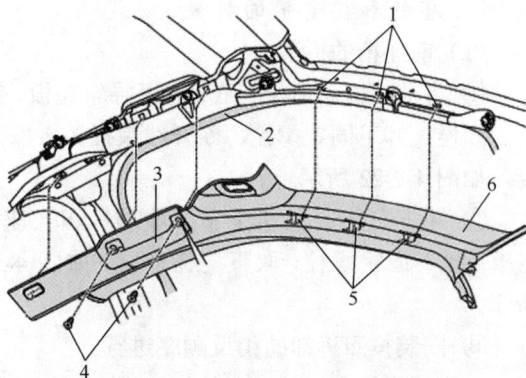

1—固定架；2—密封条；3—车顶扶手；
4—固定螺栓；5—夹子；6—前柱盖板

图 4-2-19　前柱盖板的拆卸

其他立柱护板可以参照前柱盖板的拆装方法操作。

（4）车门内饰板的拆装

① 取下车门装饰条和扶手盖板，卸下所有的固定螺栓；向外拉内饰板，使其与车门分

离；向上抬内饰板，取下车门内的拉索，断开线束插头；取下车门内饰板，拆卸其他附件，如图 4-2-20 所示。

② 安装按照拆卸的相反顺序进行。注意线束插头和拉索的连接要复位。

（5）车顶内饰板的拆装

① 拆下左右遮阳板、车顶扶手、车身立柱盖板和天窗盖板框架等，拆下车内照明灯、阅读灯等；卸下固定螺栓，向外拉下内饰板，使其与车顶分离；断开线束插头，取下车顶内饰板，拆卸其他附件，如图 4-2-21 所示。

② 安装按照拆卸的相反顺序进行。

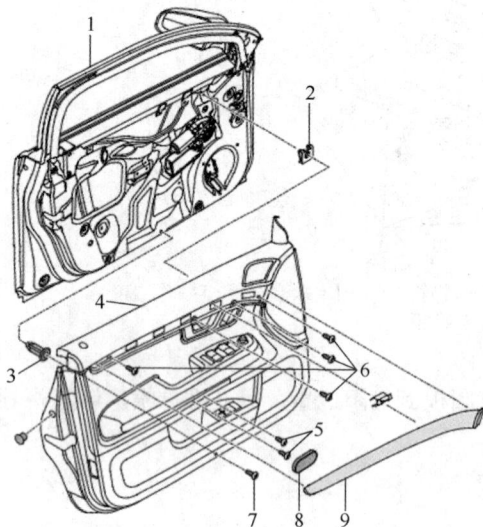

1—车门；2—卡扣螺母；3—膨胀螺母；4—车门内饰板；
5—扶手盖板处螺栓；6—装饰条处螺栓；
7—螺钉；8—扶手盖板；9—装饰条
图 4-2-20　车门内饰板的拆卸

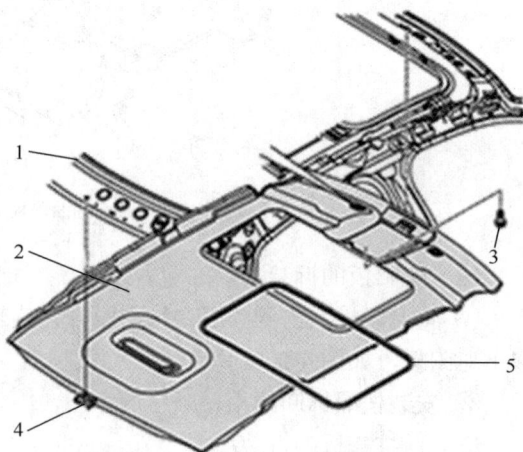

1—车顶；2—车顶内饰板；3—固定螺栓；
4—卡子；5—天窗盖板框架
图 4-2-21　车顶内饰板的拆卸

2．座椅和安全带的拆装

（1）前座椅的拆装

① 将前座椅向后推到底；拆下导轨盖板，露出固定螺栓；卸下固定螺栓，断开线束插头，取下座椅，如图 4-2-22 所示。

② 卸下安全带锁；取下靠背调节轮，卸下座椅侧盖板；卸下固定螺栓，取下座椅靠背，如图 4-2-23 所示。

③ 安装按照拆卸的相反顺序进行。

（2）后座椅的拆装

① 将座椅按图 4-2-24 中 A 方向抬起，再按 B 方向向前拉，取下坐垫。

② 卸下座椅头枕，将后排座椅靠背向上从支架的钢丝夹中取出。

③ 安装按照拆卸的相反顺序进行。

1—座椅；2—固定螺栓；3—导轨盖板；4—导轨
图 4-2-22　前座椅的拆卸

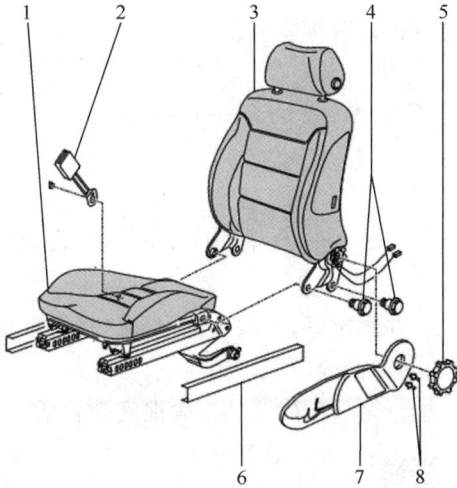

1—坐垫；2—安全带锁；3—靠背；4—固定螺栓；
5—靠背调节轮；6—导轨盖板；
7—座椅侧盖板；8—卡子
图 4-2-23 前座椅靠背的拆卸

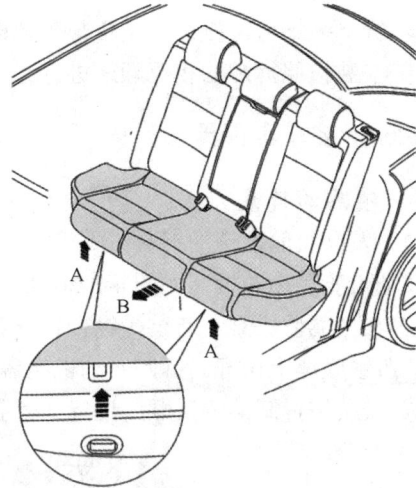

图 4-2-24 后座椅的拆卸

（3）安全带的拆装

① 拆门槛压条，局部拆卸车门框密封条。取下饰盖，松开座椅安全带与中柱间的固定螺栓，如图 4-2-25 所示。

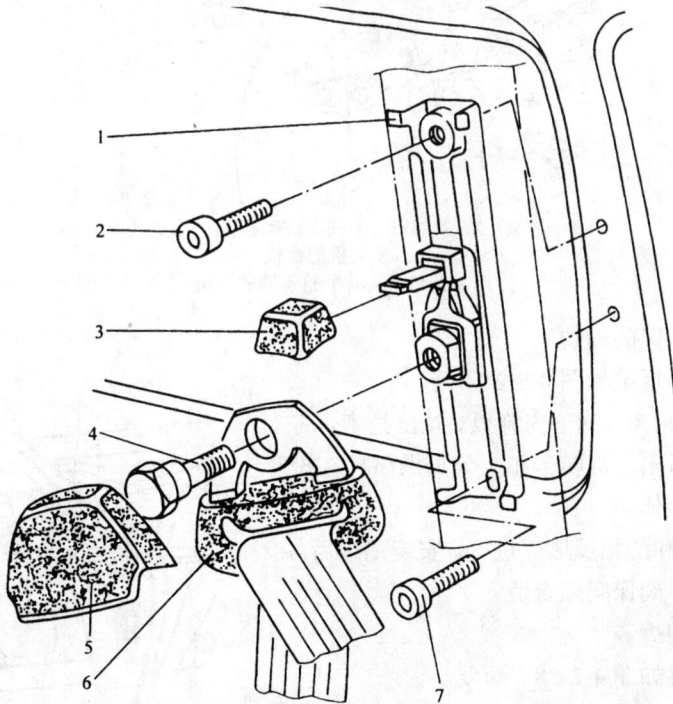

1—高度调整装置；2、4、7—固定螺栓；3—释放钮；
5—装饰盖；6—安全带连接环
图 4-2-25 安全带的拆卸

② 取下螺母，松开中柱内衬的螺栓，拆卸中柱上护板。松开中柱底部衬板的固定螺钉，

拆卸中柱下护板。

③ 拆下装饰盖，松开安全带与车地板间的固定螺栓，取下安全带。

④ 安装按照拆卸的相反顺序进行。

二、拆装车身锁具

1. 锁具的拆装

（1）发动机舱盖锁的拆装

发动机舱盖锁的拆装如图 4-2-26 所示。

① 在主驾驶位置，通过操纵杆打开发动机舱盖，并固定好。取下固定夹，将拉索从发动机舱盖锁底座上松开。拆卸发动机舱盖锁底座上的固定螺栓，取下锁体。

② 安装按拆卸的相反顺序进行。安装完毕后，检查是否准确安装，确保间隙合适。

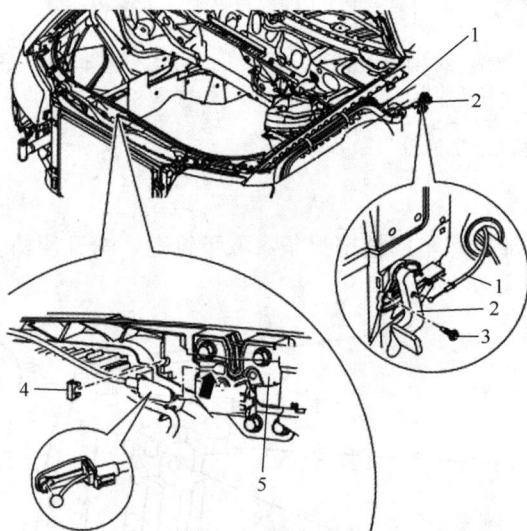

1—拉索；2—操纵杆；3—固定螺栓；4—固定夹；
5—发动机舱盖锁
图 4-2-26　发动机舱盖锁的拆装

（2）行李箱盖锁的拆装

行李箱盖锁的拆装如图 4-2-27 所示。

① 打开行李箱盖，拆下内饰板。拉出拉索，将支撑夹从操纵杆中压出。旋转卡扣，分离操纵杆；松开固定螺栓，取下锁体。

② 安装按拆卸的相反顺序进行。安装完毕后，检查是否准确安装，确保间隙合适。

（3）车门锁的拆装

车门锁的拆装如图 4-2-28 所示。

① 打开车门，拆下内饰板。在车门侧面卸下门锁固定螺栓，分离车门锁与车门外把手、操纵杆以及门锁电机的连接，取下锁体和车门把手。

② 安装按拆卸的相反顺序进行。安装完毕后，检查是否准确安装。

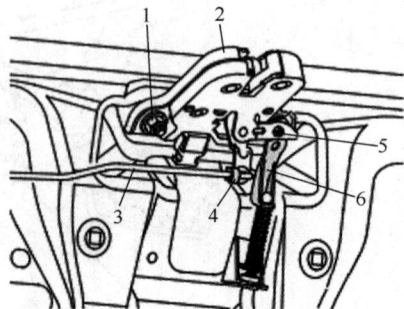

1—固定螺栓；2—行李箱盖锁；3—操纵杆；
4—卡扣；5—支撑夹；6—拉索
图 4-2-27　行李箱盖锁的拆装

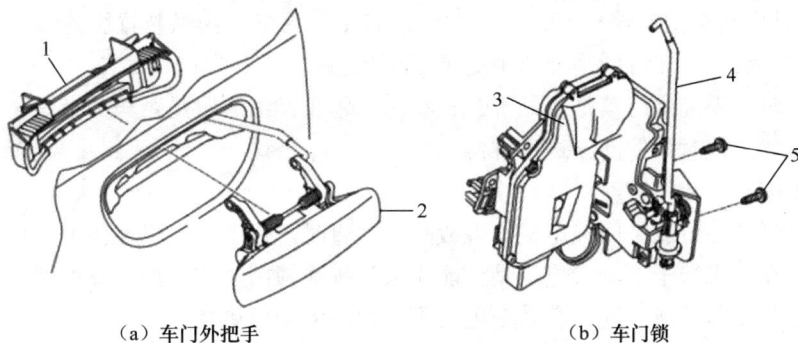

（a）车门外把手　　　　　　　　（b）车门锁

1—车门外把手支座；2—车门外把手；3—车门锁；4—操纵杆；5—固定螺栓

图 4-2-28　车门锁的拆装

⚡ **注　意**

　　车门外把手、操纵杆以及门锁电机与车门锁的连接形式为球头插入开口槽，槽的开口窄内部宽，能够将球头锁住。分离方法如图 4-2-29 所示，先将操纵杆或拉索的固定支架按箭头 a 方向松开，并翻转角度，将球头按箭头 b 方向从开口槽内取出，然后才能将操纵杆或拉索按箭头 c 方向与车门锁分离。若球头从槽内脱落或损坏都可能造成车门锁无法打开。

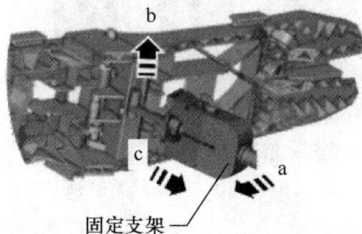

固定支架——

图 4-2-29　分离车门锁的操纵装置

2．汽车门锁的故障排除

　　要想打开车门，首先要解除门锁的锁止状态，再通过内、外把手拉开车门。车门无法打开的常见故障现象有单个车门无法打开、4 个车门同时打不开、外部无法打开、内部无法打开等。排除故障按照先四门后单个、先门锁后把手的顺序进行。

　　（1）4 个车门无法同时打开

　　无法同时打开 4 个车门的故障多发生于配备有中控锁的车辆，开锁机构的机械故障可能性较小，多为遥控钥匙或蓄电池问题。遥控钥匙无法开锁时，先用机械钥匙从主驾驶车门解除锁止。

　　① 若能解除锁止，则可能是遥控钥匙电池电量不足，及时更换相同规格的纽扣电池即可。

　　② 若不能解除锁止，则可能是汽车蓄电池电量不足。此种情况处理起来较为麻烦，因为无法进入驾驶室，发动机舱盖打不开，无法排除蓄电池故障，因此需要通过应急方式来处理。

　　（2）单个车门无法打开

　　① 若只是外侧车门无法打开，可能的原因有车门外把手操纵装置脱落或门锁处于锁止状态。

② 若只是内侧车门无法打开，可能的原因有车门内把手操纵装置脱落或门锁处于锁止状态。若发生在后门，还可能是儿童锁处于锁止状态。

排除故障时，先确定门锁是否处于锁止状态，锁止操纵装置是否与门锁脱离，再检查内外把手是否损坏，针对具体问题进行维修。

（3）门锁电机的故障排除

车门无法打开还可能是门锁电机出现故障。检查时，拔下与电机连接的插接器，将蓄电池电压直接加在电机端子上，看电机是否能完成开锁或锁门动作，然后交换蓄电池正负极再测一次，看是否能关锁或开锁。若某个电机不动作，应予以更换。

（4）门锁故障的应急处理

当遇到钥匙落到车内、丢失，又没有备用钥匙，或者蓄电池严重馈电等，导致车门锁止无法进入驾驶室时，可以采用应急处理办法。

① 若车内解锁开关为上下提压式，可以从车窗玻璃饰条处伸入一根铁丝钩，用钩子向上提拉锁止开关连接杆，从而将车门解锁，如图 4-2-30 所示。

（a）上下提压式解锁开关 （b）用铁丝钩解锁

图 4-2-30 用铁丝钩解锁

② 若车内解锁开关为侧面推拉式，可以将车门开锁气囊工具塞入车门上边缘，充气后将其撬起一条缝隙，从缝隙处伸入钩子拉动锁止开关，将车门解锁，如图 4-2-31 所示。

（a）侧面推拉式解锁开关 （b）开锁气囊工具 （c）撑开车门

图 4-2-31 用开锁气囊工具辅助开锁

⚡ **注 意**

应急处理方法只可在突发的紧急情况下依法、依规操作，不要给车身造成较大损伤；若不能自行处理，需要找专业汽车开锁技术人员处理。

能 力 评 价

请针对任务案例"宋先生有一辆尼桑逍客，他在冬天洗完车的第二天早晨发现，主驾驶车门在外部打不开了，如图 4-2-14 所示"，依据所学知识和技能，分析并回答以下问题。

（1）轿车门锁通常使用（　　）。

    A. 钩子锁　　　　　　　　　　B. 舌簧锁

    C. 卡板锁　　　　　　　　　　D. 磁力锁

（2）能够控制车门开启的结构有（　　）。

    A. 车门外把手　　　　　　　　B. 车门内把手

    C. 锁芯　　　　　　　　　　　D. 儿童锁开关

（3）针对案例中的故障现象，需要确定的故障点有（　　）。

    A. 车门内把手和内开锁结构　　B. 车门外把手和锁芯

    C. 遥控钥匙及中控锁电机　　　D. 儿童锁开关

（4）若经过检查，在内部能够打开车门而在外部无法打开，则应检查（　　）。

    A. 车门外把手与门锁的连接是否断开

    B. 车门内把手与门锁的连接是否断开

    C. 车门内开锁开关与门锁的连接是否断开

    D. 车门锁芯与门锁的连接是否断开

（5）检查维修案例中的故障，需要拆卸的汽车内饰件有（　　）。

    A. 车门内饰板　　　　　　　　B. 车门外把手

    C. 车窗玻璃及升降器　　　　　D. 车门锁

任务 4.3　汽车玻璃的拆装与调整

【知识目标】

（1）掌握可移动式车窗玻璃和玻璃升降器的结构。

（2）掌握固定式车窗玻璃的结构和风窗玻璃的清洁装置。

【能力目标】

（1）能够更换可移动式车窗玻璃并排除相关故障。

（2）能够更换固定式车窗玻璃并进行密封性检查。

【素质目标】

（1）培养学生动手实践能力。

（2）培养学生爱岗敬业的职业精神。

任 务 分 析

汽车玻璃是车身覆盖件之一，它起到挡风、遮雨、采光的作用，因此汽车玻璃尤其是前、后风窗玻璃的安装质量至关重要。汽车玻璃损伤后，大多采用更换的维修方式。

本任务需要学生熟悉车身结构和材料，以及车身电器等知识，能够规范地拆装和调整车身玻璃和附件。在操作中要注意安全，遇到问题能够独立分析并解决，不断提高自己的动手能力，要有爱岗敬业的职业精神。

相 关 知 识

一、车窗玻璃的安装形式

汽车上的车窗玻璃有可移动式和固定式两种安装形式。可移动式车窗玻璃包括前、后车门上的玻璃以及带天窗车型的天窗玻璃。固定式玻璃包括前、后风窗及角窗上的玻璃。

1. 可移动式车窗玻璃

为了便于驾驶室通风换气，车窗玻璃基本上都是可上下移动的，有些客车的车窗玻璃采用推拉式开启。上下移动的车窗玻璃靠升降器驱动，按玻璃跟升降器的连接方式分为紧固件固定方式和黏结固定方式。

（1）紧固件固定方式

采用紧固件固定方式时，所用的紧固件为螺栓或铆钉，并配有塑料垫或橡胶垫，以免紧固件与玻璃直接接触而造成玻璃破损。紧固件穿过玻璃把玻璃固定到升降器槽或托架上，垫块则垫在玻璃与紧固件及托架之间，如图 4-3-1 所示。

（2）黏结固定方式

采用黏结固定方式时，用黏结剂把玻璃与托架固定在一起，如图 4-3-2 所示。托架上通常设有 U 形槽，其内置若干个垫块，防止玻璃与金属槽或托架直接接触。

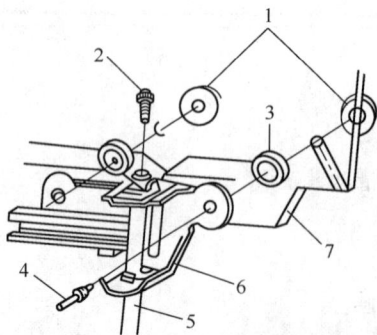

1—夹持衬板；2—螺钉及垫圈；3—垫块；
4—铆钉；5—导轨；6—托架；7—玻璃
图 4-3-1　采用紧固件固定方式的车窗玻璃

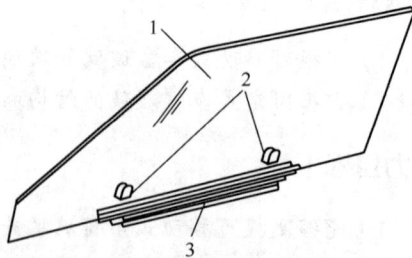

1—玻璃；2—垫块；3—托架
图 4-3-2　采用黏结固定方式的车窗玻璃

（3）推拉式侧窗

推拉式侧窗的结构类型很多，通常将侧窗各个部件装成总成，再将总成从外向内推入，到位后用固定螺栓与止口连接，最后装密封条。

2. 固定式车窗玻璃

固定式车窗玻璃常见的有密封条固定和黏结固定两种固定方式，现代轿车上大多都采用黏结固定，能够提高扭转刚性，如图 4-3-3 所示。

密封条固定方式在旧式汽车上使用得较为普遍，在一些低端汽车上也有使用。密封条上开有沟槽，用来装夹玻璃和钢板翻边固定，有的还装有外装饰条，如图 4-3-4 所示。

图 4-3-3　黏结固定前风窗玻璃

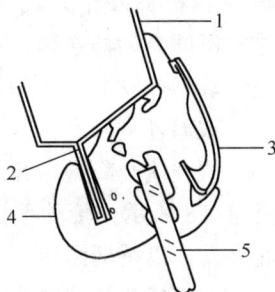

1—车顶盖板；2—压焊法兰；3—外装饰条；
4—密封条；5—玻璃
图 4-3-4　密封条的装配

3. 车窗玻璃的密封

车窗玻璃的密封是车身密封的重要内容，玻璃的两侧和上部都靠导槽密封，如图 4-3-5 所示。导槽与玻璃接触的部分多用静电植绒填充，车窗玻璃密封条装在玻璃导槽内，还能起到缓冲和弥补导槽制造误差的作用。

可移动式车窗玻璃的下部采用内外密封条进行双面密封，不仅能防止异物进入车门空腔内，还能隔音，并可减少脏物挂在玻璃上。车窗玻璃双面密封的几种常见形式如图 4-3-6 所示。

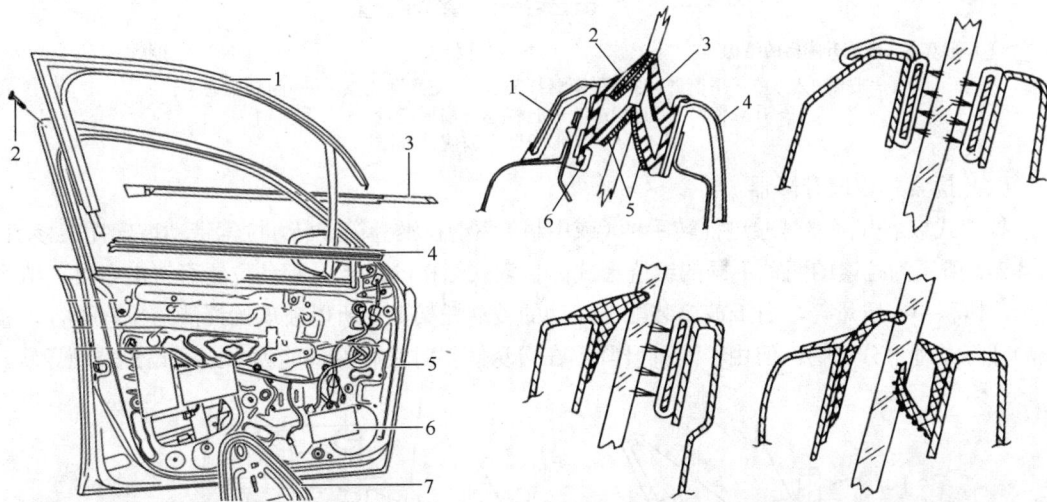

1—玻璃导槽；2—固定销；3—玻璃外密封条；
4—玻璃内密封条；5—车门；
6—车门隔音板；7—维修口盖板
图 4-3-5　车窗玻璃的密封

1—外侧装饰条；2—外侧密封条；3—内侧密封条；
4—车门内护板；5—植绒；6—卡头
图 4-3-6　车窗玻璃双面密封的几种常见形式

二、车窗玻璃升降器

玻璃升降器是调节车窗玻璃开度大小的专用部件，其功能是保证车窗玻璃平衡升降，能随时并顺利地开启和关闭。当手柄不转动时，玻璃应能停在任意位置，既不能向下滑，也不能因汽车的颠簸而上下跳动；锁上车门后，能防止外人将玻璃降下而进入车内。

1. 玻璃升降器的类型和结构

玻璃升降器根据操作方式分为手动和电动两种，按结构不同分为杆式和拉索式。轿车上多用拉索式电动玻璃升降器，如图4-3-7所示。

（1）杆式玻璃升降器

常见的杆式玻璃升降器为X形双臂式玻璃升降器，如图4-3-8所示。转动手柄时，小齿轮带动扇形齿轮转动，以手柄回转中心点为支点使升降臂摆动，使玻璃托架推动玻璃上下移动。在玻璃上下移动的过程中，支撑中心始终接近或重合于玻璃的质心，载荷变动小，因此其运动平稳，升程较大，升降速度快，该结构适用于尺寸大而形状不规整的车窗玻璃。但是，交叉臂支点及与其连接部位容易磨损、松动，造成玻璃固定不稳，在运动中会晃动，产生异响。

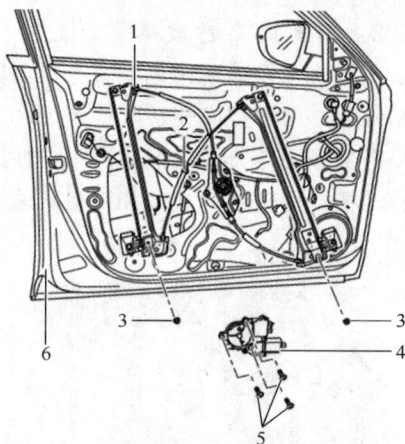

1—玻璃升降器；2—固定卡子；3—支架固定螺母；
4—电机；5—电机固定螺栓；6—车门
图4-3-7 拉索式电动玻璃升降器

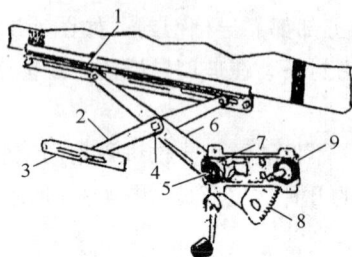

（a）X形双臂式玻璃升降器的结构　　　　（b）打开状态　　　　（c）关闭状态

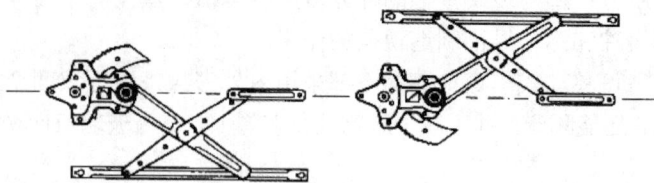

1—玻璃托架；2—平衡臂；3—平衡臂托架；4—交叉臂支点；5—回转中心点；
6—升降臂（主动臂）；7—扭簧；8—扇形齿轮；9—手柄轴
图4-3-8 X形双臂式玻璃升降器

（2）拉索式玻璃升降器

拉索式玻璃升降器是通过摇转手柄（或电机）驱动拉索卷筒旋转，拉索带动玻璃托架移动。图4-3-9所示为拉索的两种不同的缠绕形式。拉索式结构的优点是驱动位置可自由布置，结构简单，体积小，质量轻，由于玻璃装配在运动的玻璃托架上，所以玻璃始终能与拉索平行，玻璃的升降过程十分顺畅。但由于这种升降器在自身倾斜时没有保持能力，必须设置玻璃导轨。

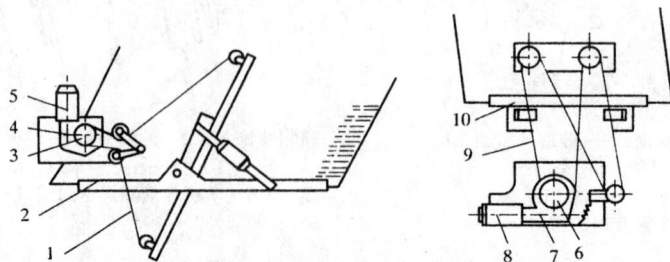

（a）顺向缠绕　　　　　　　　　　　（b）交叉缠绕

1、9—拉索；2、10—玻璃托架；3、6—拉索卷筒；4、7—齿轮减速器；5、8—电机
图4-3-9 拉索的两种不同的缠绕形式

2.玻璃升降器电机

驱动电机总成由驱动电机、小齿轮、凸轮、减速齿轮、离合器、限位开关、继电器等组成，如图 4-3-10 所示。限位开关内装配位置传感器及离合器，它们与电机一起组成驱动单元。电压方向可正反向切换，使电机轴正反向旋转，电机轴端设有蜗轮蜗杆结构作为一级减速，在蜗轮轴上的小齿轮驱动玻璃升降器扇形齿轮进行二级减速，进一步带动升降臂。

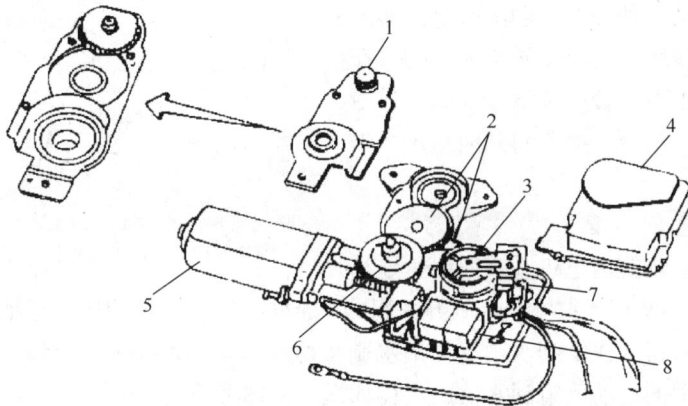

1—小齿轮；2—减速齿轮；3—凸轮；4—开关盖；5—驱动电机；
6—离合器；7—限位开关；8—继电器
图 4-3-10　驱动电机总成

三、风窗玻璃的清洁装置

汽车风窗玻璃保持干净、明亮才能保证驾驶安全，风窗玻璃的清洁装置分为内清洁和外清洁两个系统。

1.内清洁装置

（1）前风窗玻璃的内清洁装置

前风窗玻璃的内清洁主要靠仪表板上的空调吹风口。当汽车内外温差较大、空气湿度较大时，玻璃温度高、湿度大的一侧会产生雾气，如果刚进入车内风窗玻璃即产生雾气，可以先开空调冷风，除雾效果好，等车内温度稳定后再开暖风。同时，注意正常行车时，车内的空气循环要选择外循环模式。

（2）后风窗玻璃的内清洁装置

后风窗玻璃的内清洁装置——加热除霜装置由加热线和加热开关组成，如图 4-3-11 所示。当打开加热开关时，加热线慢慢加热玻璃，使其内外表面的雾气和冰雪融化。有些两厢车型的后风窗玻璃也会配备喷水和刮水装置。

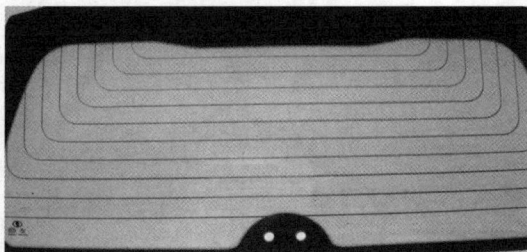　　
　　　（a）加热线　　　　　　　　　　　　　　（b）加热开关
图 4-3-11　后风窗玻璃的加热除霜装置

2．外清洁装置

前风窗玻璃的外清洁装置主要包括喷水装置和刮水装置，如图 4-3-12 所示。喷水装置由玻璃清洗液储液壶、水泵、喷水嘴、输水管和控制开关组成。储液壶一般是容量为 1.5～2 L 的塑料罐。水泵是一种微型电动离心泵，通过它将储液壶中的玻璃清洗液输送至喷水嘴。在喷水嘴的挤压作用下，将清洗液分成细小的射流喷向风窗玻璃，配合刮水器起到清洁风窗玻璃的作用。

3．电动风窗刮水器

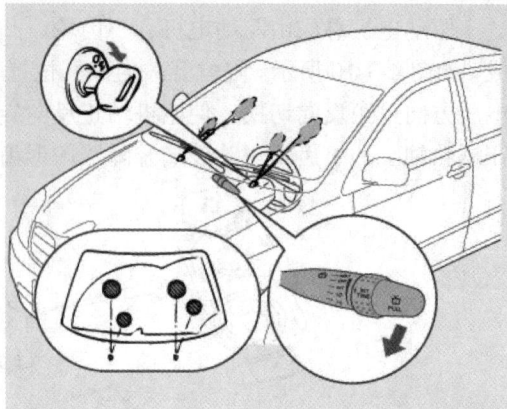

图 4-3-12　前风窗玻璃的喷水装置和刮水装置

电动风窗刮水装置由电机（减速器、连杆结构与电机制成一体）、刮水器和控制开关组成。连杆结构把电机的旋转运动转变为左右摆动的运动，带动刮水器工作。刮水刷臂与刮水刷片是刮水器的重要工作部件，也是刮水器仅有的外露部件。典型的电动风窗刮水器的结构如图 4-3-13 所示。

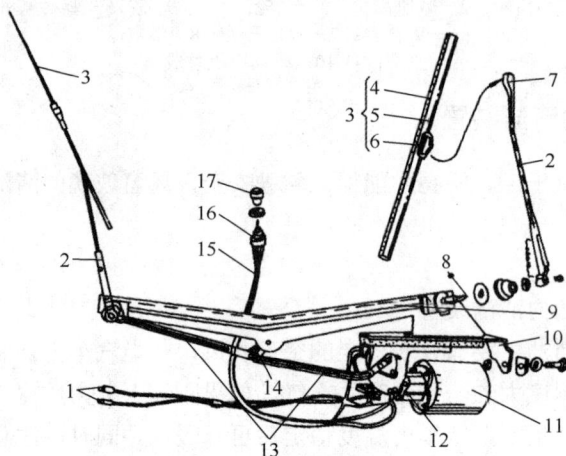

1—电线接头；2—刮水刷臂；3—刮水刷片总成；4—橡胶刷片；5—刷片杆；6—刷片支座；7—刷片支持器；
8—刮水刷臂心轴；9—刮水器底板；10—电机安装架；11—电机；12—减速结构；13—驱动杆系；
14—驱动杆铰销；15—电线束；16—刮水器开关；17—开关旋钮
图 4-3-13　电动风窗刮水器的结构

为实现风窗刮水的自动化，现代汽车采用了雨量感知刮水器，如图 4-3-14 所示，通过雨滴传感器将风窗玻璃上是否有水及水量大小的信息传递给控制模块，实现自动启动刮水器及自动调整刮水速度的功能。

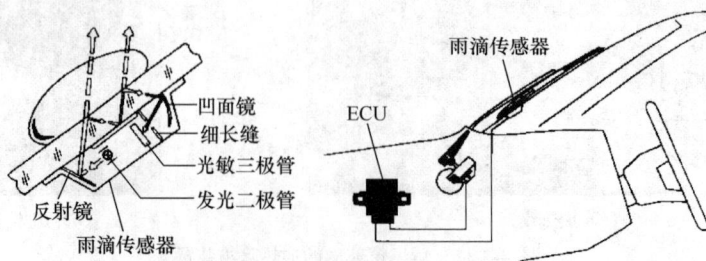

图 4-3-14　雨量感知刮水器

知 识 评 价

（1）现代轿车的前、后风窗玻璃大多采用密封条固定。（　　　）

（2）一个车窗玻璃的升和降需要安装两个玻璃升降器电机才能实现。（　　　）

（3）可移动式车窗玻璃一般采用双面密封。（　　　）

（4）玻璃升降器是调节车窗玻璃开度大小的专用部件，下列对其功能描述错误的是（　　　）。

  A. 车窗玻璃能随时并顺利地开启和关闭

  B. 为玻璃升降提供动力

  C. 当手柄不转动时，玻璃应能停在任意位置，既不能向下滑，也不能因汽车的颠簸而上下跳动

  D. 锁上车门后，能防止外人将玻璃降下而进入车内

（5）在下列玻璃升降器中，平稳性最好的是（　　　）。

  A. 钢绳式　　　　　B. 单臂式　　　　　C. X形双臂式　　　D. 手摇式

（6）收集有关汽车门锁的故障案例，试着分析如何解决。

任 务 实 践

任务案例：张先生的别克君越轿车的前风窗玻璃右下角被石子崩裂，他去维修站更换了新玻璃，但使用一段时间后玻璃又自然开裂了，如图 4-3-15 所示。

一、拆装与检查可移动式车窗玻璃

1. 拆装车窗玻璃与玻璃升降器

（1）拆装车窗玻璃

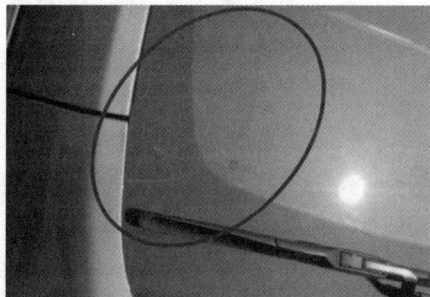

图 4-3-15　前风窗玻璃反复开裂

① 拆下车门内饰板。将车窗玻璃移动至安装位置，确定这个位置时需要升降玻璃，当在车门内板安装孔处能看到车窗玻璃与托架固定螺栓时即停止。然后依次拆下与玻璃相关的部件，如摇柄、门锁拉手、密封条、玻璃托架、固定螺栓等。慢慢将玻璃取出，不要划伤玻璃，也不能划伤车身涂膜，如图 4-3-16 所示。

② 将玻璃安放到固定夹内，将玻璃托架与玻璃升降器连接。在车窗玻璃完全关闭的状态下按规定扭矩拧紧螺钉。

③ 检查两端水平方向上的高度是否合乎标准，若合乎标准，将密封条安装牢固，如图 4-3-17 所示。

（2）拆装车窗玻璃升降器

① 拆下内饰板和车窗玻璃。卸下玻璃升降器的固定螺栓，取下玻璃升降器，如图 4-3-18 所示。

② 断开玻璃升降器电机线束插头的连接，卸下玻璃升降器电机的固定螺栓，取下玻璃升降器电机，如图 4-3-19 所示。

③ 安装按拆卸的相反顺序进行。安装完毕后，检查是否准确安装。

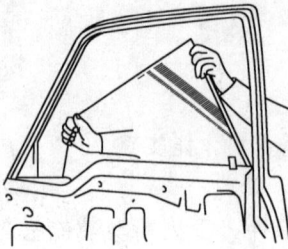

图 4-3-16　取出玻璃

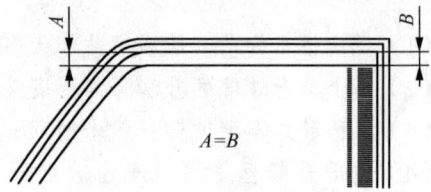

图 4-3-17　检查并安装密封条

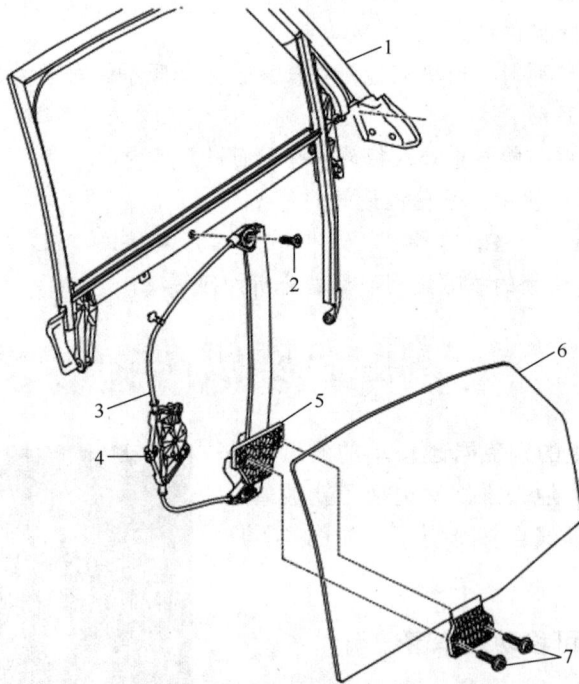

1—车窗框；2—升降器的固定螺栓；3—拉索；4—玻璃升降器；
5—托架；6—玻璃；7—玻璃的固定螺栓
图 4-3-18　拆卸玻璃升降器

2．玻璃升降器的故障检查与排除

（1）机械故障的检查与排除

汽车玻璃升降器发生机械故障的常见表现为工作中有异响和运动卡滞。

① 异响可能是玻璃升降器或导轨螺栓松动，解决方法是检查并紧固松动的螺栓。

② 卡滞可能是玻璃导轨变形或损坏、导轨安装位置有偏差、玻璃升降器的固定螺栓松动或者玻璃升降器损坏。维修方法主要是清洗或更换玻璃导轨，检查松动的螺栓并紧固，调整玻璃位置。玻璃升降器轨道内的润滑也是很重要的。

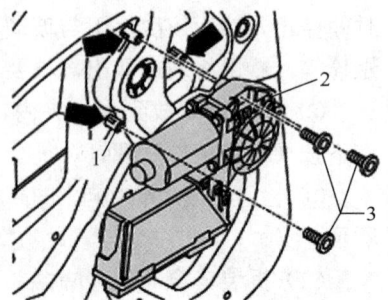

1—盖帽；2—电机；3—电机的固定螺栓
图 4-3-19　拆卸玻璃升降器电机

（2）电路故障的检查与排除

汽车电动玻璃升降器出现电路故障常表现为某个或全部玻璃升降器不工作。造成这种故障的原因可能是开关或电机损坏、线路接触不良或脱落、继电器接触不良或损坏、熔断器烧毁等。检查电路故障先从容易处入手，按照从零件、线束接头、熔断器、继电器到开关的顺序进行。

① 开启升降开关，用万用表从电机端检查是否有电。如果电压正常，说明电机有故障。如果没有电，找到玻璃升降器电源熔断器，检查其是否损坏，如图 4-3-20 所示。若损坏，更换相同规格的熔断器。

② 如果电机、熔断器和线束均无故障，则检查继电器的工作状态，汽车用继电器及其原理如图 4-3-21 所示。用万用表的欧姆挡检查继电器 85 脚和 86 脚电阻。若万用表无读数，说明继电器损坏，更换相同规格的继电器。

图 4-3-20　玻璃升降器电源熔断器

（a）汽车用继电器　　　　　　　（b）继电器的原理
图 4-3-21　汽车用继电器及其原理

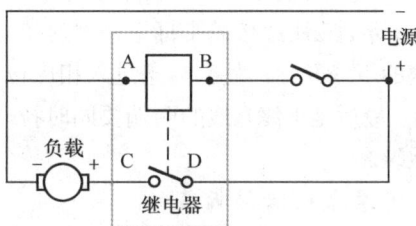

若 85 脚和 86 脚正常导通，还需将蓄电池的正负极接继电器的 85 脚和 86 脚，用万用表测量继电器的 30 脚和 87 脚电阻。若万用表的读数为 0 Ω，说明继电器是好的；否则，说明继电器已损坏，应予以更换。

③ 如果电机、熔断器、线束和继电器均无故障，再检查开关。主要检查电动车窗主控开关、各分开关各端子之间的导通情况。车窗开关处于上升、关闭和下降的不同工作状态时，均应导通且状态良好。如果开关损坏或接触不良，应予以更换。

二、拆装固定式车窗玻璃

1. 密封条固定风窗玻璃的拆装

（1）拆卸

① 拆下周围的装饰件，标记车窗玻璃和车窗框的中心，如图 4-3-22 所示。

② 用专用工具拆下内外装饰条。用专用工具撬开密封条，使其与压焊法兰分离，慢慢将玻璃取下。拆卸玻璃时一定要小心，防止玻璃发生大弧度的扭曲和振动，造成玻璃的损坏。

（2）安装

① 用溶剂清理窗框法兰上的污物和残留的密封胶，安装垫块和垫条。小心地将玻璃安放到垫块上，检查安装位置并对齐。

② 玻璃定好位后，用胶带做好定位标记，然后沿玻璃周边将胶带切断，如图 4-3-23 所示，把玻璃放置在一边。在正式安装时，通过对准窗框上的胶带和玻璃上的胶带来定位。

③ 将玻璃的边缘和密封条清理干净。把密封条安装在玻璃上，并在密封条的凸缘槽内

埋入预先准备好的尼龙软线。塞线时应从玻璃的顶端开始，使线的两端在玻璃的下缘中部汇合，用胶带把线的末端粘贴到玻璃的内表面上。

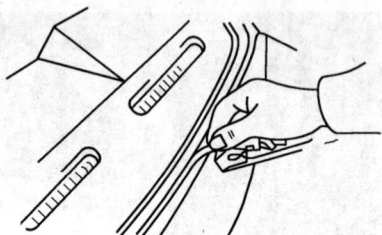

图 4-3-22 标记中心

图 4-3-23 用胶带来作定位标记

④ 在密封条凸缘槽和窗口压焊法兰的边缘涂抹肥皂水。在车外用手掌压住密封条的同时，于车内玻璃下部的中间部位起，牵拉装玻璃用的尼龙线，风窗玻璃随之被镶装在车身的压焊法兰上，如图 4-3-24 所示。应注意按胶带标记调整对位。拉线时应从玻璃的下缘开始，使密封条进入相应位置，然后是侧缘，最后是上缘。线的两端要同时拉，否则玻璃容易破裂。

图 4-3-24 安装玻璃

2．黏结固定风窗玻璃的拆装

黏结固定风窗玻璃的拆装工艺与密封条固定风窗玻璃的拆装工艺基本相同，但玻璃尺寸、形状等不同，更换难度会有不同，黏结固定风窗玻璃的拆装一般都需要两人以上配合操作。

（1）拆装工具和材料

黏结固定玻璃必须使用专用工具拆卸，这些工具主要用于切割、清理、搬运，并提供保护措施，以防损伤玻璃和汽车内饰件。

① 钢丝和卷盘。钢丝为直径较小、柔韧性较好的专用切割工具，能将黏结剂割开。切割时先用钢丝牵引头将原黏结剂钻透，将钢丝穿过并固定在卷盘上。卷盘可以吸附在玻璃内侧或外侧，通过棘轮转动卷起钢丝，切割黏结剂。同时，能方便移动玻璃。如果有带夹持器的中继滚轮装置，可将中继滚轮装在风窗的左、右两个下角，夹持器支撑在仪表板上，如图 4-3-25 所示。再在风窗中间安装卷盘，转动棘轮轻轻拉紧钢丝，即可操纵手柄进行切割。

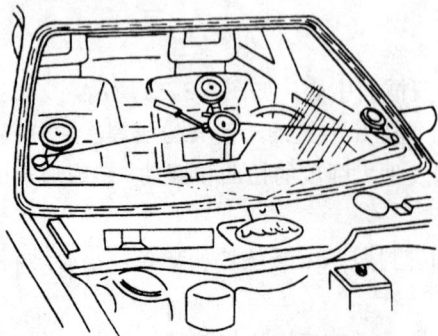

（a）安装中继滚轮

（b）切割

图 4-3-25 专用钢丝切割黏结剂

② 活塞枪和黏结剂如图 4-3-26 所示。车窗玻璃安装用的黏结剂多为单组分、高黏度的聚氨酯类胶，固化后能形成柔软的弹性体。这种胶在玻璃、陶瓷涂层玻璃等表面具有良好的黏结性能。一般，彻底的固化反应需要 24 h 以上，因此更换车窗玻璃以后，一般需要静置 24 h 才能交车。如果未保持最短固化时间，便可能由于车窗玻璃的移动而导致黏结剂泄漏和风噪声。过期或废弃的黏结剂若已经固化，可作为普通垃圾处理。未固化的黏结剂要作为特殊垃圾进行处理。黏结剂需要用活塞枪（俗称胶枪）挤压涂敷到黏结的表面。

③ 底涂剂是以硅氧烷为主要原料的无色、含溶剂液体，如图 4-3-27 所示。底涂剂是难黏结的材料之间的连接剂，也称处理剂或增黏剂。使用前应充分摇匀，然后用专用工具（细毛刷或脱脂棉）薄而均匀地将其刷涂在黏结表面上，待其充分干燥后再进行后续操作。使用后应立即将瓶盖拧紧，以免失效。

图 4-3-26　活塞枪和黏结剂

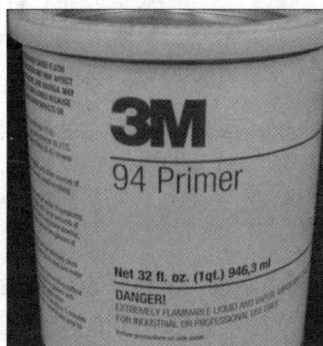

图 4-3-27　底涂剂

⚡ **注　意**

避免皮肤或眼睛接触底涂剂，若不慎接触，应立即用大量清水冲洗并及时就医。

（2）拆装前的保护

① 用车身保护罩将发动机舱盖、前翼子板等保护好，同时，车内座椅、仪表板也要进行防护，防止在拆装操作过程中意外划坏漆面和内饰。

② 在玻璃一周的窗框内外表面使用塑料垫圈或贴上胶带，以保护车身漆面，如图 4-3-28 所示。

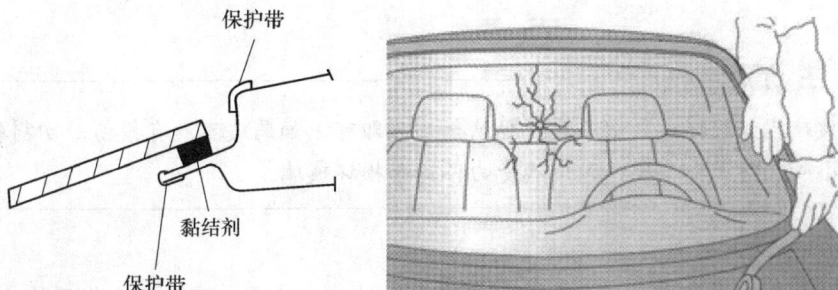

保护带

黏结剂

保护带

图 4-3-28　保护车身漆面

（3）拆除附件

① 拆卸玻璃装饰条、刮水器、后视镜等附件。对于后风窗玻璃，要断开加热线插头。

② 检查玻璃密封条是否有老化、变形、断裂等缺陷。如果有，则要准备新件。

③ 将拆除的零件放在规定区域，防止遗失。

（4）拆卸玻璃

① 将卷盘固定在玻璃内侧的中间位置，保证安装牢固。用钢丝牵引头将原黏结剂钻透，将钢丝从内部穿过。将钢丝在玻璃外侧的周边铺设一圈，如图 4-3-29 所示。

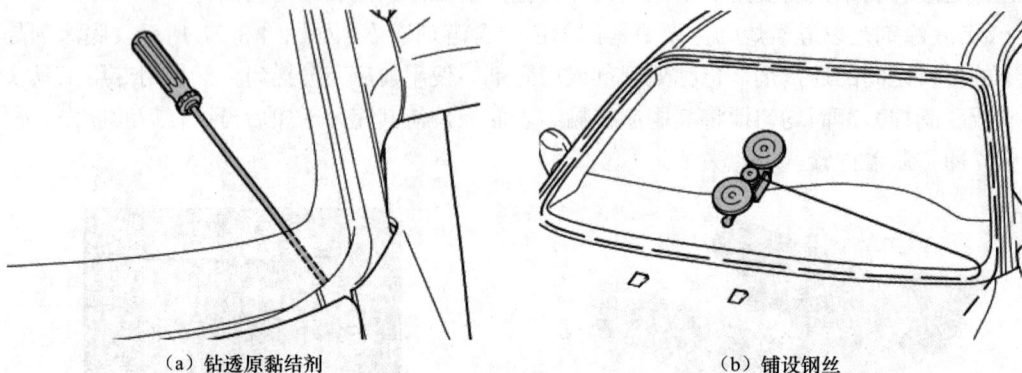

（a）钻透原黏结剂　　　　　　　　　　　　（b）铺设钢丝

图 4-3-29　安装卷盘和钢丝

② 切割黏结剂，钢丝呈 90°无法继续切割时，移动卷盘继续切割。频繁更换卷盘位置不方便时，可以在卷盘和切割位置之间添加换向轮，改变钢丝的方向，如图 4-3-30 所示。

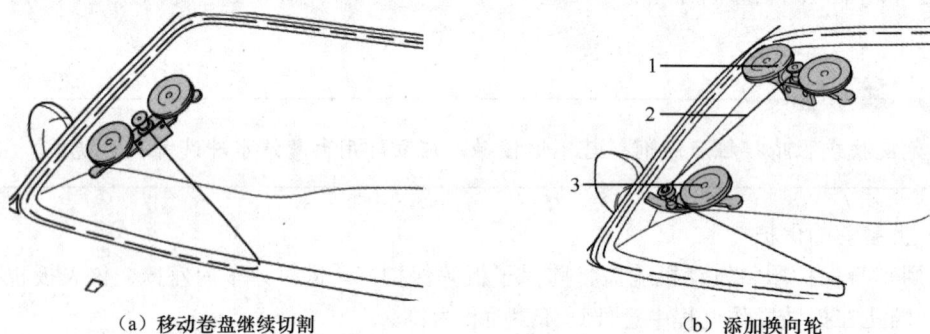

（a）移动卷盘继续切割　　　　　　　　　　（b）添加换向轮

1—卷盘；2—切割钢丝；3—换向轮

图 4-3-30　切割黏结剂

⚡ **注　意**

如果玻璃已经损坏，只需尽快将黏结剂切开即可，如果玻璃没有损伤，切割黏结剂时就要格外小心，防止由于操作时玻璃受力不均而损坏玻璃。

（5）安装前的准备

① 处理窗框黏结区域。用小刀割掉残留的黏结剂，使窗框压焊凸缘四周的残余黏结剂的厚度在 2 mm 以内，并修整使其光滑、平整，如图 4-3-31 所示。如果窗框压焊凸缘锈蚀严重或旧黏结剂老化严重，则需将其全部清除干净（包括锈蚀），并涂上防锈底漆。

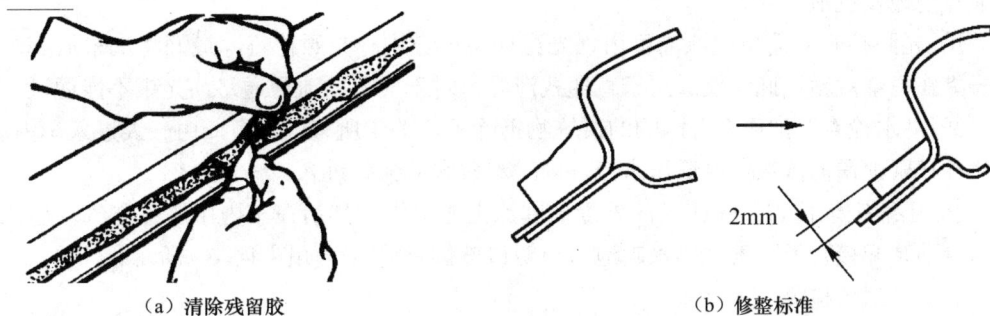

(a) 清除残留胶　　　　　　　　　　(b) 修整标准

图 4-3-31　修整残留的黏结剂

② 用酒精清洁窗框的安装表面。注意让已被清洁的部位搁置 3 min 或更长时间，待晾干后再进行下一步作业。此外，不要触碰已清洁好的表面。

③ 如要使用被拆下的玻璃，应清除掉残留在玻璃上的黏结剂，并用酒精进行清洁。

④ 在所有的黏结表面涂上一层薄薄的底涂剂，保证其完全干燥再进行下一步作业。

（6）安装玻璃

① 让助手协助，将风窗玻璃放到窗口定位处，并做出准确安装位置的定位标记（如贴上胶带，然后将胶带沿玻璃边沿切断。

② 将黏结剂筒装入活塞枪中。拆下封口，并将黏结剂挤出约 5 mm，作为试验黏结剂条。注意试验黏结剂条中是否有气泡产生。如果没有气泡，则应立即将黏结剂涂覆到待黏结面上。

③ 在涂敷黏结剂时，活塞枪嘴与黏结面接触，并向黏结方向倾斜一定角度。涂敷黏结剂操作需一次完成，如图 4-3-32 所示。

④ 将涂好黏结剂的玻璃用两个吸盘小心提起，按定位标记安装。调整好玻璃与车顶侧边缘和上边缘的距离（后窗位置必须比车顶外蒙皮低，只有这样才能避免风噪声）。

⑤ 玻璃定好位后，用胶带将玻璃固定，如图 4-3-33 所示。黏结剂完全固化后才能拆掉胶带。

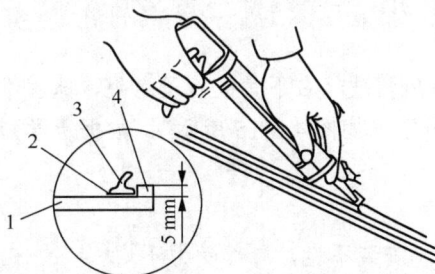

1—玻璃；2—胶带；3—挡水圈；4—黏结剂
图 4-3-32　涂敷黏结剂

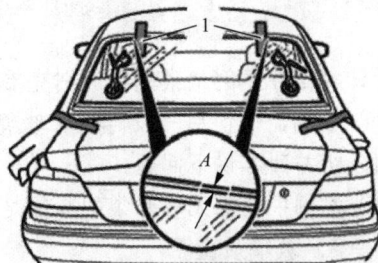

1—胶带；A—玻璃距车顶边缘的距离
图 4-3-33　后窗玻璃的要求

3．检查玻璃密封性

车身上的各类玻璃，经过拆装后，均需进行密封性试验，以检查安装的质量。

（1）常规检查

如果密封条损坏、玻璃调整不当、装配不严或黏结不规范，会造成漏水，高速行车时还会产生风噪声。在进行密封性检查前，要把发现泄漏区域内所有影响检查的装饰件拆除，以便能直观地发现泄漏部位。

① 光照检查。简单的泄漏可用强光源环绕车身进行光照检查，最好将汽车放到车库内留一人在内部观察。此法仅适用于直通式泄漏，对于曲折的泄漏通路，光束不能通过。

② 淋水检查。把所有有影响的装饰物拆除后，关闭所有门、窗，由一人进入车内观察。然后往怀疑泄漏的区域喷射低压水流，同时观察水从何处进入。

③ 压缩空气检查。先在窗的外缘周围涂上肥皂水，然后在车内用压缩空气从边缘将肥皂水吹向装配接合处。若肥皂水起泡，说明该部位有缝隙，如图 4-3-34 所示。

（2）密封仪检测

密封性检测仪（简称密封仪）可用来检测汽车的密封性，尤其是汽车玻璃的密封性。它由信号发射器和信号接收器组成，信号发射器放置于驾驶室内，其产生的超声波信号能穿透任何泄漏位置。通过比较显示的数值大小和声音信号强弱即可判断密封状况。将信号发射器开机，放入驾驶室内，升起玻璃，关上车门。沿着需要检测的部位用信号接收器进行扫描，对风噪声和漏水点进行定位，如图 4-3-35 所示。

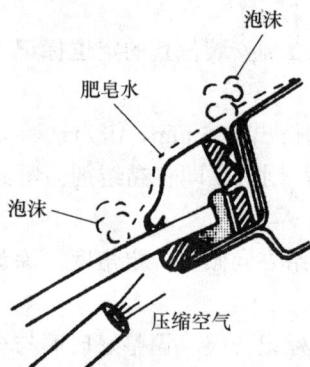

图 4-3-34　用压缩空气检查泄漏

图 4-3-35　用密封仪检测泄漏

能 力 评 价

请针对任务案例"张先生的别克君越轿车的前风窗玻璃右下角被石子崩裂，他去维修站更换了新玻璃，但使用一段时间后玻璃又自然开裂了，如图 4-3-15 所示"，依据所学知识和技能，分析并回答以下问题。

（1）案例中玻璃无端开裂的原因是（　　　　）。

    A. 玻璃质量差　　　　　　　　　　B. 安装不良，局部受力不均

    C. 玻璃局部受热　　　　　　　　　D. 安装时玻璃被划坏

（2）该车前、后风窗玻璃采用的安装形式是（　　　　）。

    A. 黏结法固定　　　　　　　　　　B. 密封条固定

    C. 螺栓固定　　　　　　　　　　　D. 夹具固定

（3）要拆卸案例中的风窗玻璃，需要（　　　　）。

    A. 将玻璃敲碎　　　　　　　　　　B. 用力从内部向外推

    C. 加热使黏结剂熔化　　　　　　　D. 使用专用工具切割黏结剂

（4）为保证玻璃安装后不再出现自动开裂，在安装时要特别注意（　　　）。

  A. 必须使用原厂玻璃   B. 涂敷黏结剂高度要一致

  C. 安装时不能加热玻璃   D. 小心不要划伤玻璃

（5）为了保证质量，安装时还应该注意（　　　）。

  A. 安装前要做好定位标记，保证安装位置正确

  B. 玻璃安装后，用塑料胶带固定，当黏结剂完全固化后才能拆掉塑料胶带

  C. 待黏结剂固化后，进行密封性试验

  D. 后窗玻璃位置必须高于车顶外蒙皮

| 项目拓展——儿童座椅，呵护未来 |

孩子是国家的未来，儿童乘车安全越来越受重视，针对儿童身高和体重特殊设计的儿童座椅越来越流行，不同级别的儿童座椅如下图所示。

不满 9 个月且体重为 10 kg 以下的婴儿，或者不满 18 个月且体重为 13 kg 以下的婴儿，适合使用可调整到躺卧位置的初期儿童座椅。约 4 岁以下，体重在 9～18 kg 的婴幼儿适合使用面朝行驶方向的中期儿童座椅。约 12 岁以下且体重在 15～36 kg 之间，身高低于 145 cm 的儿童，适合使用和三点式安全带并用的后期儿童座椅。身高 145 cm 以上的儿童可以不用儿童座椅，直接使用车内已有的座椅安全带。肩部安全带大致通过肩部中间且贴紧上身，不允许勒过颈部。腰部安全带必须放在儿童的髋部且贴紧儿童身体，不允许勒过腹部。

初期儿童座椅　　　　　　　　中期儿童座椅　　　　　　　　后期儿童座椅

项目 5
汽车车身覆盖件损伤的维修

在所有的车身零件损伤中，由于车身覆盖件在车身外部，因此受损是最多的。车身覆盖件的维修在汽车钣金维修中属于常规技能。开展车身覆盖件维修工作时，要针对不同的损伤、不同的车身材料选用合适的工具，运用最佳的维修工艺。本项目主要介绍车身金属覆盖件、车身塑料件和汽车玻璃损伤的维修。

| 任务 5.1　车身金属覆盖件损伤的维修 |

【知识目标】

（1）掌握常用钣金维修工具的使用方法。

（2）掌握板件切割工具的使用方法。

【能力目标】

（1）能够使用钣金锤和垫铁维修变形的板件。

（2）能够利用拉拔和收缩工艺维修变形的车身板件。

【素质目标】

（1）培养学生动手实践能力。

（2）培养学生精益求精的工匠精神。

任 务 分 析

车身金属覆盖件的损伤主要是由碰撞造成的各种变形，且多为凹陷损伤。维修时，要熟悉损伤部位的结构、材料特点，做出准确的损伤评估，还要熟练使用车身钣金维修工具和设备，选用合理的工艺将损伤修复。

本任务需要学生了解车身结构和材料的基础知识，了解金属材料的变形过程和特点，能够规范地使用钣金维修工具。在操作中，要注意安全。遇到问题能够独立分析并解决，针对工具、工艺缺陷能够进行改进，要有爱岗敬业的职业精神。

相 关 知 识

一、车身钣金维修常用的手动工具

1. 夹持工具

（1）钣金工作台

钣金工作台与普通钳工工作台相似，面板一般由较厚的钢材或铸铁制作，表面平整，高度为 800～900 mm，长宽依工作需要而定（一般建议尺寸为 1200 mm×800 mm）。钣金工作台要求平稳、结实，如图 5-1-1 所示。钣金工作台表面应保持清洁，工件和工具在台面上要轻拿轻放，不可损伤其工作面，用后要擦拭干净。

（2）台虎钳

台虎钳是固定在钣金工作台上，用来夹持工件的工具，其结构如图 5-1-2 所示。其规格用钳口的宽度来表示，常用的有 100 mm、125 mm、150 mm 几种。活动钳体通过导轨与固定钳体的导轨孔滑动配合。丝杠装在活动钳体上，可以旋转，但不能轴向移动，并与安装在固定钳体内的导向螺母配合。摇动夹紧手柄使丝杠旋转，就可以带动活动钳体相对于固定钳体做轴向移动，起夹紧或放松的作用。在固定钳体和活动钳体上，都装有钢制钳口，并用螺钉固定。钳口的工作面上制有交叉的网纹，使工件被夹紧后不易产生滑动。钳口经过热处理淬硬，具有较好的耐磨性。固定钳体装在转盘座上，并能绕转盘座轴心线转动，当转到要求的方向时，扳动夹紧手柄使夹紧螺钉旋紧，便可在夹紧盘的作用下把固定钳体固紧。转盘座上有 3 个螺栓孔，用以将台虎钳与钣金工作台固定。

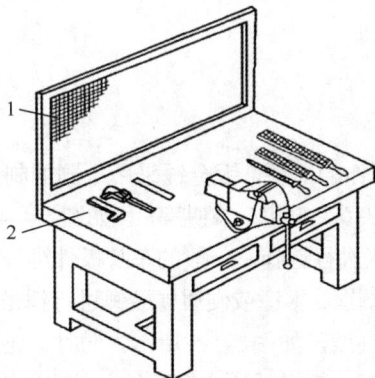

1—防护网；2—台面
图 5-1-1 钣金工作台

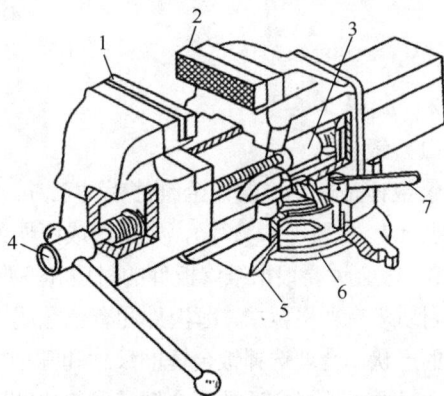

1—活动钳口；2—固定钳口；3—导向螺母；
4—丝杠；5—转盘座；6—夹紧盘；7—夹紧手柄
图 5-1-2 台虎钳结构

① 台虎钳的安装高度标准为人体立正，手拖下巴，肘关节正好放到安装好的台虎钳上面。

② 使用台虎钳时必须安装正确、牢固，工件的装夹尽可能在钳口的中部，使钳口受力均衡，保证夹紧后的工件稳固。夹紧工件时只能用夹紧手柄来操作，不能用铁管等接长手柄加力或用锤子敲击手柄紧固，以防损坏台虎钳。

③ 不要在活动的钳体部位敲打，以免损坏钳口的配合性能。加工时用力方向最好朝向钳体的固定部位。

④ 丝杠、螺母要保持清洁，定期加润滑油，以延长其使用寿命。

（3）大力钳

大力钳主要用于夹持零件进行成形、铆接、焊接、磨削等加工工作，其特点是钳口可以锁紧并产生很大的夹紧力，使被夹紧的零件不会松脱，而且钳口有很多调节挡，供夹紧不同厚度零件使用。常用的大力钳有普通大力钳、尖嘴带刃大力钳、焊接用大力钳、铁皮大力钳、C 形大力钳等，如图 5-1-3 所示。大力钳的钳口用铬钒钢或碳钢整体锻造，韧性好，夹持物体不变形。

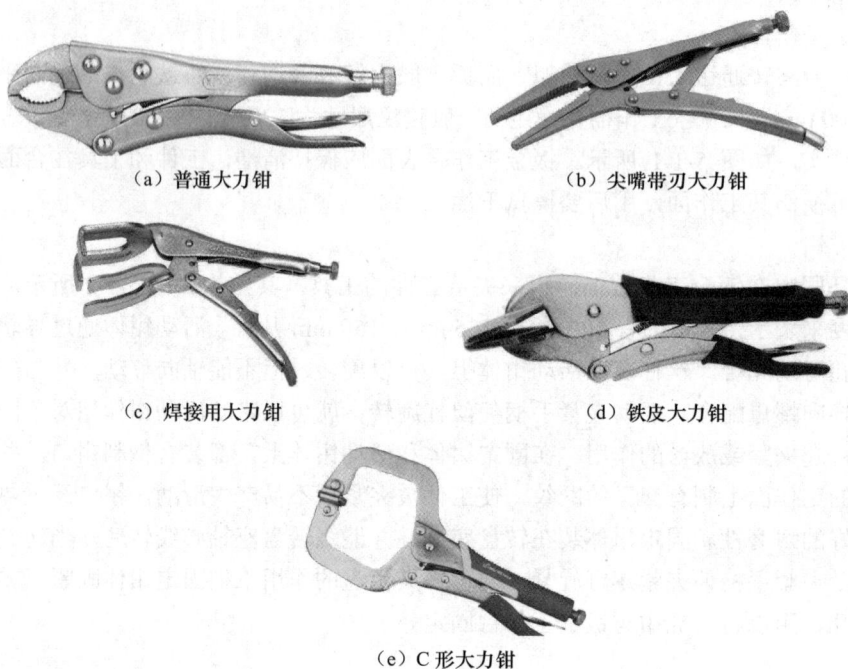

（a）普通大力钳　　　　　　　　　　　　　（b）尖嘴带刃大力钳

（c）焊接用大力钳　　　　　　　　　　　　（d）铁皮大力钳

（e）C 形大力钳

图 5-1-3　常用的大力钳

2．成形工具

（1）钣金锤

钣金锤是最基本的钣金维修手动工具。根据实际工作的需要，钣金锤采用不同的制作材质（如铜、钢、橡胶、木头等），并且做成不同的形状（如尖头、球头、鹤嘴等），如图 5-1-4 所示。

① 钣金锤要根据维修板件的材质和变形部位的形状进行选择。一般的车身板件维修对钣金锤的材质没有严格要求，薄板件和有色金属工件可选用铜锤、木锤或硬质橡胶锤进行锤击。根据板件的形状，合理选择钣金锤的尺寸和锤顶曲面的隆起高度，如图 5-1-5 所示。同时，还要遵照维修质量要求选择合适的钣金锤，维修小凹陷板件可用精修钣金锤逐个轻微敲击以修平损伤。

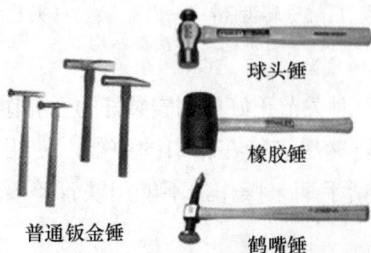

球头锤

橡胶锤

普通钣金锤　　　　鹤嘴锤

图 5-1-4　钣金锤

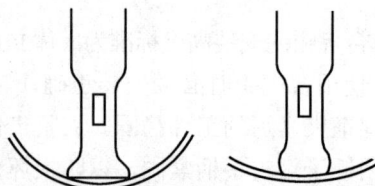

图 5-1-5　按板件形状选择钣金锤

② 握持钣金锤时，用手轻松握住钣金锤手柄的端部（相当于手柄全长的 1/4 位置），锤柄下面的食指和中指应适当放松，小指和无名指则应相对握紧一些，以形成一个支点，拇指用于控制锤柄向下运动的力度，如图 5-1-6 所示。依靠手腕的动作来挥动钣金锤，并利用钣金锤敲击零件时产生的回弹力沿一个圆形的运动轨迹来敲击，这样能更好地控制钣金锤。

③ 敲击时，锤头与板件应保持正面垂直接触，不要用锤头侧面倾斜敲击，以免刨伤板件，如图 5-1-7 所示。

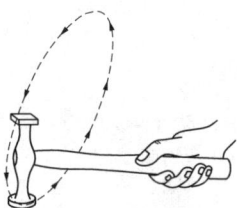

错误　　　正确

图 5-1-6　钣金锤的握法　　　图 5-1-7　钣金锤的敲击

钣金锤的使用（动画）

（2）垫铁

垫铁也叫顶铁，是钣金维修的基本工具之一，有不同的形状来适应车身板件的外形，如图 5-1-8 所示。选择垫铁时，要保证垫铁的工作表面与所修整的钣金形状基本一致（即半径与要修理的金属板件的曲面一样大或略小一些），如图 5-1-9 所示。

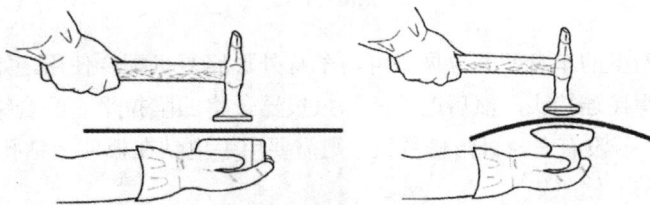

图 5-1-8　垫铁　　　　　图 5-1-9　垫铁的选用

在进行车身钣金敲打维修时，用钣金锤悬空敲打变形的板件，很难将受损部位维修好，甚至会加重变形，通常需要钣金锤与垫铁配合使用来修复车身板件的变形损伤。

（3）撬板

撬板是钣金维修常用工具的一种，根据车身板件的形状、尺寸不同而制成相应的形状和不同的尺寸，如图 5-1-10 所示。

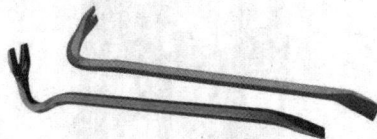

图 5-1-10　撬板

对于车门、后翼子板和其他封闭式车身板件的凹陷维修，常用撬板伸进狭窄的空间，按图 5-1-11 中数字所示的顺序把凹陷撬平。撬板有时可以用来作为垫铁，将撬板垫在凹处，用钣金锤敲击凸起部位，修复凹陷，如图 5-1-12 所示。

（4）凹陷拉拔器

凹陷拉拔器是钣金维修专用工具的一种，由连接装置、导向装置和拉拔装置 3 个部分组成。根据拉拔动力的不同分为手动拉拔器和气动拉拔器，如图 5-1-13 所示。凹陷拉拔器主要用于封闭型车身板件或垫铁、撬板无法从内侧接近的褶皱，通过拉拔和敲打使凹陷上升，如图 5-1-14 所示。

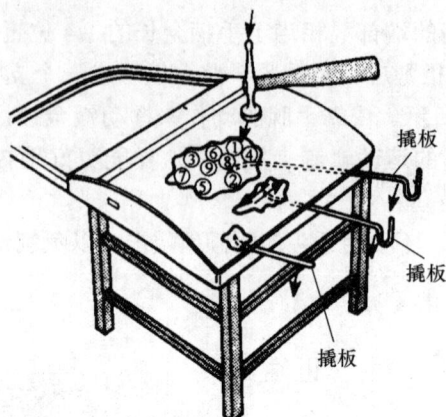

图 5-1-11　用撬板撬平凹陷

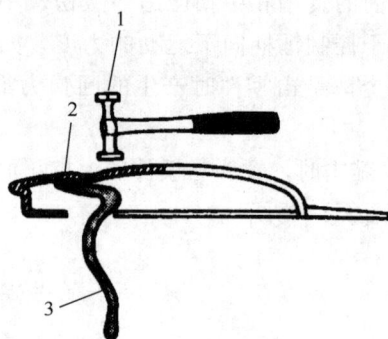

1—钣金锤；2—受损部位；3—橇板
图 5-1-12　撬板作为垫铁

（a）手动拉拔器

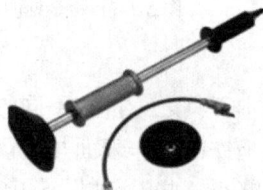

（b）气动拉拔器

图 5-1-13　凹陷拉拔器

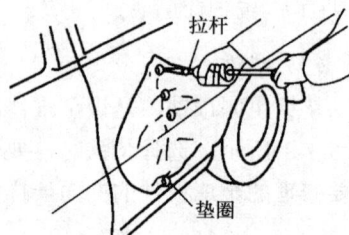

图 5-1-14　用凹陷拉拔器拉平凹陷

新型的车身凹陷拉拔器可与车身外形修复机配合使用，如图 5-1-15 所示。在板件的凹陷部位焊接连接头，然后连接凹陷拉拔器，将凹陷拉平。配合钣金锤敲击，进一步将损伤部位修复。若没有车身外形修复机，则需要用手电钻在板件上钻孔再进行拉拔，拉拔后将孔焊平。

（5）修平锉

修平锉是检验车身表面是否修平的钣金维修专用工具，如图 5-1-16 所示。修平锉大部分由铸铁制成，可以对车身板件和焊缝等进行修平处理。

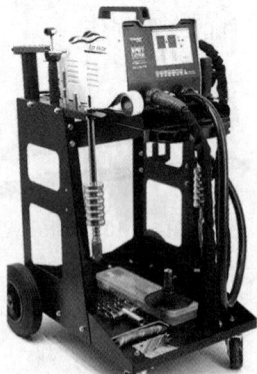

图 5-1-15　车身外形修复机

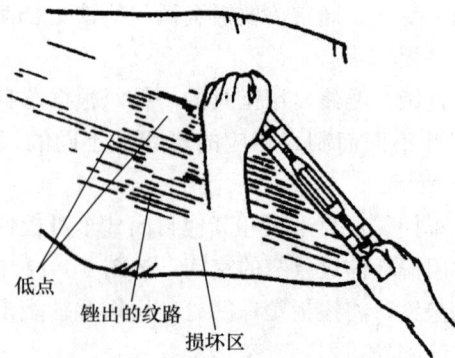

图 5-1-16　用修平锉检验表面是否修平

当要锉一个很平坦的部位时，将修平锉与推进方向呈 30°角水平地推，也可将修平锉平放、沿着 30°角的方向推。在隆起的金属板上，应将锉平放，并沿着变平的凸起处平推，或者沿着凸起处最平坦的方向平放，以 30°或更小的角度向一边推。

（6）錾子

錾子一般用碳素工具钢锻成，并经淬硬和回火处理，由刃、柄、头等部分组成，如图 5-1-17 和图 5-1-18 所示。錾子刃部的硬度必须大于工件材料的硬度，并且必须制成楔形，即有定楔角。錾子的切削部分呈楔形，它由两个平面与一个刀刃组成，两个面之间的夹角称为楔角。錾子的楔角越大，切削部分的强度越高，但錾削阻力也会加大，切削越困难，而且会将材料的被切面挤切得不平整。所以，应在保证强度足够的前提下，尽量选取楔角值小的錾子。一般来说，錾子楔角要根据工件材料的硬度来选择：在錾削硬材料（如碳素工具钢）时，楔角取 60°～70°；錾削碳素钢和中等硬度的材料时，楔角取 50°～60°；錾削软材料（铜、铝）时，楔角取 30°～50°。

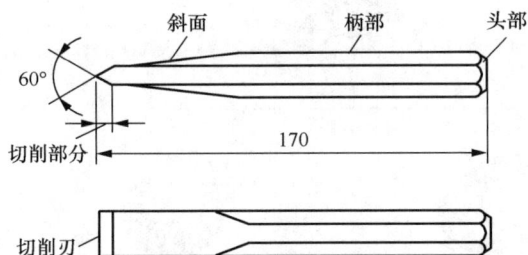

图 5-1-17 錾子结构

图 5-1-18 錾子实物

二、车身钣金维修常用的动力工具

1. 电动工具

电动工具是由电机驱动的各类工具的总称，主要分为切削工具、研磨工具、装配工具等。汽车钣金技术中常用的电动工具有角磨机、手电钻、砂轮机、曲线锯等。

（1）角磨机

角磨机全称为角向磨光机，其操作灵活，是车身损伤修复和小型钣金件制作时常用的电动工具之一，如图 5-1-19 所示。按动力源的不同角磨机分为电动角磨机和气动角磨机两种，电动的居多。角磨机上安装有不同类型的砂轮或钢丝刷，可进行打磨、切割或磨光处理。

图 5-1-19 角磨机

常用的电动角磨机的结构如图 5-1-20 所示。通过齿轮结构带动旋转螺栓转动，根据不同的工作需要在旋转螺栓上安装砂轮片或钢丝刷进行研磨、切割和砂光等操作。更换砂轮片时，按下锁止钮固定旋转螺栓，卸下固定螺母更换新砂轮片。使用时，首先打开开关，通过调速开关调整到需要的转速，即可进行打磨操作。常用的砂轮片有研磨型的和切割型的，研磨型砂轮片较厚，并且有粗细之分，切割型砂轮片较薄，采用合金材质制作。

角磨机的使用要注意以下事项。

① 使用角磨机时，操作人员要佩戴防护眼镜和工作帽，较长的头发要扎起。

② 需加工的小零件要用夹具固定，严禁用手抓住进行加工。

③ 不能使用有裂纹、断裂、缺口等缺陷的砂轮片。

④ 使用角磨机时，不能单手握转动的角磨机，另一只手进行其他操作。调整好防护罩的位置，切割方向不能向着人。

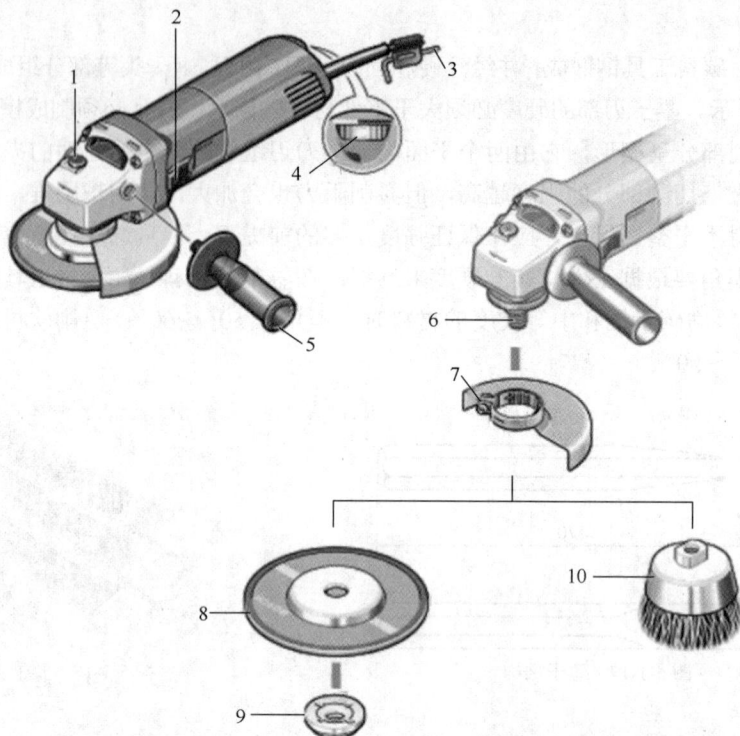

1—旋转螺栓锁止钮；2—开关；3—六角扳手；4—调速开关；5—把手；
6—旋转螺栓；7—防护罩；8—砂轮片；9—固定螺母；10—钢丝刷
图 5-1-20　角磨机的结构

⑤ 先打开开关，等砂轮片转动稳定后才能开始工作。研磨时，砂轮片与工件之间保持 30°左右的夹角。

⑥ 连续工作 30 min 后要停 15 min，以免散热不良而损坏设备。

⑦ 工作完成或在检查、保养角磨机之前，要切断电源。

（2）手电钻

手电钻是以电为动力的钻孔工具，是手持式电动工具的一种，有的配有充电电池，可在一定时间内，在无外接电源的情况下正常工作。手电钻的结构如图 5-1-21 所示。为手电钻装配钻头可以钻孔，装配套筒等工具可以拆装螺钉、螺母等。钻头根据功能不同分为金属钻孔用钻头、木质板材钻孔用钻头、水泥等建筑材料钻孔用钻头等。

焊点转除钻是车身钣金维修中使用的一种特殊电钻，可以进行车身电阻点焊焊点的去除分离。钻头部位装有进度限位装置，保证在分离板件的同时不会损伤下层板，如图 5-1-22 所示。

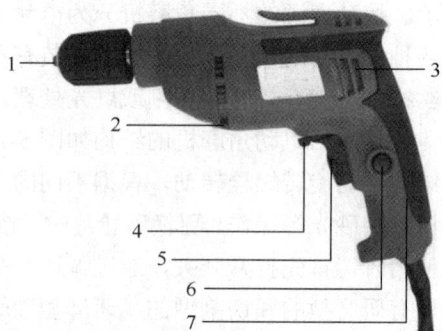

1—夹持器；2—散热孔；3—进气孔；
4—转向调整开关；5—开关；
6—开关锁止钮；7—握把
图 5-1-21　手电钻的结构

手电钻的使用要注意以下事项。

① 使用时戴好防护眼镜和工作帽，一定不能戴手套、首饰等，防止其被卷入设备给手带来伤害。

② 钻头与夹持器应适配，妥善安装。

③ 使用前检查钻头，使用迟钝或弯曲的钻头会使电机过载且工作失常，降低作业效率。若发现这类情况，应立刻更换钻头。

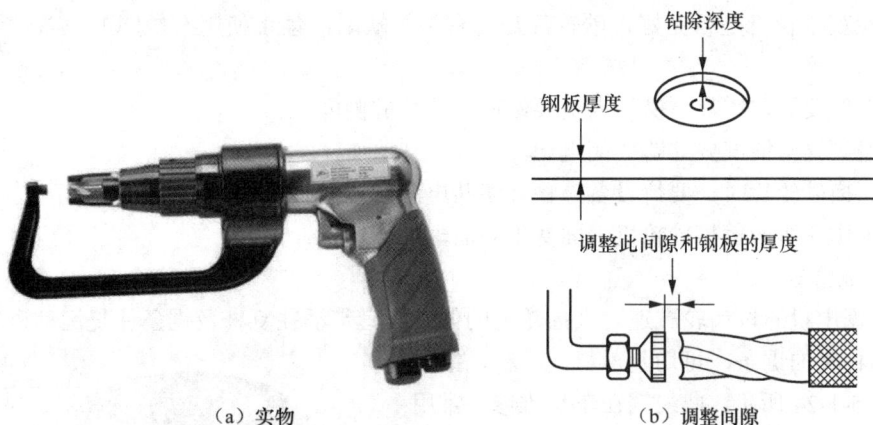

（a）实物　　　　　　　　　　　　　　（b）调整间隙

图 5-1-22　焊点转除钻

④ 使用前检查电钻机身螺钉的紧固情况，若发现螺钉松了，应立即重新拧紧，否则会导致电钻故障。

⑤ 确认电钻上开关锁止钮处于锁止状态（锁止钮被按下），否则插头插入电源插座时电钻将立刻转动，可能导致操作人员受到伤害。

⑥ 使用前先打开开关，确定钻头转向正确并待其稳定后再进行加工。

⑦ 在金属材料上钻孔应首先在工件被钻位置打上冲眼。

⑧ 在钻较大的孔时，预先用小钻头钻穿，再使用大钻头钻孔。

⑨ 钻孔时产生的钻屑严禁用手直接清理，应用专用工具清理。

⑩ 工具不用时要切断电源，电钻完全停止转动后方可更换钻头，不用的工具要妥善保管。

（3）砂轮机

砂轮机主要由砂轮、电机和机体组成，常用的砂轮机有研磨型的和切割型的，如图 5-1-23 所示。研磨型砂轮机主要用来磨錾子、钻头、刮刀等刀具或样冲、划针等其他工具，也可用于磨去工件或材料上的毛刺、锐边等。切割型砂轮机又称砂轮锯，可对金属方扁管、方扁钢、工字钢等材料进行切割。砂轮机和角磨机均可对工件进行打磨及切割操作，区别在于：角磨机可移动，对固定工件或难以操作的部位（例如侧磨、仰磨等）的加工比较有效；而砂轮机是固定的，可对可移动工件（包括较大工件）进行加工。

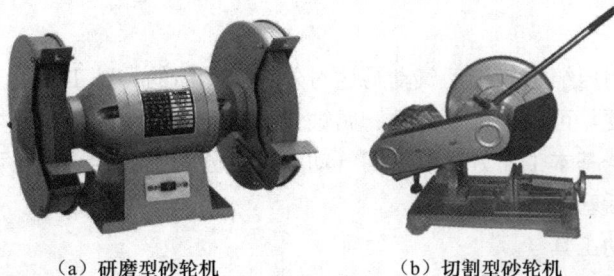

（a）研磨型砂轮机　　　　　　　　　　（b）切割型砂轮机

图 5-1-23　砂轮机

砂轮机的使用要注意以下事项。

① 工作前必须穿戴防护眼镜、工作帽、手套等安全防护用品。

② 砂轮机应平稳地放在地面上（研磨型砂轮机需固定在台架上使用），使用前检查设备接地线是否良好。

③ 检查砂轮机是否完好，砂轮片是否有裂纹缺陷，禁止使用有故障的设备和不合格的砂轮片。

④ 工件要固定牢靠，操作人员要站在砂轮片的侧面。

⑤ 遇到异常情况要立即关闭电源。

⑥ 更换砂轮片时，要待设备停稳并切断电源后再进行操作。

⑦ 工作完毕应擦拭砂轮机表面灰尘和清理工作场所。

（4）曲线锯

曲线锯电机通过齿轮减速，大齿轮上的偏心滚套带动往复杆及锯条往复运动进行锯割，使用不同种类的锯条，可切割木料、石料、钢材等，如图 5-1-24 所示。曲线锯在车身维修中常用于金属（钢板、铝板）结构件、外部面板的分割。曲线锯和其他电动切割工具的区别在于：可移动、切口窄、可进行曲线锯割。

曲线锯的使用需要注意以下事项。

① 操作前检查曲线锯各项性能是否良好，安全装置是否齐全并符合操作安全要求。

② 检查锯片是否有裂口，检查各种螺钉是否紧固。

③ 操作时要戴防护眼镜，站在锯片一侧，禁止与锯片站在同一直线上，手臂不得跨越锯片。

1—手柄；2—开关；3—电机；4—底板；
5—锯条；6—防护圈
图 5-1-24 曲线锯

④ 切割的板件要用夹持工具固定，不能手持。

⑤ 切割时，先启动工具，锯条运转平稳后再进行切割操作。

⑥ 曲线锯的底板要压紧板件，向前推时均匀用力，不得用力过猛。

⑦ 切割要一次性完成，防止切割到板件中间部位时停机。

⑧ 切割曲线时要有足够的曲线半径，半径过小容易导致锯条被损坏。

⑨ 检修维护工具时应断电，遇疑难故障时要将工具送给专业人员维修。

⑩ 工具使用完毕后需拆除锯片（不要在工作结束后马上触摸锯条，防止烫伤），放到规定位置妥善保存。

2. 气动工具

气动工具是利用压缩空气带动气动马达对外输出动能的一种工具。气动工具结构简单、坚固耐用、维护方便，可以用于爆炸性、腐蚀性、高温及潮湿的工作环境中，无火灾爆炸危险，使用安全。根据基本工作方式的不同气动工具可分为旋转式（偏心可动叶片式）气动工具和往复式（容积活塞式）气动工具。

（1）旋转式气动工具

旋转式气动工具将压缩空气作用于叶片，从而带动转子高速旋转。旋转式气动工具有气动磨机、气动钻、气动扳手等，如图 5-1-25 所示。

（2）往复式气动工具

往复式气动工具将压缩空气引入气缸内，通过控制进气口和排气口，使活塞往复运动。

往复式气动工具有气动锯（锉）、气动錾子等，如图5-1-26所示。

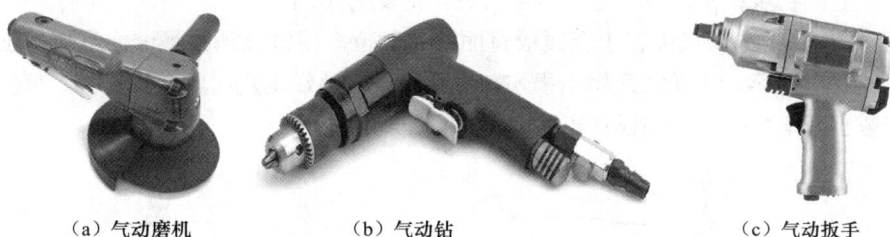

（a）气动磨机　　　　　　（b）气动钻　　　　　　　（c）气动扳手

图 5-1-25　旋转式气动工具

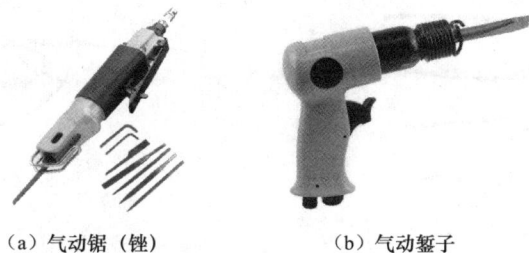

（a）气动锯（锉）　　　　　　　（b）气动錾子

图 5-1-26　往复式气动工具

气动工具的使用需要注意以下事项。

① 作业时，操作者应佩戴防护眼镜和其他防护用品。

② 使用前，查看空气软管及接头有无漏气或松动，以防进入气动工具内的压缩空气压力不够；查看气动工具本身及气动附件是否可靠连接，以防高速运转时损坏或伤人。

③ 气动工具在使用过程中，由于正常的损耗、操作不当、人为的其他因素的影响，可能会导致工具发生故障（旋转式气动工具发生故障一般表现为工具不转动或转动无力，往复式气动工具发生故障一般表现为不动、往复距离不足或无力）。

④ 严格按照操作规程使用，不得带故障作业，更不得抛、扔、摔、砸和将气动工具当锤子使用。

⑤ 使用完毕后应及时擦净工具表面污物，并及时注油保养，定期进行清洗和更换易损零件，妥善保存。

⑥ 发生故障的工具要送给专业人员维修。

三、车身覆盖件损伤的维修工艺

车身覆盖件的损伤常用的维修工艺有：钣金锤和垫铁配合的敲打工艺、热收缩工艺和拉拔工艺。不管采用哪种维修工艺，都需要配合钣金锤敲打以释放板件的内应力，从而修复塑性变形。

1. 板件变形的敲打维修

（1）钣金锤与垫铁的配合方式

手动敲打修复适用于车身上能够方便拆卸的覆盖件，如发动机罩、行李箱盖和前翼子板等。在维修操作中，通常将垫铁放在受损板件的内面，用钣金锤敲击板件的外面。根据垫铁与钣金锤的相对作用位置，有错位敲击（偏托）和正位敲击（正托）两种操作方法。

① 偏托法。将垫铁置于金属板背面的最低处，钣金锤则在另一面敲击变

钣金锤与垫铁
的配合方式
（动画）

形的最高处，锤击时垫铁也作为敲击工具，如图 5-1-27 所示。偏托法适用于损伤部位面积大于垫铁承托面的初步维修，可以避免修复过程中的受力不均。

② 正托法。将垫铁直接置于金属板背面凸起部位，用钣金锤在另一面直接锤击变形部位，如图 5-1-28 所示。正托法适用于损伤部位面积小于垫铁承托面的精细维修，可快速将板件的凸起或小凹陷修整平，使板件表面变得平整、光滑。

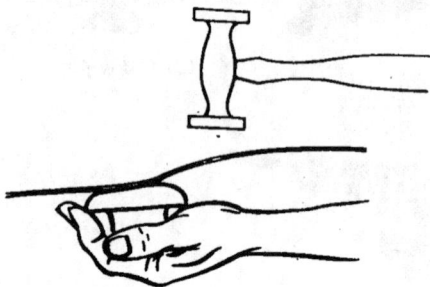

图 5-1-27　偏托法

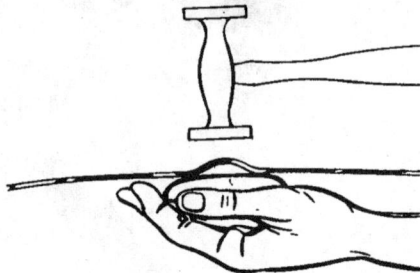

图 5-1-28　正托法

> ⚡ **注　意**
>
> 　　如果垫铁与板件之间没有缝隙，直接接触，用正托法容易造成金属延展变形。因此采用正托法维修时，要控制钣金锤的敲击力度，及时检查板件的变形情况，避免整平过度。

（2）敲打维修工艺流程

车身维修作业中，对较大、不平整的钣金件实施整平作业时，先用偏托法使板件大致恢复原形，称为粗平。为了得到更加精确的曲率和表面光滑度，用正托法对板件表面残留的细小凹凸进行更加精细的敲平作业，称为精平。粗平之后的精平技法尤其重要。

① 在动手操作前要对待敲平区域仔细观察，正确选择敲平点，并确定好锤击力度和相应的工作程序。一般先从损伤较大的部位开始操作，损伤程度相似的，则从离操作者较远或不便操作的部位开始。操作过程中要注意手与眼的正确配合，并确保钣金锤端面的中央落在敲击点上，垫铁的移动应与钣金锤的移动同步，锤击次数要少并尽量使每一次的顶托和锤击都有效。

② 在操作时选择断面合适的垫铁，使其紧贴小凹凸的背面，用轻质钣金锤轻轻敲击金属表面的隆起或小凹陷的周围，使板件表面变得光滑、平整。钣金锤的落点一定要与垫铁的衬垫面重合，实现点对点的一一对应，防止垫铁不到位而"敲空"，使趋向平整的构件表面遭到破坏。

③ 当精平作业趋于完成时，稍大一点的凹陷或隆起容易被发现，而较小的凹陷与隆起则可通过用手触摸或侧向目测来检查，必要时还可借助修平锉来修整不平部位。用修平锉不是为了将不平部位锉平，而是通过修平锉经过时产生的痕迹来显示板面的实际凹凸状况，表面留有锉痕的为隆起部位。反之为凹陷部位。

敲打修复凹陷
变形（动画）

2．板件变形的收缩维修

（1）收缩方式

由于碰撞和敲打可能会造成车身板件中间部分延展，而其周围面积未发生变化，从而出现隆起、跳动现象，造成车身表面不平整，如图 5-1-29 所示。在汽车钣金维修中，要解决板件隆起、跳动问题，需要采用收缩维修工艺。收缩方式按照作业温度可分为常温收缩和加热收缩。

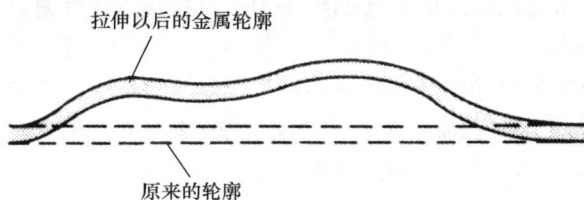

图 5-1-29　板件延展导致隆起

① 常温收缩分为打褶法和收缩锤收缩。在收缩作业中，使用垫铁顶住钢板较低的部位，用钣金锤击打较高的部位，介于钣金锤和垫铁之间的金属晶格将被压扁从而使钢板厚度增加，尺寸缩短。常温收缩效果不明显，在钣金维修中很少采用。

② 加热收缩（俗称收火）分为火焰收缩、电热收缩，火焰收缩使用氧乙炔焊火焰加热变形部位，电热收缩多用车身外形修复机配套的加热电极来加热变形部位。

火焰收缩（动画）

（2）加热收缩维修工艺流程

① 根据延展的不同情况，加热点可采用等腰三角形或梅花形等分布，如图 5-1-30 所示。加热点的直径与板材厚度成正比，1 mm 厚的薄板加热点直径控制在 10～15 mm。若收缩不到位，可适当补充收火点。然而，由于车身材料的优化（如高强度钢板等的应用，使材料越来越薄和不便于收缩）给收缩作业带来许多困难，因此在进行敲打操作时应尽可能将延展量控制在最小。

② 当加热点处的板件变为鲜红色时，立即停止加热，迅速用正托法轻轻敲击，以消除金属内应力。当加热部位颜色褪去时，尽快进行强制冷却，以便金属晶格重新排列到原始状态，如图 5-1-31 所示。

③ 加热收缩时的冷却介质主要使用水或压缩空气，用蘸水的抹布冷却的收缩效果相对较好。

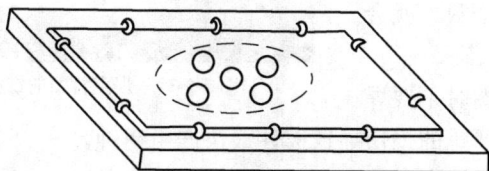

图 5-1-30　均匀分布加热点

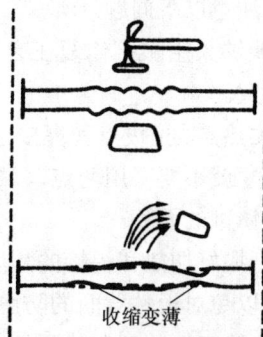

收缩变薄

图 5-1-31　敲击和冷却

3．板件变形的拉拔维修

（1）拉拔方式

车身结构中覆盖件的内部大多装有饰板或衬板，后翼子板、门槛等为多层结构，这些零件如果出现凹陷损伤，很难将凹陷顶出，垫铁也不能从内部顶托。因此，在实际的钣金维修中，对于车身外板的凹陷损伤多采用拉拔工艺进行维修。车身损伤的形式有极大的随机性，有时损伤是点状凹陷，有时损伤是侧面持续受力造成的长条形凹陷。拉拔维修也有单点拉拔和多点拉拔之分。

① 单点拉拔。对于面积较小的点状凹陷采用单点拉拔方式修复，即通过单个焊圈拉出凹陷，如图 5-1-32 所示。

② 多点拉拔。对于条形凹陷或当损伤面积较大时，需要采用多点拉拔方式来修复。与凹陷拉拔器连接的垫圈要同时焊接多个，在垫圈中穿入结实的铁杆，凹陷拉拔器的钩子钩在铁杆上，进行一次性的拉拔修复，如图 5-1-33 所示。

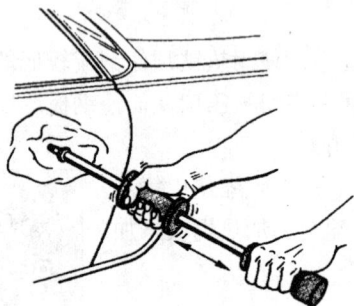

图 5-1-32　单点拉拔

图 5-1-33　多点拉拔

（2）拉拔维修工艺流程

① 根据损伤情况确定拉拔方式，将损伤部位涂层打磨到露出金属。

② 连接车身外形修复机，焊接拉拔垫圈。为了防止焊接不牢或焊穿，可先在废弃的车身板件上试焊。

③ 将凹陷拉出，稳定住凹陷拉拔器，用钣金锤轻轻敲击，以消除金属内应力。

4．维修工艺的选择

加热收缩、拉拔修复会损坏板件背面的防锈涂层，从而造成锈蚀，如图 5-1-34 所示。所以选用手动维修工艺时要注意以下问题。

① 能够采用敲打修复工艺的就尽可能不用其他的维修方式。

② 加热点、拉拔点和焊接点要尽可能少。能用一点拉拔修复就不要采用两点，减少焊点的个数，就会减小产生锈蚀的面积。

③ 把握好加热和焊接的程度。焊接垫圈时不要焊

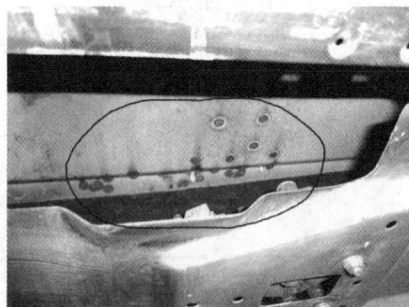

图 5-1-34　焊点背面的锈蚀

接过度，以免对板件背面的防腐涂层造成严重的损伤导致板件很快产生锈蚀。

④ 要注意控制拉拔垫圈的力度。只能将凹陷拉出即可，不能将板件拉穿，产生孔洞。

5．车身铝合金件的维修

与钢材相比，铝合金件的维修要更精细。铝合金比钢软，而且受损后由于加工硬化的影响，更难修复。铝合金的熔点低，加热时容易受热变形。在维修铝合金件时要充分考虑铝合金的这些特性。

（1）工具要求

维修铝合金件时，要用木锤、铝合金锤或塑料锤等专用的工具，受到钢颗粒污染的工具

应进行彻底清洁，否则会对铝合金板产生严重的腐蚀，如图 5-1-35 所示。

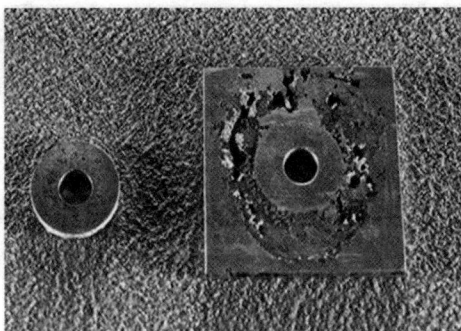

图 5-1-35   铝合金板在存在钢的情况下的锈蚀

（2）加热要求

加热铝合金件时，不能使用氧乙炔焊，要用较为安全的热风枪进行加热。为了控制加热的温度，配合使用受热变色的热敏笔或热敏纸，加热前将热敏材料涂敷或贴在损伤部位边缘以外约 25 mm 的位置，然后对损伤部位均匀加热。当热敏材料变色时，停止加热，迅速进行校正作业。

知 识 评 价

（1）汽车钣金维修用的台虎钳主要用于夹持零件进行成形、铆接、焊接、磨削等加工。（   ）

（2）维修车身铝合金件时，可选用铝合金锤、木锤、硬质橡胶锤。（   ）

（3）选择垫铁时，要保证垫铁的工作表面与所修整的钣金件形状基本一致。（   ）

（4）用角磨机研磨时，先将砂轮片贴靠在研磨部位，再打开开关，砂轮片与工件之间保持 30° 左右的角度。（   ）

（5）气动工具结构简单、坚固耐用，壳体可以当锤子使用。（   ）

（6）敲打修复工艺是车身板件损伤的首选维修方式。（   ）

（7）下列对钣金锤的选择描述错误的是（   ）。

　　A. 薄板件工件可选用硬质橡胶锤进行锤击

　　B. 有色金属工件必须选用木锤进行锤击

　　C. 对于维修钣金件上的小凹陷，可用镐锤逐个轻微敲击以修平这些微小的凹陷

　　D. 合理选择钣金锤的尺寸和锤顶曲面的隆起高度

（8）用角磨机对焊点、焊缝等进行打磨时需配套（   ）。

　　A. 研磨型砂轮　　　B. 切割型砂轮　　　C. 钢丝轮　　　　　D. 抛光轮

（9）请调研实际钣金维修中处理车身凹陷损伤的工艺，搜集拉拔工具信息，有针对性地设计或改进一款车身凹陷拉拔器。

任 务 实 践

任务案例：张先生的别克 GL8 商务车与一辆货车发生刮碰事故，其右后翼子板和右后门

受损，如图 5-1-36 所示。他去维修站，维修人员说这个损伤维修起来很简单。

图 5-1-36　车身右后翼子板和右后车门损伤

一、敲打维修板件的变形

1. 敲打维修技巧

① 小范围局部凸起的维修：采用正托法，垫铁贴紧凸起的反面，用钣金锤敲击凸起部位，如图 5-1-37 所示。敲击时力道要轻巧、均匀，频率控制在每秒两次。

② 局部凹陷的维修：垫铁抵在低处，用钣金锤敲击凸起部位，敲击时由外围逐渐向中心区域过渡，对于小的凹痕，可以直接用鹤嘴锤的尖头把凹陷处从里往外敲平，如图 5-1-38 所示。

敲打维修（微课）

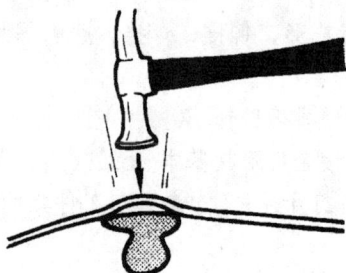

图 5-1-37　局部凸起的整形

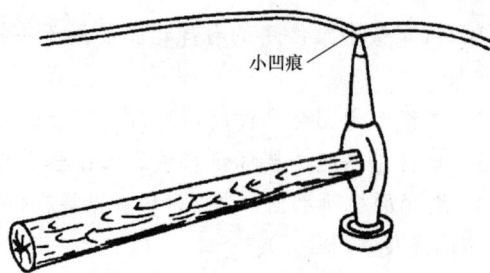

图 5-1-38　敲平小凹痕

③ 大范围凹陷的维修：在中间部位下侧用垫铁顶起，从而使原来的凹陷得到初步复位，采用偏托法，用钣金锤和垫铁相互配合将四周变高的部分逐渐敲平，使其恢复为原来的形状，如图 5-1-39 所示。

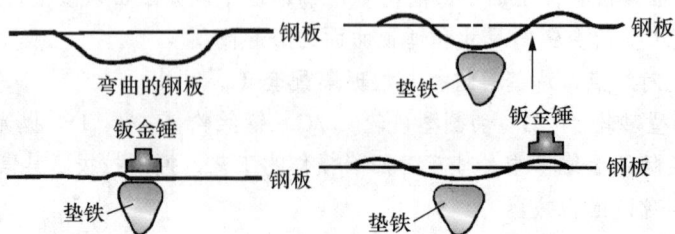

图 5-1-39　大范围凹陷的整形

2. 敲打维修实例

有一辆轿车的右前翼子板被撞，产生凹陷，如图 5-1-40 所示。手动敲打校正的方法如下。

① 将翼子板从车身上拆卸下来，放在操作平台上。从板件的背面用橡胶锤轻轻敲击凹陷，进行粗平操作，如图 5-1-41 所示。粗平操作后，要将凹陷全部敲出，敲击时用力要轻，不要损坏板件和板件上的防腐涂层。

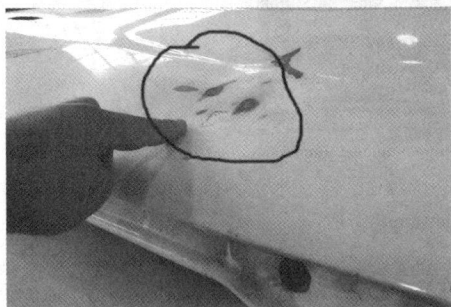

图 5-1-40 翼子板的凹陷损伤

图 5-1-41 用橡胶锤进行粗平

② 粗平之后再进行精平。在操作时选择断面合适的垫铁，使其紧贴于小凹陷的背面。根据板件的形状选择外形合适的钣金锤，轻轻敲击，如图 5-1-42 所示，修复变形，消除板件变形处的内应力。

③ 精平操作后进行维修效果的检查。精平完成后，用钢板尺贴到板件的表面，进行维修效果的检查，如图 5-1-43 所示。当板件维修后的变形程度在 2 mm 之内时，维修完成，可以进行后续工序。

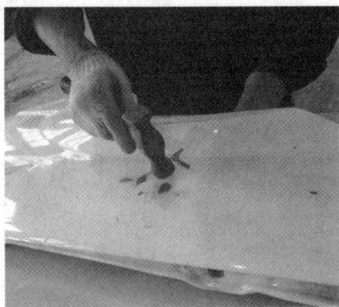

图 5-1-42 精平操作

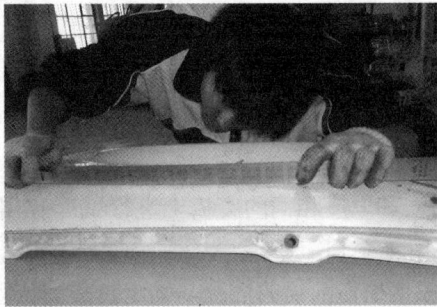

图 5-1-43 维修效果的检查

二、加热收缩维修板件的延展

1. 确定跳动部位

① 评估跳动部位的准确位置，通过按压找到跳动的中心点，并观察板件发生跳动的范围，用记号笔做好标记。

② 根据确定跳动的程度和范围，确定加热点的位置和数量。在实际工作中，加热点可采用点状分布，也可以跳动中心为原点向外划圆弧或采用几条线段加热。无论采用哪种加热方式，都要遵循加热点少的原则。

收缩维修
（微课）

2. 加热

① 采用电加热时，首先将损伤部位的涂层处理干净，连接车身外形修复机的负极，启动机器进行加热，如图 5-1-44 所示。

② 采用氧乙炔焊火焰加热时，要将火焰调整为中性焰，利用内焰加热。

③ 加热点直径与板材厚度成正比（1 mm 厚薄板直径控制在 10～15 mm），当加热点的板件变红后立刻停止加热。

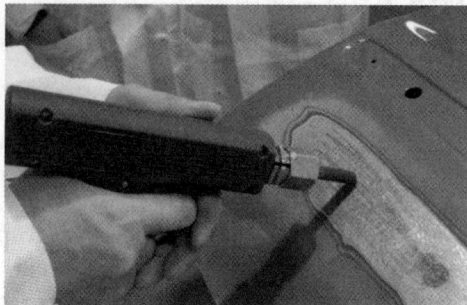

图 5-1-44　电加热

3．冷却

① 加热完成后，快速在变形部位一侧用垫铁托住（垫铁要大于变形部位或采用偏托法），用精修钣金锤轻轻敲击变形部位，用力方向要从变形部位向外，以消除板件变形的内应力。

② 待加热部位红色消失后，用蘸水的抹布或压缩空气使加热部位冷却。

③ 收缩完成后检查维修效果，若修复效果不好，则继续增加加热点，再次进行热收缩，直至修复完成。

三、拉拔维修板件的凹陷

拉拔维修
（微课）

1．连接车身外形修复机

① 在损伤板件的边缘处将涂层处理掉一小块，露出金属板材。

② 用大力钳将车身外形修复机的负极与板件牢固连接，形成回路，如图 5-1-45 所示。

③ 调整好车身外形修复机的相关参数（如果不能准确地调整参数，可以先在一块与损伤板件材质和厚度相同的废板上进行试焊），准备焊接垫圈。

2．焊接垫圈

① 根据损伤部位的情况，确定拉拔的位置和拉拔点的个数。

② 将需要拉拔部位的涂层处理掉，露出金属板材，便于焊接垫圈。

③ 焊接垫圈时要适当用力压紧板件，防止垫圈与板件之间产生火花，甚至焊接不牢固，如图 5-1-46 所示。

图 5-1-45　连接负极

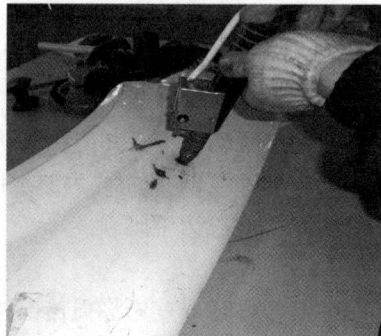

图 5-1-46　焊接垫圈

3．拉拔凹陷

① 焊接好垫圈后，将凹陷拉拔器的钩子挂在焊接好的垫圈上，按照与碰撞力相反的方向进行拉拔修复，如图 5-1-47 所示，一定要注意不要拉拔过度，以免产生板件凸起的情况。

② 当将凹陷基本上拉拔修复好了以后，用一只手稳定住凹陷拉拔器不动，再用钣金锤轻轻敲打凹陷变形的边缘，以消除板件的内应力，如图 5-1-48 所示。

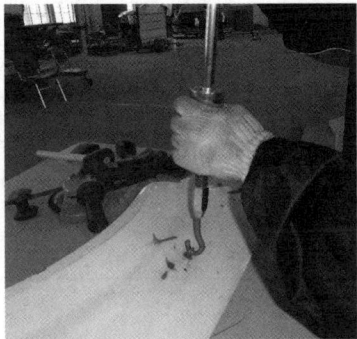

图 5-1-47　拉拔修复凹陷

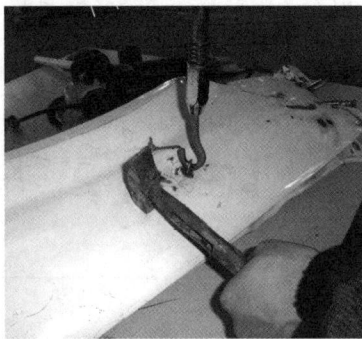

图 5-1-48　敲打消除内应力

4．修整

① 当损伤被修复完成后，用钳子将焊接好的垫圈取下。在取垫圈时要采用旋转的方式将其取下，防止将板件拉穿，如图 5-1-49 所示。

② 用修平锉将取下垫圈后留下的焊点锉平。

③ 用钢板尺按照车身流线方向检查修复的效果，保证修复后的尺寸误差在 2 mm 内，如图 5-1-50 所示。

图 5-1-49　取下垫圈

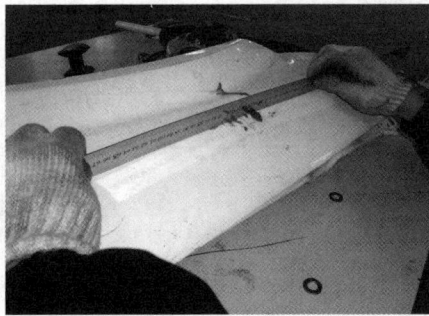

图 5-1-50　检查修复效果

能 力 评 价

请针对任务案例"张先生的别克 GL8 商务车与一辆货车发生刮碰事故，其右后翼子板和右后门受损，如图 5-1-36 所示。他去维修站，维修人员说这个损伤维修起来很简单"，依据所学知识和技能，分析并回答以下问题。

（1）此案例中的车身损伤必须拆卸车门饰板和后翼子板内衬板。（　　　）

（2）案例中的车身损伤能用到的维修工艺有（　　　）。

　　　A．敲打维修　　　B．焊接维修　　　C．拉拔维修　　　D．收缩维修

（3）如果案例中的后翼子板为铝合金材质，可选用的钣金锤为（　　　）。

    A. 尖头锤　　　　　　B. 球头锤　　　　　　C. 鹤嘴锤　　　　　　D. 橡胶锤

（4）案例中的车身后翼子板如果采用拉拔工艺维修，最好用（　　　）。

    A. 单点拉拔　　　　　B. 多点拉拔　　　　　C. 钻孔拉拔　　　　　D. 车身校正仪拉伸

（5）使用角磨机打磨案例中的车身损伤部位时，要注意（　　　）。

    A. 连接电源前检查工具的开关是否关闭

    B. 不得单手握持运转的角磨机进行打磨操作

    C. 打磨时要佩戴防护眼镜

    D. 选用切割型砂轮

| 任务 5.2　车身塑料件损伤的维修 |

【知识目标】

（1）掌握车身使用的塑料件类型。

（2）掌握塑料件的维修方法。

【能力目标】

（1）能够使用黏结方式维修损伤的车身塑料件。

（2）能够使用焊接方式维修损伤的车身塑料件。

【素质目标】

（1）培养学生动手实践能力。

（2）培养学生爱岗敬业的职业精神。

任 务 分 析

　　由于在减轻质量、降低制造成本、耐腐蚀等方面对所用材料的要求越来越高，汽车车身上轻合金和塑料的应用不断增多。车身塑料件，尤其是外部塑料件，维修难度较高，严重损伤通常要更换新件。为了节约成本，保持车身外观的一致性，车身外部塑料件损伤后也可以维修。

　　本任务需要学生了解车身结构和材料基础知识，掌握车身塑料件维修工艺。在操作中，要注意安全。遇到问题能够独立分析并解决，针对工具、工艺缺陷能够进行改进，要有爱岗敬业的职业精神。

相 关 知 识

一、车身塑料件的应用

车身使用的塑料有热塑性塑料、热固性塑料和弹性体 3 种，这些塑料在结构、温度关系和维修方法方面各不相同。

1．热塑性塑料

在热塑性塑料中添加不同的材料成分可以设计出坚硬且刚度高的，或柔软且防碰撞性能好的塑料。热塑性塑料在车身上的应用非常广泛，使用情况如表 5-2-1 所示。这种材料可以用黏结方式维修，如由聚丙烯制成的保险杠和门槛饰板，经过正确预处理后，能进行黏结和喷漆维修。

表 5-2-1　　　　　　　　　　　　**车身常用的热塑性塑料的类型和应用**

塑料类型	缩写	特性	应用示例
聚丙烯	PP	有较好的强度和化学耐腐蚀性	保险杠、车轮罩盖板、侧饰板
聚乙烯	PE	耐老化和耐化学腐蚀	燃油箱、清洗液储液壶
聚氯乙烯	PVC	耐腐蚀	底部防腐层、车内饰板

2．热固性塑料

热固性塑料是硬化塑料，温度变化时其自身变化很小。热固性塑料在车身上的使用情况如表 5-2-2 所示。

表 5-2-2　　　　　　　　　　　　**车身常用的热固性塑料的类型和应用**

塑料类型	缩写	特性	应用示例
聚氨酯	PU	减振、弹性较好、导热性较弱	密封剂、吸收能量
环氧树脂	EP	耐热、强度高、耐风蚀	点火线圈、印制电路板
聚酯树脂	PAK	耐热、强度高、耐风蚀	点火线圈、印制电路板
玻璃纤维	GF	耐热、强度高且尺寸稳定	行李箱盖、侧挡泥板、折叠式车顶盖

3．弹性体

弹性体是一种形状稳定但具有弹性变形特性的塑料，其在车身上的使用情况如表 5-2-3 所示。按规定不得维修车辆上的弹性体，通常需更换已损坏的弹性体部件。

表 5-2-3　　　　　　　　　　　　**车身常用的弹性体塑料的类型和应用**

塑料类型	缩写	特性	应用示例
聚氨酯	PU	减振、弹性较好、导热性较弱	坐垫、车顶内衬、仪表板填充物
硅	SI	较高的弹性、耐热性	发动机罩和盖板、安全带、安全气囊
聚酯	PET	抗拉、刚度较好、有较好的阻隔作用	织物、盖板、安全带、安全气囊

二、车身塑料件的维修工艺

1．塑料件的损伤

塑料件的损伤按受损部位和程度，通常分为轻度损伤、中度损伤和严重损伤 3 种类型，如图 5-2-1 所示。

（1）轻度损伤

塑料件轻度损伤通常仅在板件表面，损伤表现为有较轻的划痕、磕碰等。由于损伤程度轻，除了影响美观，不会影响正常使用，鉴定损伤时通过表面观察即可准确评估。对于轻度损伤，一般直接将凹陷打磨平整即可。

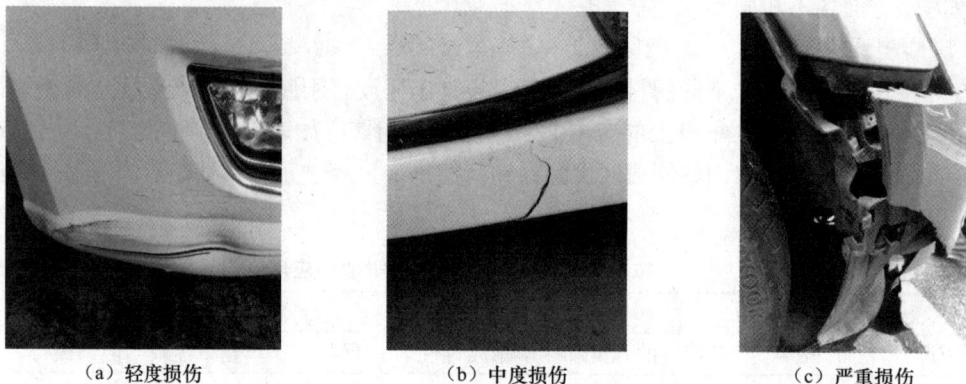

（a）轻度损伤　　　　　　　（b）中度损伤　　　　　　　（c）严重损伤

图 5-2-1　车身塑料保险杠蒙皮的不同损伤

（2）中度损伤

塑料件中度损伤位置在板件的非承重部位，损伤表现为有较重的断裂、空洞等。由于表面受损较重，可能会造成位于其后的零件已被损坏，行车中会有异响。鉴定损伤时通常无须拆卸零件，但需要观察内部零件是否有损伤。

（3）严重损伤

塑料件严重损伤时，除了包括板件彻底断裂分离，还包括与车身连接的承重部位受损。不仅零件本身受损严重，位于其后的支架、衬板等也可能被损坏，评估损伤时需要拆卸相关零件。

只有轻度损伤和中度损伤的塑料件才能维修，严重损伤的塑料件不建议维修，应更换新件。

2．塑料件损伤的维修方法

常用的车身塑料件损伤维修方法有热塑成形、塑料焊接和塑料黏结 3 种。

（1）热塑成形

热塑成形利用的是塑料受热变软的特性，适用于维修表面的软性凹陷损伤。将凹陷部位加热，可快速修复损伤部位。这种方法通常适用于热塑性塑料，对于裂缝、穿孔或刮痕无法用这种方法进行维修。

（2）塑料焊接

塑料焊接是采用塑料焊枪和塑料焊条，修复塑料件表面的裂缝、穿孔等损伤。钣金维修中多采用热空气焊接法，焊接时一般都用热空气焊枪。图 5-2-2 所示为一种典型的热空气焊枪，采用电热元件来产生 230～340℃ 的热风，热风通过焊嘴加热焊件使其软化，同时将加热的塑料焊条与熔化的塑料焊接成一体。一般可在焊嘴前端更换自动添加焊条的快速焊嘴。

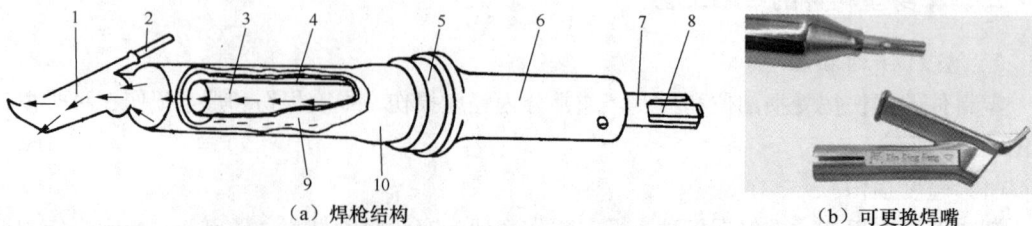

（a）焊枪结构　　　　　　　　　　　　　（b）可更换焊嘴

1—焊嘴；2—焊条；3—加热元件；4—加热腔；5—固定螺母；
6—把手；7—空气管；8—电源；9—内套管；10—外套管

图 5-2-2　热空气焊枪

并非所有类型的塑料都能进行焊接,因此需要识别塑料种类。此外,焊接强度不高,穿孔的维修难度也很大。

(3)塑料黏结

塑料黏结是采用专用的塑料黏结剂,维修经过处理的裂缝、穿孔等损伤。这种方法最适于车身外部塑料件的维修,修复后的部位强度较高,且具有很好的喷漆附着性。

3.塑料件维修时的安全防护

进行车身塑料件维修时,应保持工作场地通风,必须佩戴耐化学腐蚀的防护手套,戴好密封性良好的防护眼镜和防护口罩,还要避免黏结剂接触到眼睛和皮肤。如果黏结剂不慎进入眼睛或接触到皮肤,应立即清理并用流水冲洗。

知 识 评 价

(1)汽车车身外部应用塑料件的零件只有前后保险杠蒙皮和车外后视镜壳体。(　　　)

(2)汽车车身上应用最广泛的塑料类型为热塑性塑料。(　　　)

(3)如果保险杠蒙皮的支撑连接部位发生局部断裂损坏,可以焊接维修。(　　　)

(4)车身塑料件如果发生断裂分离,不建议维修,应更换新件。(　　　)

(5)车身塑料件的损伤按程度不同,通常分为(　　　)。

　　A. 轻度损伤　　　　B. 中度损伤　　　　C. 断裂损伤　　　　D. 严重损伤

(6)车身外部塑料件的最佳维修工艺是(　　　)。

　　A. 热塑成形　　　　B. 塑料焊接　　　　C. 塑料黏结　　　　D. 铆接

(7)请观察车身塑料件损伤案例,搜集塑料件维修工具并分析它们的优缺点。

任 务 实 践

任务案例:吴先生的长安 CS75 的保险杠被刮伤了,如图 5-2-3 所示。维修站报价更换新件加上重新喷漆需要 3500 元,如果走保险理赔可能会影响以后的保费上浮。

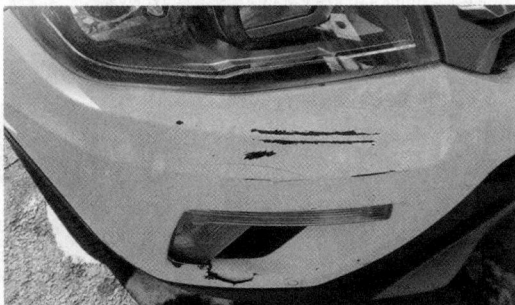

图 5-2-3　受损伤的前保险杠蒙皮

一、黏结维修车身塑料件

1.黏结前的处理

(1)清洁损坏部位

① 将受损的车身塑料件拆下,用水清洗其正面和背面,并擦干。

② 用专用塑料清洁剂对受损部位进行清洁，去除表面的油脂，如图 5-2-4 所示。静置 5 min 后再进行操作。

（2）处理损伤部位

① 如果损伤为裂缝，必须在裂缝端部钻出直径大约 6 mm 的孔，这样可以避免裂缝继续扩大，如图 5-2-5 所示。

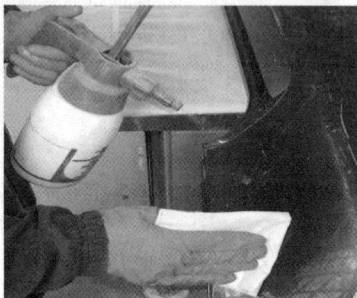

图 5-2-4　清洁处理维修部位

图 5-2-5　裂缝端部钻孔处理

② 用角磨机或粒度为 P120 的砂纸打磨维修部位。

③ 将维修部位正面和背面的边缘磨成楔形断面，如图 5-2-6 所示。钻出的孔也应磨削成楔形。

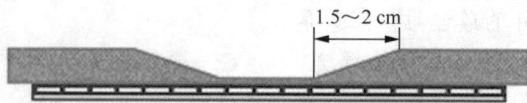

图 5-2-6　楔形断面

2．黏结操作

（1）维修背面

① 为了增加维修后的强度，在裂缝端部黏结加固条，这样可加固薄弱部位，再涂敷一层黏结剂，如图 5-2-7 所示。

② 根据损伤部位大小裁一块网状加强织物，将其放入黏结剂中，使黏结剂完全渗透整块织物，如图 5-2-8 所示。

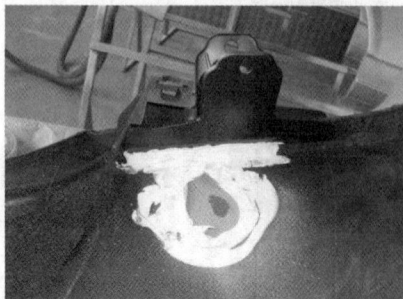

塑料件的黏结
（微课）

图 5-2-7　裂缝端部黏结加固条涂敷黏结剂

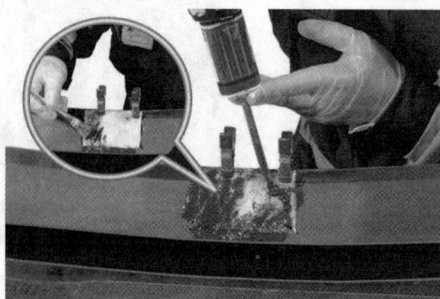

图 5-2-8　黏结网状加强织物

③ 烘干。使用红外线灯以 60～70℃ 的温度照射维修部位大约 15 min，如图 5-2-9 所示。必须先等经过处理的背面固化后，才能对维修部位正面进行黏结。

（2）维修正面

① 将黏结剂涂敷在维修部位的正面，尽量不要渗入空气，用刮刀从维修部位中部向外刮平，保证黏结剂的量足够填平缺陷部位，如图 5-2-10 所示。

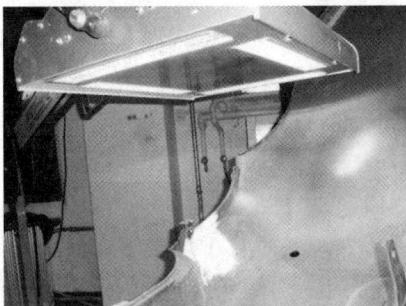

图 5-2-9　加热加速黏结剂的固化

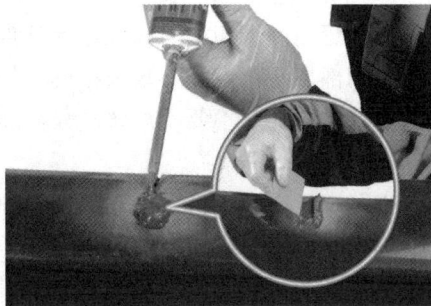

图 5-2-10　正面涂敷黏结剂

② 用红外线灯对维修部位干燥处理约 15 min，使其在室温条件下冷却下来。

③ 使用粒度为 P120 的砂纸，将维修部位粗磨出零件的原有形状，然后使用粒度为 P240 的砂纸精磨，如图 5-2-11 所示。研磨完成后清洁部件。

④ 在维修部位薄薄喷涂一层底漆，如图 5-2-12 所示。大约风干 10 min，就可以进行后续补涂面漆的操作。

图 5-2-11　研磨黏结剂

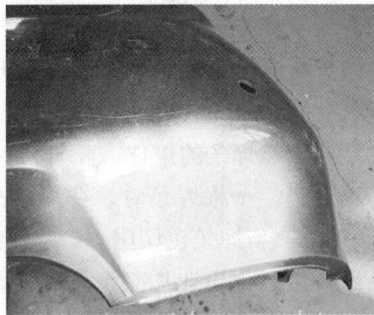

图 5-2-12　在维修部位喷涂底漆

二、焊接维修车身塑料件

1．焊接前的处理

（1）清洁损坏部位

① 将受损的车身塑料件拆下，用水清洗其正面和背面，并擦干。

② 用专用塑料清洁剂对受损部位进行清洁，去除表面的油污，以免影响焊接强度。

（2）处理损伤部位

在开始塑料焊接前要在焊缝处做出 60°左右的斜槽，在斜槽内添加融化的焊条形成焊缝。一般斜槽的形式有 V 形和 X 形两种，如图 5-2-13 所示。

① V 形斜槽可用于较薄的塑料件。

② X 形斜槽可用于较厚的塑料件，斜槽的角度大些，可以增加焊接面，强度也能提高。

③ 用夹钳对接缝进行定位固定。

2．焊接操作

（1）试焊与定位

① 为了确保焊接质量，在正式焊接前先用与维修车身塑料相同的废弃板件进行试验性焊接。

② 在接缝的两端和中间部位选择几点，进行接缝的定位，防止正式焊接时接缝错位。

③ 中间部位定位点的个数依接缝的长度而定。

④ 进行定位焊时不要用焊条，只需加热使定位点的塑料熔化并焊接到一起。

（2）连续焊接

① 接缝定好位后，将焊条端部切出 60° 左右的切口。

② 焊接时，焊嘴离焊缝 12～13 mm，焊枪倾斜 30°，焊条垂直于焊接塑料件。

③ 当焊条与塑料件焊接部位受热熔化，都略带亮光时，对焊条略施压力，焊条就会伸入焊缝。继续加热，焊条与焊缝互熔为一体，如图 5-2-14 所示。

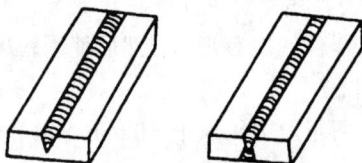

（a）V 形　　　（b）X 形
图 5-2-13　斜槽的形式

图 5-2-14　连续焊接

④ 控制焊接温度。若温度过高会引起焊缝褶皱，降低焊接强度。如果焊缝不完全互熔，焊缝中有明显的焊条形状，说明焊接热量不足。

⑤ 焊接速度和焊条的熔化应配合协调，匀速一致，一条接缝尽可能一次焊接完成。

⑥ 当需要另接一根焊条时，在焊条尚未太短而不够把持之前立即停止焊接。随后在焊条前端快速切断。新焊条也切出 60° 左右的切口，保持结合处平滑过渡。

⑦ 结束焊接时，迅速加热焊条和接缝的接触区域，停止焊条的移动。拿开焊枪，并继续保持对焊条的压力直到焊缝冷却，切断焊条。

（3）焊缝的处理

① 在焊缝的两侧出现小流线或波纹，说明压力和热度适当，焊条与塑料板完全熔合。

② 焊缝可用粒度为 P120 的砂纸打磨平整。在打磨之前，应先用刀子把多余的塑料刮掉。

③ 打磨时应注意不要引起过热，以免塑料变形，为了加快打磨速度又不损坏焊缝，可以定时加水进行冷却。

④ 粗磨后检查焊缝是否有缺陷，焊缝不应有气孔和裂纹，受到弯曲也不应该产生任何裂纹。

能 力 评 价

请针对任务案例"吴先生的长安 CS75 的保险杠被刮伤了，如图 5-2-3 所示。维修站报价更换新件加上重新喷漆需要 3500 元，如果走保险理赔可能会影响以后的保费上浮"，依据所学知识和技能，分析并回答以下问题。

（1）案例中的保险杠蒙皮损伤程度为（　　　）。

    A. 轻度损伤　　　　B. 中度损伤　　　　C. 严重损伤　　　　D. 碰撞损伤

（2）如果由你来维修案例中的保险杠蒙皮，应该采用的维修方法是（　　　）。

    A. 热塑成形　　　　B. 塑料焊接　　　　C. 塑料黏结　　　　D. 缝合

（3）使用该种维修方法的优点有（　　　）。

    A. 需要识别塑料种类　　　　　　　　B. 成本低廉

    C. 适用于多数塑料件和不同类型的损伤　D. 迅速、简单

（4）可以维修的塑料件损坏类型有（　　　）。

    A. 断裂分离　　　　B. 刮痕　　　　C. 裂缝　　　　D. 穿孔

（5）如果采用黏结工艺维修案例中的损伤，首先应该（　　　）。

    A. 分辨塑料的类型　　　　　　　　　　B. 在裂纹端部钻孔

    C. 将裂纹部位打磨出楔形断面　　　　　D. 加热裂纹部位至熔化

| 任务 5.3　汽车玻璃损伤的维修 |

【知识目标】

（1）掌握汽车玻璃的类型和标识。

（2）掌握汽车玻璃损伤的类型和维修方法。

【能力目标】

（1）能够维修汽车玻璃的划痕损伤。

（2）能够维修汽车玻璃的裂纹损伤。

【素质目标】

（1）培养学生安全生产的意识。

（2）培养学生的民族自豪感和爱国精神。

任务分析

汽车玻璃不同于其他车身零件，它在起到密封车内空间的同时，还要有良好的透视性能。汽车玻璃损伤后，大多采用更换的方式维修。但是前、后风窗玻璃整体更换成本会很高，如果损伤不严重，损伤位置不在主视区，依然有较好的维修方式。一般把玻璃中间 3/4 的区域称为主视区，这部分区域是主要的观察区，如图 5-3-1 所示。尤其是前风窗玻璃的主视区内，不能有影响驾驶人视线的因素。

本任务需要学生熟悉汽车玻璃的类型，了解玻璃拆装基础知识，掌握玻璃维修工具的规

范使用。在操作中，要注意安全，遇到问题能够独立分析并解决。本任务通过民族企业福耀玻璃案例培养学生的民族自豪感和爱国精神。

图 5-3-1　前风窗玻璃的主视区

相 关 知 识

一、汽车玻璃的类型

1．钢化玻璃

一般的汽车玻璃采用硅玻璃。硅玻璃中，其主要成分氧化硅的含量超过 70%，剩余部分为氧化钠、氧化钙、镁等。硅玻璃可加工成钢化玻璃。汽车上使用的各种类型成品玻璃，都是在钢化玻璃的基础上进一步加工制作而成的。加工完毕的成品汽车玻璃，从外观上看应没有明显的气泡和划痕。

钢化玻璃又称强化玻璃，是用物理的或化学的方法，在玻璃表面上形成一个压应力层，让玻璃本身具有较高的抗压强度，不易被破坏。当玻璃受到外力作用时，这个压力层可将部分拉应力抵消，避免玻璃的碎裂，从而达到提高玻璃强度的目的。钢化玻璃的弹性比普通玻璃大得多，一块 1200 mm×350 mm×6 mm 的钢化玻璃，受力后可发生达 100 mm 的弯曲挠度，当外力撤除后，其仍能恢复原状，而普通玻璃的弯曲变形只有几毫米。钢化玻璃的热稳定性好，受急冷急热时不易发生炸裂，其最大安全工作温度为 288℃，能承受 204℃ 的温差变化。

使用时应注意的是钢化玻璃不能切割、磨削，边角不能碰击挤压，需按现成的尺寸规格选用或提出具体设计图纸进加工定制。

2．夹层玻璃

夹层玻璃是在钢化玻璃的基础上，按汽车的尺寸和其他要求，在两片钢化玻璃之间，用聚乙烯醇缩丁醛（polyvinyl butyral，PVB）树脂胶片，经过加热、加压黏合而成的平面或曲面的复合玻璃制品，如图 5-3-2 所示。夹层膜片能够缓冲撞击能量，防止玻璃碎片伤人。如果膜片的抗冲击能力足够强或者具有消音功能，还可制成防弹玻璃或隔音玻璃等特种玻璃。

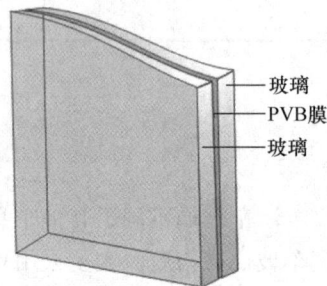

图 5-3-2　夹层玻璃的结构

（1）汽车前风窗玻璃

汽车玻璃以前风窗玻璃为主，多使用由两层钢化玻璃制作的夹层玻璃。前风窗玻璃一般都做成整体一幅式的大曲面形，上、下、左、右都有一定的弧度，如图 5-3-3 所示。这种曲面玻璃不论从加工过程还是从装配工艺来讲，都是对技术要求十分高的产品。轿车的曲面风窗玻璃要做到弯曲拐角处的平整度足够高，不能出现光学上的畸变，从驾驶座上的任何角度观看外面的物体均不变形、不眩目。同时要求前风窗玻璃的透光率不得低于 70%。

图 5-3-3　前风窗玻璃

（2）汽车后风窗玻璃

将细小的电热丝安装在夹层玻璃中的膜片上，通过电阻器与电路连接，制成加热玻璃。加热玻璃多用在汽车后风窗上，从外观上看，加热玻璃的加热线分布在玻璃的表面。加热玻璃有夹丝加热和印刷材料加热两种不同的方式。

将信号接收天线装入玻璃的夹层中制成天线玻璃，可收听电台节目。天线通常安装在后风窗玻璃上，如图 5-3-4 所示，有的也会安装在前风窗玻璃或者车窗玻璃上。天线的类型有内嵌天线、印刷天线和透明导电膜天线等几种。内嵌天线玻璃是在风窗玻璃中内嵌密封式天线，天线被放置在内层玻璃和 PVB 膜之间。印刷天线玻璃是将金属涂料印刷到玻璃（一般是后风窗玻璃）的内表面上，然后在玻璃成形炉中经 650～700℃ 的高温烧结，金属涂料就可以完全烧结在玻璃表面。透明导电膜

图 5-3-4　后风窗玻璃上的天线

天线可以做到完全透明，位于风窗玻璃的内外玻璃板之间，这种薄膜既可以用于遮挡阳光，又可以作为天线使用，但是这种工艺的成本相对较高，应用较少。

3.　特殊性能玻璃

（1）憎水玻璃

使用憎水玻璃，下雨时雨水会迅速从玻璃上滑落，在风力的作用下，玻璃表面的水滴更容易被吹散，而不易黏附在玻璃上，从而使视野更加清晰。憎水玻璃的制作方法有以下两种。

① 在玻璃表面涂覆低表面能物质，使玻璃表面具有较低的表面自由能。水滴落到玻璃上时，水滴和玻璃无法亲和，从而实现"憎水"的效果。

② 使玻璃表面具有纳米级的微观凸凹表面。水滴落到玻璃上时，水滴与玻璃的接触角更大，因而玻璃表现出非常好的"憎水"效果。

（2）隐私玻璃

隐私玻璃两侧附有特殊涂层，使玻璃变为暗色，在提高车内隐私性的同时，避免了阳光

射入车内，能让车内乘客拥有一个更安全、更舒适的车内环境。隐私玻璃多用在汽车后排车窗部位，如图 5-3-5 所示。

图 5-3-5　汽车后排车窗的隐私玻璃

（3）环保玻璃

环保玻璃是指能够间接节能的玻璃，包括吸热玻璃和热反射玻璃。有许多轿车的风窗玻璃通过镀膜、采用反射涂层工艺或改善玻璃的成分，只让太阳可见光进入车厢内，挡住紫外线和红外线，在很大程度上减轻了乘车人员受到的炎热之苦。这种称为"绿色玻璃"的现代轿车玻璃，已经被广泛使用。

① 吸热玻璃能吸收大量红外线和一定量的紫外线，并保持较高可见光透过率。吸热玻璃的颜色和厚度不同，对太阳辐射的吸收程度也不同。制作吸热玻璃的方法有两种：一种是在普通钠钙硅酸盐玻璃的原料中加入一定量的有吸热性能的着色剂；另一种是在平板玻璃表面喷镀一层或多层金属或金属氧化物薄膜。吸热玻璃已广泛用在汽车、轮船等的风窗玻璃上，起到隔热、防眩、采光及装饰等作用。

② 热反射玻璃有较高的热反射能力且又能保持良好的透光性，通过在玻璃表面涂上金、银、铜、铝、铬、镍和铁等金属或金属氧化物薄膜制作而成。热反射玻璃的热反射率高，因而常用它制成中空玻璃或夹层玻璃，以增强汽车的隔热性能。

二、汽车玻璃的标识

汽车玻璃的标识包括汽车生产玻璃标识和玻璃产品情况标识两部分，一般将这些标识印在玻璃成品下角的内侧，如图 5-3-6 所示。

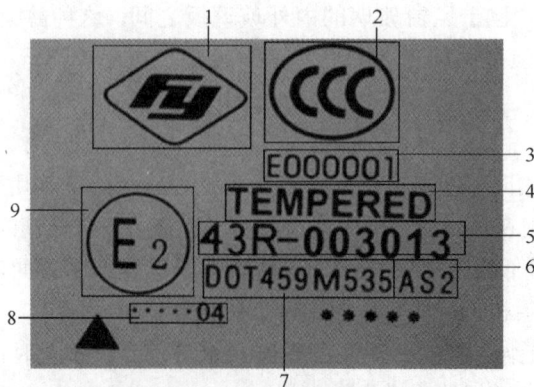

1—玻璃制造商标识；2—中国 3C 认证标识；3—3C 认证代码；4—玻璃结构标识；5—欧盟认证代码；
6—玻璃性能标识；7—美国认证代码；8—玻璃生产日期标识；9—欧盟成员国代码
图 5-3-6　汽车玻璃标识

1. 汽车玻璃生产标识

国产汽车玻璃生产标识分为安全认证标识和企业标识，安全认证标识分为国内和国外两部分，只有经过相关国家或组织的安全认证该玻璃才能在相应国家或地区销售。企业标识包括汽车生产企业标识和玻璃生产企业标识。

（1）国内的安全认证标识

汽车用安全玻璃属于国家强制认证产品，所以每块汽车玻璃都应有国家安全认证标识，也就是俗称的 3C 标识。3C 标识是汽车玻璃最常见的质量认证标识。代码中的"E"代表安全玻璃认证，后边的 6 位数字是生产企业代码。国内部分汽车玻璃生产企业的安全认证代码见表 5-3-1。

表 5-3-1　　　　　　　　国内部分汽车玻璃生产企业的安全认证代码

代码	生产商	代码	生产商
E000001	福耀玻璃工业集团股份有限公司	E000005	河南省荥阳北邙汽车玻璃总厂
E000002	上海耀皮康桥汽车玻璃有限公司	E000006	无锡市新惠玻璃制品有限责任公司
E000003	浙江昌盛玻璃有限公司	E000007	广东伦教汽车玻璃有限公司
E000004	常州工业技术玻璃有限公司	E000009	桂林皮尔金顿安全玻璃有限公司

（2）国外的安全认证标识

国外的安全认证标识有欧洲经济委员会（Economic Commission of Europe，ECE）安全认证标识、美国交通部（Department of Transportation，DOT）安全认证标识等。拥有这些标识表示该产品也经过这些国外认证机构的认证与许可，并可以向国外出口。

① 标识中的"E"代表欧洲，表示许可出口到相应国家（当然有的仅代表其生产水准），数字是国家代码，如表 5-3-2 所示。后面的字母和数字代表玻璃的认证代码。

表 5-3-2　　　　　　　　　　部分 ECE 安全认证标识

代码	国家	代码	国家
E1	德国	E5	瑞典
E2	法国	E6	比利时
E3	意大利	E9	西班牙
E4	荷兰		

② 标识中的"DOT"代表美国交通部，后面的数字是生产企业代码，如表 5-3-3 所示。

表 5-3-3　　　　　　　　部分 DOT 安全认证标识生产企业代码

代码	生产商	代码	生产商
DOT18	PPG 工业公司	DOT628	河北通用玻璃工业有限公司
DOT20	旭硝子有限公司（日本东京）	DOT640	洛阳玻璃股份有限公司
DOT459	福耀集团有限公司	DOT657	扬州唐城安全玻璃制造有限公司
DOT477	秦皇岛海燕安全玻璃有限公司	DOT721	常州鸿协安全玻璃有限公司
DOT478	常州工业技术玻璃厂	DOT747	福耀集团（上海）汽车玻璃有限公司

（3）企业标识

① 汽车生产企业标识是指玻璃生产企业应汽车生产企业要求在玻璃产品上印制的该汽车生产企业的标识，如商标、公司名称等。

② 玻璃生产企业标识指玻璃生产企业会在自己生产的玻璃上印制自己的商标或公司简称，如"FY"就是"福耀"的简称。

2．玻璃产品情况标识

玻璃产品情况标识包括玻璃类型标识、玻璃性能标识、生产日期标识等。

① 玻璃类型标识。夹层玻璃用"LAMINATED"标识，钢化玻璃用"TEMPERED"标识。

② 玻璃性能标识。例如"AS*"代表的是玻璃的透光率，其中，"AS1"代表的是这块玻璃的透光率不小于70%，可用于前风窗玻璃，"AS2"代表透光率小于70%的玻璃，它可用于除前风窗玻璃外的其他部位。

③ 生产日期标识。其中的数字代表生产年份，从0到9，十年一循环。例如2代表1992年、2002年、2012年、……，具体的年份要根据车辆生产年份确定，一般玻璃的生产日期应该在车辆生产日期前的6个月之内。月份则要根据数字是在黑点前还是黑点后来决定。黑点在数字前，表示玻璃是上半年生产的，用7减去点的个数即具体月份。黑点在数字后，表示玻璃是下半年生产的，用13减去点的个数即具体月份。

> ⚡ **注　意**
>
> 不同的厂家可能会有不同的标注方法，此处只列举这种最常见的生产日期的表示方法。

通过读取图5-3-6所示的玻璃标识，利用玻璃标识的相关知识，可以知道这块玻璃是由福耀集团长春有限公司生产的，经过了中国、美国和欧盟的质量认证，能用在车身除前风窗以外的部位，生产日期是2004年（或2014年，具体根据车辆生产日期确定）2月份。

三、汽车玻璃的损伤

1．汽车玻璃的霉变损伤

发霉后的玻璃制品表面会失去光泽，不透明，呈现彩虹、白斑或贴片现象（不易分离）等。

（1）玻璃霉变的过程

水吸附在玻璃表面，随后水向玻璃内扩散，玻璃表面的可溶性硅酸盐被水解和破坏。首先是硅酸钠和硅酸钾等被水解和破坏，生成苛性钠（氢氧化钠）并分离出二氧化碳硅。分离出来的二氧化碳硅生成硅氧凝胶，在玻璃表面形成保护性薄膜，它阻止了进一步的侵蚀作用。

水解形成的苛性钠，与空气中的二氧化碳作用生成碳酸钠，聚集在玻璃表面，构成表面膜中的可溶性盐。由于它具有强吸湿性，吸收水分而潮解，最后形成碱液小滴。当周围的温度、湿度改变时，这些小滴的浓度也随之变化。如果浓缩的碱液小滴和玻璃长期接触，凝胶状硅氧薄膜会被溶解，从而使玻璃表面发生严重的局部侵蚀，形成斑点。

（2）霉变程度的检查

采用目测法，在集中的强光下，将霉变的玻璃放置在反射光和透射光中观察玻璃表面有无斑点和雾状物。这些斑点和雾状物用布或水擦不掉，表示玻璃已经发霉。如果在集中的强光下，肉眼观察到少数斑点和薄雾状物，这属于轻微发霉。如果在集中的强光下，肉眼观察到很多斑点和轻雾状物，这属于中度发霉。如果在没有集中的光束照射下，肉眼观察到一些斑点和雾状物，这属于严重发霉。

2．汽车玻璃的划痕损伤

汽车玻璃的划痕损伤是由于受到硬物摩擦，玻璃表面产生了很浅的印痕。这类损伤常见于前风窗玻璃上，多是由刮水器造成的，如在未喷玻璃清洗液的情况下用刮水器刮脏污的风窗玻璃，就很容易产生划痕。玻璃划痕不但影响美观，更重要的是影响驾驶人视线，给行车安全带来隐患。玻璃划痕按程度的不同可以分为轻度划痕、中度划痕和重度划痕。

（1）轻度划痕

调整角度从侧面能够观察到，但是用手指肚和指甲感觉不出来，划痕深度在 100 μm 以内，这种划痕为轻度划痕。此种划痕可以通过抛光去除，修复后的玻璃基本无变形，不影响行车安全。

（2）中度划痕

中度划痕比较容易观察到，手指肚感觉不出来，但是用指甲轻刮时能感觉得到。划痕深度为 100～150 μm。此种划痕可先用细研磨片磨掉，再通过抛光膏把玻璃抛亮。修复后的玻璃会有很轻微的变形，对行车安全影响不严重。

（3）重度划痕

重度划痕能够明显观察到，手指肚和指甲能明显感觉到，如图 5-3-7 所示。划痕深度在 150 μm 以上。此种划痕可先用粗研磨片磨掉缺陷，再用细研磨片消除粗研磨片的打磨痕迹，最后通过抛光膏把玻璃抛亮。修复后的玻璃会有轻微的变形，即透过玻璃看直的物体会觉得物体有些弯曲。

图 5-3-7　前风窗玻璃上的重度划痕

如果超过中度的划痕在主视区内，尽可能直接更换。

3．汽车玻璃的裂纹损伤

玻璃的特性是硬度高、透明度高。但是玻璃材质也非常脆，"宁碎不弯"，当受到外力撞击时容易受损伤，且受损后维修难度大。汽车玻璃的裂纹损伤是由于玻璃受到外力作用，从外表到内部产生分裂，严重的会从外表面到内表面完全裂开。并且，裂纹会随着继续受力而逐渐扩大，甚至造成整块玻璃完全断开。玻璃裂纹损伤也会严重影响美观，并且给行车安全带来更多的隐患。

一般汽车玻璃会出现线形裂纹、圆形裂纹和星形裂纹 3 种，更多的是多种损伤同时出现，维修难度大，维修后的效果也不会让人满意。

（1）线形裂纹

线形裂纹多见于用黏结方式安装的汽车风窗玻璃，如图 5-3-8 所示。在使用中玻璃受到剧烈振动后局部受力不均、玻璃表面温度变化过大、重新安装的玻璃位置不佳等，这些都会导致玻璃产生线形裂纹。线形裂纹出现后，若不及时处理，裂纹会不断变大，最后造成整块玻璃报废。

（2）圆形裂纹

圆形裂纹指玻璃表面受到外物撞击，导致其表面缺损，形成边缘比较规则的圆形凹陷，如图 5-3-9 所示。

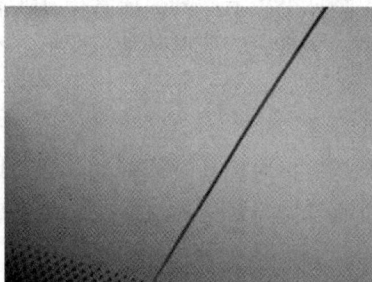

图 5-3-8　线形裂纹

图 5-3-9　圆形裂纹

（3）星形裂纹

玻璃受到外物撞击后，形成以撞击点为中心向四周发散的裂纹，这种裂纹称为星形裂纹，如图 5-3-10 所示。

图 5-3-10　星形裂纹

知 识 评 价

（1）加工完毕的成品汽车玻璃，从外观上看应没有明显的气泡和划痕。（　　　）

（2）国家标准规定，汽车前风窗玻璃的透光率不得低于90%。（　　　）

（3）为了保证驾驶室的私密性，全车都可使用隐私玻璃。（　　　）

（4）我国的福耀汽车玻璃以质量好、价格合理闻名于世，可以在全世界所有地区销售。（　　　）

（5）汽车玻璃的主视区是主要的观察区，通常指（　　　）。

    A. 玻璃中间的 1/2 区域　　　　　　B. 玻璃中间的 3/4 区域

    C. 前风窗玻璃　　　　　　　　　　D. 后风窗玻璃

（6）玻璃标识中的"LAMINATED"表示该玻璃是（　　）。

  A. 憎水玻璃　　　B. 风窗玻璃　　　C. 夹层玻璃　　　D. 钢化玻璃

（7）请观察或搜集汽车玻璃损伤案例，搜集汽车玻璃维修工具并分析它们的优缺点。

任 务 实 践

任务案例：黄先生的现代伊兰特轿车前风窗玻璃下方被石子崩出了小裂纹，过几天他发现裂纹逐渐变大，如图 5-3-11 所示，更换新玻璃的成本很高，他还担心更换后会出现质量问题。

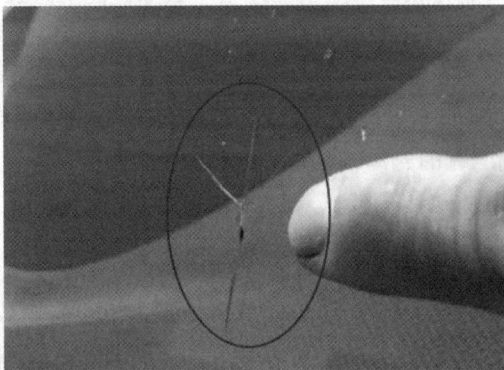

图 5-3-11　前风窗玻璃裂纹损伤

一、修复玻璃划痕损伤

维修玻璃划痕损伤时，先使用研磨片将划痕研磨掉，再使用抛光膏将玻璃抛亮。同时，玻璃划痕损伤的维修方法也适用于玻璃霉变损伤修复。

1. 玻璃划痕的抛光

（1）抛光前的准备

① 将要修复的玻璃周围用胶带围住，以免抛光玻璃时弄脏汽车与周围环境。

② 要认真清洗玻璃需要抛光的表面，不能有任何灰尘或沙粒等附着在表面。

③ 在抛光玻璃前，先用记号笔在玻璃背后圈出要修复的部位，避免扩大维修区域。

④ 玻璃抛光研磨片一般用直径为 2 英寸（约 50.8 mm）的砂纸。不同的研磨片有不同的切削能力，研磨后留下的痕迹也不同。研磨痕迹粗的切削能力强，适用于重度划痕的研磨。研磨痕迹细的切削能力弱，适用于中度划痕的研磨。选择时，可以通过研磨片背面的标号进行区分，标号用"P***"来表示，P 后面的数字越大研磨片越细，数字越小研磨片越粗。有些产品通过不同的颜色来区分研磨片的粗细，如图 5-3-12 所示。

图 5-3-12　研磨片

彩图 5-3-12

⑤ 玻璃划痕抛光剂内部含有能够去除细磨片研磨痕迹的磨料，能够提高玻璃研磨后的光泽度，需要配合研磨机和羊毛抛光轮使用。

⑥ 研磨机可调速电动抛光机，转速在 800～3000 r/min，功率在 300 W 以上，前端装配直径为 2 英寸且采用自粘扣的圆形磨垫，便于安装研磨片。

（2）打磨划痕

① 对于重度划痕，先用粗研磨片研磨，研磨机转速控制在 1500 r/min 以内。

② 研磨时使用中等压力，研磨片与玻璃表面应持平。

③ 使用粗磨片将划痕基本磨平后，按次序逐步更换更细的研磨片，适当扩大研磨范围，以去除前面的磨片痕迹。同时，研磨机的转速也要同步提高。

④ 当用最细的磨片研磨完成后，划痕已经基本去除，但研磨表面光泽度不高。

（3）抛光打磨痕迹

① 为研磨机更换羊毛抛光轮，在玻璃研磨部位施放抛光剂，并涂抹均匀。

② 平放抛光轮，启动研磨机，并慢慢移动。抛光处形成白色浆料，如图 5-3-13 所示，继续抛去浆料直至出现玻璃应有的光泽。

③ 若光泽欠佳，则重复抛光。

图 5-3-13　抛光处形成白色浆料

2．玻璃划痕抛光注意事项

① 根据划痕的程度、位置和长度判断是否能够维修。如果划痕在主视区，并且较深、较长，维修时要慎重。

② 划痕抛光前要彻底清洁玻璃表面，包括周边的饰条，不能有硬颗粒物。

③ 划痕抛光的范围不要过大，以能够将划痕处理掉为准。

二、修复玻璃裂纹损伤

玻璃裂纹损伤的修复主要是在裂缝中填补玻璃黏结剂，以消除缝隙。填补缝隙所用的材料是一种透明度很高的液态胶质，靠紫外线加热可迅速凝固，强度可达到原玻璃的 90% 以上，并且保证玻璃的透光性良好。

1．玻璃裂纹黏结

（1）钻孔止裂

① 保护好仪表板等内饰，防止在施工时玻璃黏结剂滴落到内饰表面造成损伤。

② 准备好玻璃裂纹修补用的材料和设备，如专用钢化玻璃钻头、黏结剂、紫外线灯等。

③ 汽车玻璃如果产生线形裂纹，可以在裂纹端钻孔，防止裂纹继续扩大。其他形式的

裂纹则不能用钻孔的方式来止裂。钻孔时用直径为 4～6 mm 的专用空心圆形钻头，从外向内打孔。

④ 汽车上有些玻璃采用的是夹层玻璃，例如大部分轿车的前、后风窗玻璃，有可能只有一层有裂纹，这种情况则只能钻有裂纹的玻璃。如果两层都裂了，则分别从两面向中间夹层打孔。

⑤ 将玻璃表面清洁干净，尤其是有裂纹的部位。清洁干净以后，玻璃表面要保持干燥。

（2）黏结修复

① 将玻璃裂纹修补支架固定在需要修补的裂纹处，调整好位置和高度，确保安装牢固，如图 5-3-14 所示。

图 5-3-14　安装支架

② 在支架上安装加注器，保证加注器的加注口与裂纹对正。

③ 用真空注射器将玻璃裂纹内的空气抽掉。如果裂纹较长、损伤较重，并且所处部位玻璃弧度较大，可以多次抽真空。为防止裂纹继续扩展，要控制好力度。

④ 在裂纹处填充玻璃黏结剂（液态胶质）。要加压、减压配合进行，同时注意加压的力度。经过反复几次抽压后，裂纹内至少会有 90% 的空间填充了黏结剂。裂纹逐渐变小，直至消失，如图 5-3-15 所示。

⑤ 用紫外线灯上、下、左、右各照射 2 min，让黏结剂凝固，如图 5-3-16 所示。

图 5-3-15　填补裂纹

图 5-3-16　紫外线灯照射

> ⚡ **注　意**
>
> 因为紫外线对人体有伤害，在使用时要注意做好防护，切记不可直接照射人体。

⑥ 黏结剂凝固后，伤口的中心点还会有一个小缺口，这时再滴入浓度较高的黏结剂，盖上玻璃片，同样用紫外线灯照射烘干。

⑦ 用刀片将表面多余的玻璃黏结剂刮除，如图 5-3-17 所示，涂上玻璃专用抛光剂，用布磨光即可。

图 5-3-17　刮平

（3）缺陷处理

① 对于圆形裂纹，玻璃黏结剂固化后，表面可能会产生气泡、凹坑和水纹等。黏结剂固化后产生的气泡，主要是由裂纹内部空气没有完全抽干净导致的。为了防止气泡的产生，注胶口要完全覆盖住裂纹，保证抽空气抽得彻底。

② 对于黏结剂固化后产生的凹坑，可以在裂纹处覆盖一块透明的薄塑料片，在塑料片和凹坑之间填补黏结剂，保证将凹坑填平。

③ 黏结剂固化后产生的水纹是由于表面处理得不平滑。使用锋利的刀片刮平，再进行抛光处理。注意，使用的刀片刃口要光滑，以免将玻璃表面划伤。

2．玻璃裂纹黏结注意事项

裂纹修复后，无论是在外观还是在强度上都不能完全恢复到玻璃的原始状态。线形裂纹修复后会留下一条隐隐约约的线，只有在某个反光角度，才看得到修补的痕迹，平时看到的仍然是一块"天衣无缝"的好玻璃。通常圆形裂纹在修复完成以后会留下一个小小的圆形痕迹，如图 5-3-18 所示。星形裂纹修复后会留下蛛丝状的痕迹。

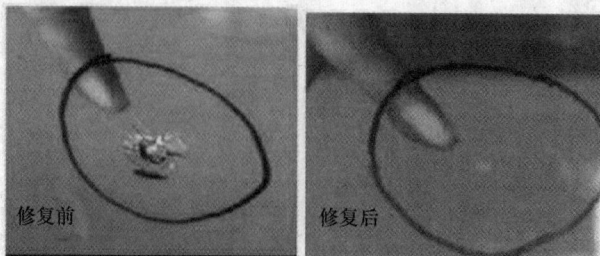

修复前　　　　　修复后

图 5-3-18　圆形裂纹修复前后

①　对于玻璃已经裂穿的损伤，要及时维修，防止裂纹继续扩大。

②　前风窗玻璃的裂纹大于 3 cm，裂纹形状较复杂，或者所处的部位玻璃弧度较大，都应该由经验丰富的专业人员操作。

③　玻璃修复不是对任何破损做的，一旦玻璃已经断裂分离，或是破成碎片，都是不可修复的，如图 5-3-19 所示。而且若是裂痕太大，修补费用也许会与换新玻璃不相上下，何况还会留下疤痕。因此，汽车玻璃的修补，只有在破损不大的情况下采用，方可省时、省钱。

图 5-3-19　破损严重的汽车玻璃

能 力 评 价

请针对任务案例"黄先生的现代伊兰特轿车前风窗玻璃下方被石子崩出了小裂纹，过几天他发现裂纹逐渐变大，如图 5-3-11 所示，更换新玻璃的成本很高，他还担心更换后会出现质量问题"，依据所学知识和技能，分析并回答以下问题。

（1）案例中的汽车玻璃类型为（　　　）。

　　A. 夹层玻璃　　　　　B. 隐私玻璃　　　　　C. 环保玻璃　　　　　D. 憎水玻璃

（2）案例中的玻璃损伤是否能维修？原因是什么？

（3）如果由你来维修案例中的玻璃，应该采用的维修方法是（　　　）。

　　A. 抛光　　　　　　　B. 焊接　　　　　　　C. 黏结　　　　　　　D. 缝合

（4）为了防止玻璃裂纹进一步扩大，需要（　　　）。

　　A. 彻底清洁玻璃　　　　　　　　　　B. 将裂纹打磨成楔形

　　C. 在裂纹端部钻孔　　　　　　　　　D. 加热裂纹端部

（5）如果案例中的汽车玻璃只是外层裂了，维修时要（　　　）。

　　A. 分别从两面向中间夹层钻孔　　　　B. 只在外层钻孔，不要损伤中间的黏结层

　　C. 两层玻璃都需要添加黏结剂　　　　D. 只在外层添加黏结剂

|项目拓展——福耀玻璃，民族骄傲|

福耀集团是国内规模大、技术水平高、出口量大的汽车玻璃生产供应商，产品商标"FY"是我国汽车玻璃行业的"中国驰名商标"，多次被授予"中国名牌产品"称号。福耀产品被中

国质量协会评选为"全国用户满意产品"。印着"FY"商标的汽车玻璃在主导国内汽车玻璃配套、配件市场的同时，还成功挺进国际汽车玻璃市场，在竞争激烈的国际市场占据了一席之地。在国内的整车配套市场中，福耀为各著名汽车品牌提供配套产品，其市场份额占据了全国的半壁江山。在国际汽车玻璃配套市场中，福耀已经取得了世界多家汽车厂商的认证，福耀已经成为众多一线汽车品牌汽车玻璃的合格供应商。

福耀商标

项目 6
汽车车身钣金零件制作工艺

在汽车钣金维修工作中，有时切割更换损坏板件的一部分，就需要维修人员用金属板制作出形状一致的钣金零件，再与车身进行组装。按照钣金零件的制作流程，本项目主要介绍车身钣金零件的下料、车身钣金零件的成形和车身钣金零件的焊接。

| 任务 6.1　车身钣金零件的下料 |

【知识目标】

（1）掌握钣金零件展开图的画法。
（2）掌握钣金零件划线的方法。

【能力目标】

（1）能够画出钣金零件的展开图并在板件上排版划线。
（2）能够切割车身板件并按展开图在板件上下料。

【素质目标】

（1）培养学生创新思维和解决问题的能力。
（2）培养学生精益求精的工匠精神。

任 务 分 析

制作需要的钣金零件，必须先根据其形状画出展开图，然后在板件上根据展开图划线，按线进行切割下料。只有下料精准，制作出的零件才能与车身损伤部位的尺寸吻合。

本任务需要学生了解机械制图相关知识，能够规范使用钣金工具进行钣金零件的下料。在操作中，要注意安全，遇到问题能够独立分析并解决，锻炼自身动手能力。在工作中要具有精益求精的工匠精神。

相关知识

一、钣金零件展开图

将物体所有表面的实际形状和大小依次画在一个平面上，得到的图形称为物体的表面展开图，简称展开图，其工作过程称为"放样"。图 6-1-1（a）所示是高为 H、边长为 A 的正六棱柱的展开示意图，图 6-1-1（c）所示是根据该正六棱柱的投影画出的展开图。可见，物体表面展开的实质就是画出物体各表面的线段实长及其实形。根据钣金零件的形状和特点可采用平行线展开法、放射线展开法、三角形展开法等将其展开。

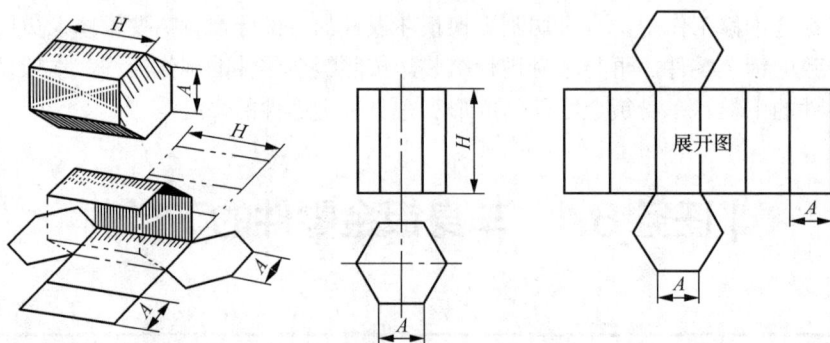

（a）正六棱柱的展开示意图　（b）正六棱柱的主视图和俯视图　（c）正六棱柱的展开图

图 6-1-1　正六棱柱表面的展开

1．平行线展开法

（1）平行线展开法的基本原理

平行线展开法的基本原理是将零件的表面看作由无数条相互平行的素线组成的图形，取两相邻素线及其两端线所围成的微小面积作为平面，只要将每一个小平面的真实大小依次按顺序画在平面上，就可得到零件表面的展开图。所以，只要零件表面的素线或棱线互相平行，如各种棱柱体、圆柱体、圆柱曲面等，都可以用平行线展开法。

（2）直角弯管的展开画法

直角弯管是由两个相同的圆柱体组成的，如图 6-1-2 所示。在展开画线时，只需画出一部分即可。

① 按弯管尺寸要求作投影图的主视图和俯视图（按国家制图标准，允许只画半个圆）。

② 把主视图的投影线 AB、AD、BC 表示出来。

③ 等分俯视图半圆周为四等份或八等份，得出各等分点为 1、2、3、4、5 或 1、2、3、…、8、9。

④ 通过各等分点，向上作垂线，交于线段 CD，分别得到相应各点 1′、2′、3′、4′、5′或 1′、2′、3′、…、8′、9′。

⑤ 延长线段 AB，在 AB 的延长线上截取线段 EF，其长度等于圆管的周长。若俯视图是半圆，它等分的份数为俯视图等分份数的二倍；若俯视图是圆，则它等分的份数与俯视图相同，然后为各等分点逐次标明编号。

⑥ 在线段 EF 上各等分点处向上作垂线，并与主视图线段 CD 上各点向右引出的水平线对应相交，得出各交点。

⑦ 把这些交点用曲线板连成一条光滑的曲线，即画出所求的展开图。

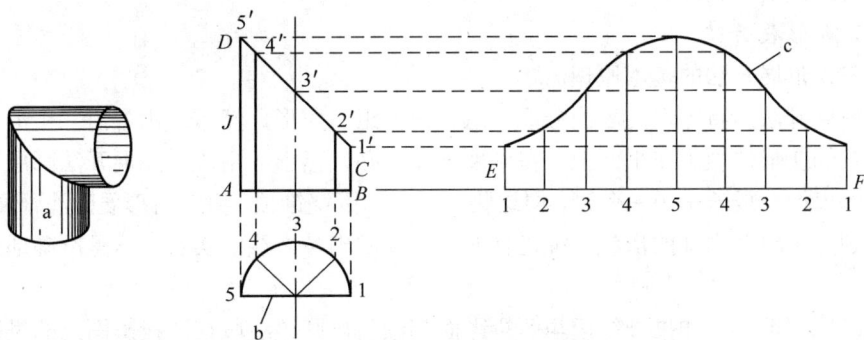

a—直角弯管；b—半圆俯视图；c—展开图
图 6-1-2　直角弯管的展开

不论弯管的直径和所弯的角度怎样，展开图都可以用上述方法画出。展开图画好后，如要求进行折边，应按折边宽度，加上折边尺寸。

2．放射线展开法

（1）放射线展开法的基本原理

放射线展开法适用于零件表面的素线相交于一点的形体，如圆锥、椭圆锥、棱锥等的展开图。放射线展开法的展开原理是从零件表面锥顶处作出一系列放射线，将锥面分成一系列小三角形，每一个小三角形都作为一个平面，将各三角形依次展开画在平面上，就得出所求的展开图。

（2）圆锥管的展开

圆锥的特点是锥顶到底圆任意一点的距离都相等，所以圆锥管展开后的图形为扇形，如图 6-1-3（a）所示，它的展开图可通过计算或作图求得。如图 6-1-3（b）和图 6-1-3（c）所示，展开图的扇形半径等于圆锥素线的长度，扇形的弧长等于圆锥底圆的周长 πd，扇形中心角 $\alpha = 360\pi d/2\pi R = 180d/R$。

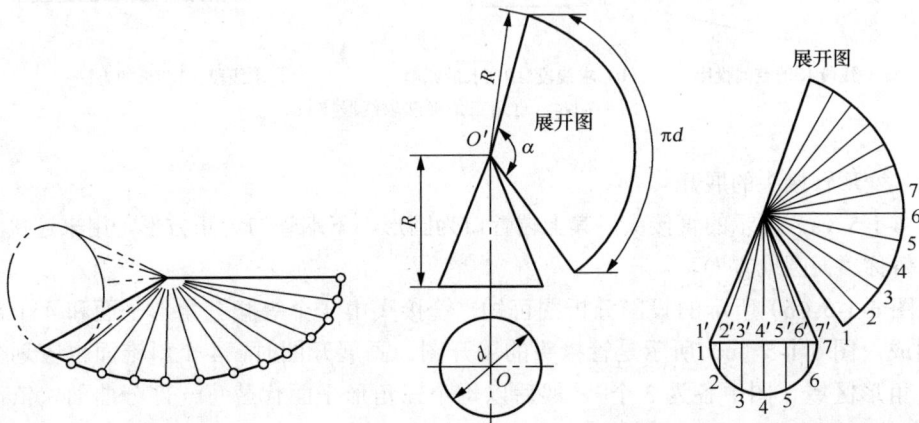

（a）展开为扇形图形　　　　（b）计算扇形半径及周长　　　　（c）展开图
图 6-1-3　圆锥管的展开

用作图法画圆锥管的展开图时，将底圆周等分并向主视图作投影，然后将各点与顶点连接，即将圆锥面划分成若干个三角形，以 O' 为圆心、R 为半径作圆弧，在圆弧上量取圆锥底圆的周长便得到展开图。

3．三角形展开法

（1）三角形展开法的基本原理

三角形展开法是将零件的表面分成一组或很多组三角形，然后求出各组三角形每边的实长，并把它的实形依次画在平面上，得到展开图。必须指出，用放射线展开法画展开图时，也是将锥体表面分成若干个三角形，但这些三角形均围绕锥顶。用三角形展开法画展开图时，三角形的划分是根据零件的形状特征进行的，必须求出各素线的实长，这是准确地画好展开图的关键。

由投影原理可知，如果一线段与两投影面都倾斜，则该线段在两投影面上的投影都不是其实长，可以用直角三角形法求该线段的实长。

图 6-1-4（a）中的线段 AB 与两个投影面都倾斜，所以它的两个投影 a'b' 和 ab 的长度都不是其实长。过 B 点作 BC 垂直于 Aa，得直角三角形 ABC，直角边 BC=ba；另一条直角边 AC 的长度就是 A、B 两点的高度差 H，恰等于 A、B 正面投影的两个端点 a'、b' 在垂直方向上的距离 a'c'，由此可知，只要作两条互相垂直的直角边，如图 6-1-4（b）所示，使 B_1C_1=ab、A_1C_1=a'c'=H，则斜长 A_1B_1 即线段的实长。

根据这样的原理，如果已知一线段的两个投影，使用直角三角形法求其实长的方法可归纳如图 6-1-4（c）所示，a'b' 和 ab 为线段的两个投影，求实长时，只要作一直角，在直角的一条边上量取投影 ab（或 a'b'）的长度，在另一条边上量取另一视图的投影差，则直角三角形的斜边即线段 AB 的实长。

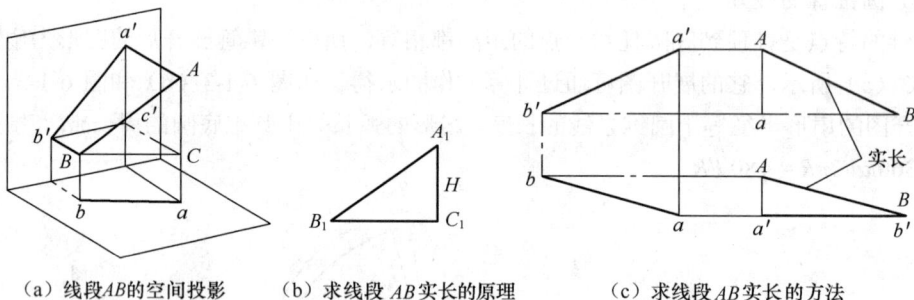

（a）线段 AB 的空间投影　　（b）求线段 AB 实长的原理　　（c）求线段 AB 实长的方法

图 6-1-4　直角三角形法求线段实长

（2）变形管接头的展开

图 6-1-5（a）所示的管接头，其上端管口为圆形，下端管口为正方形，用来连接方管和圆管（俗称"天圆地方"）。

从图 6-1-5（b）所示的投影分析图可知，管接头由 4 个等腰三角形平面和 4 个部分斜锥面围成。图 6-1-5（c）所示是管接头的展开图。画展开图时，4 个斜锥面也应划分成若干个三角形区域（图中各为 3 个），然后以每个三角形平面代替每一部分曲面，依次摊开与 4 个等腰三角形平面相间连接，即得其展开图。对于图中锥面上各三角形的倾斜边，用直角三角形法求得实长；有一个等腰三角形被对半分开布置，是为了满足接缝的工艺要求。

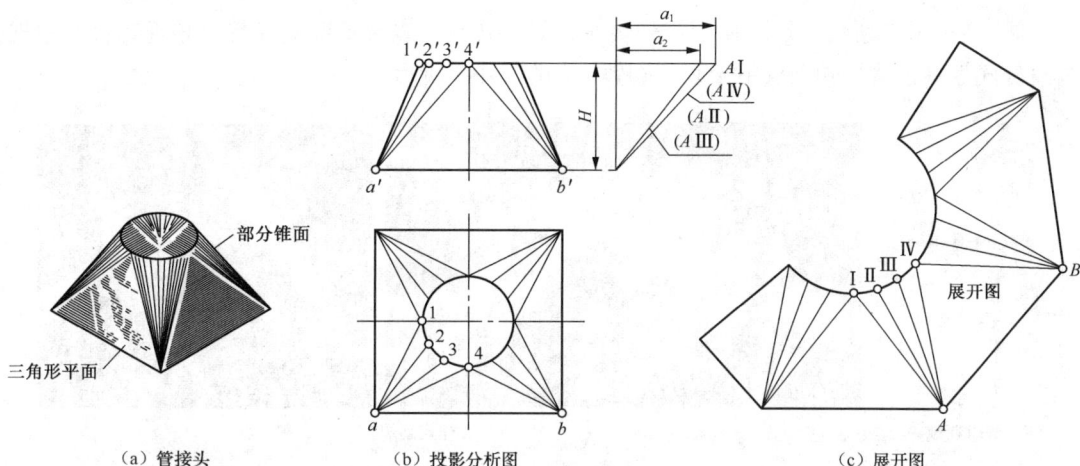

（a）管接头　　　　（b）投影分析图　　　　（c）展开图

图 6-1-5　变形管接头的展开

二、板件的划线

划线是指根据展开图或实物的尺寸，准确地在工件表面上划出待加工部位的轮廓线或划出基准点、线的操作。

划线可以分为平面划线和立体划线。只需在一个平面上划线就能明确表示出工件的加工界线的，称为平面划线，如图 6-1-6 所示。要同时在工件上几个不同方向的表面上划线才能明确表示出工件的加工界线的，称为立体划线。车身钣金维修的板件多为薄板，常用平面划线。

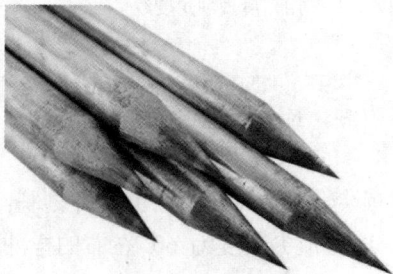

图 6-1-6　平面划线

1．划线基准

在展开图上用来确定其他点、线、面位置的基准称为设计基准。在板件上划线时，应选定某一基准作为依据，这个基准称为划线基准。划线时，划线基准与设计基准应一致，因此合理选择划线基准可提高划线质量和划线速度，并避免由失误引起的划线错误。常用的划线基准有：以两个互相垂直的平面（或线）为基准、以一个平面与一个对称平面（或线）为基准、以两个互相垂直的中心平面（或线）为基准等。

2．划线工具

（1）划线平台

划线平台又称划线平板，用作划线时的基准面，汽车钣金维修可用钣金工作台作为划线平台。通常将 V 形块或方箱放在平台上，再将工件靠在 V 形块或方箱上，然后用划线盘或高度尺对工件进行划线。平台表面应经常保持清洁，用后擦拭干净，并涂上机油防锈。对于工件和工具，在平台上要轻拿轻放，不可损伤平台工作面。

（2）划针和划规

① 划针用弹簧钢丝或高速钢制成，可用于在金属板件上划线，其直径一般为 3～5 mm，尖端磨成 15°～20° 的尖角，并淬火使之硬化或在尖端焊上硬质合金，如图 6-1-7 所示。

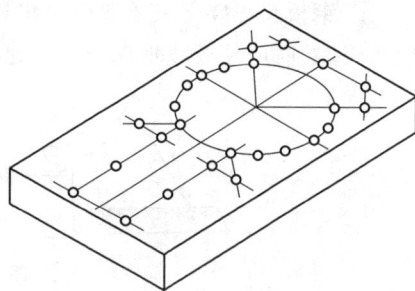

图 6-1-7　划针

② 划规用来划圆、划圆弧、等分线段、等分角度，以及量取尺寸等，划规有普通划规与滑杆式划规，滑杆式划规用于划大圆弧，如图 6-1-8 所示。

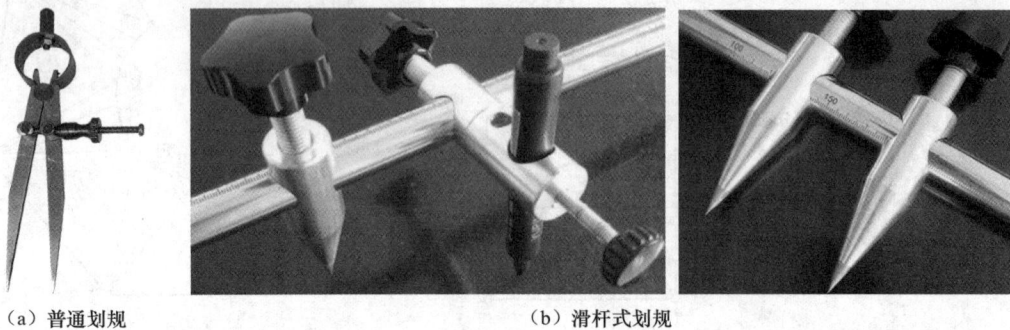

（a）普通划规　　　　　　　　　　　　　　　　　　　（b）滑杆式划规

图 6-1-8　划规

（3）测量导向工具

钣金常用的钢板尺、直角尺和角度规等都可用来测量尺寸，也都可作为划线时的导向工具。

① 钢板尺主要用来量取尺寸和测量工件尺寸，也可作为划线时的导向工具，如图 6-1-9 所示。读数时应使视线垂直于测量处，否则会产生读数误差。

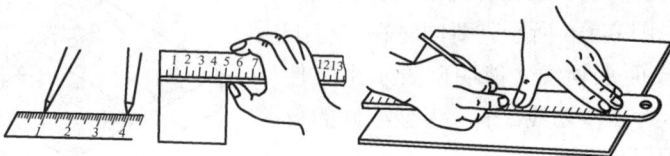

图 6-1-9　钢板尺测量和导向

② 直角尺常用作划平行线或垂直线的导向工具，也可用来找出工件平面在划线平台上的垂直位置，如图 6-1-10 所示。

③ 角度规用于划角度线，如图 6-1-11 所示。

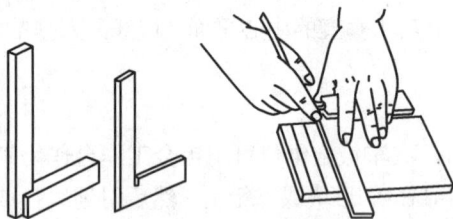

图 6-1-10　直角尺导向　　　　　　　　　　图 6-1-11　用角度规划角度线

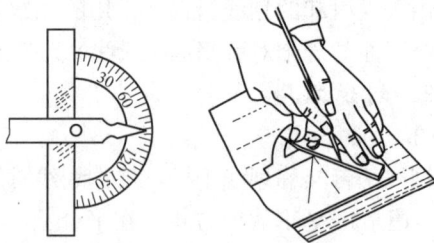

（4）样冲

为了使工件上已经划好的线条在以后的切割过程中不模糊，应在线上用样冲打出定位点，图 6-1-12 所示为样冲实物和不同的尖部结构。

样冲点作为加强界线的标志时，称为检验样冲点，选用顶尖角度为 40° 左右的样冲刻制；样冲点作为划圆弧或钻孔所定的中心时，称为中心样冲点，选用顶尖角度为 60° 左右的样冲刻制，如图 6-1-13 所示。

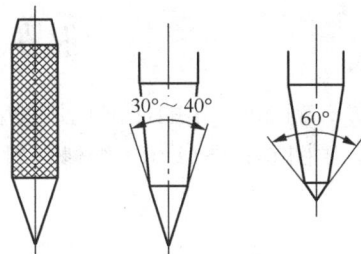

图 6-1-12 样冲

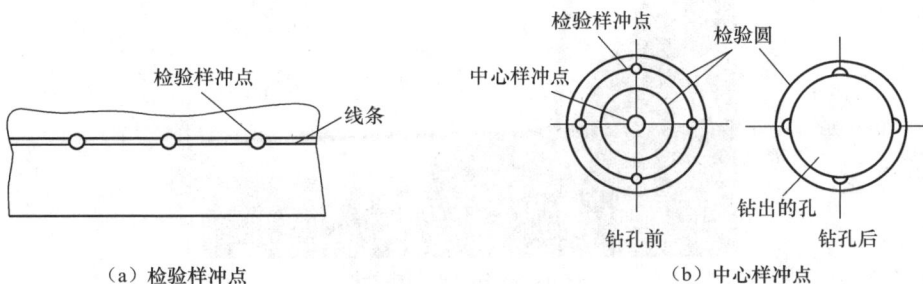

（a）检验样冲点　　　　　　　　　　（b）中心样冲点

图 6-1-13 样冲点的作用

知 识 评 价

（1）将物体所有表面的实际形状和大小依次画在一个平面上的过程称为"放样"。（　　）

（2）圆锥管展开后的图形为圆形。（　　）

（3）车身钣金维修中，手工制作零件时，常用立体划线。（　　）

（4）合理选择划线基准可提高划线质量和划线速度，并避免由失误引起的划线错误。（　　）

（5）可以用平行线展开法展开的图形有（　　）。

　　A．三棱柱　　　　　　B．六棱柱　　　　　　C．圆柱体　　　　　　D．圆锥体

（6）以下对样冲点的作用和选择描述正确的是（　　）。

　　A．样冲点作为加强界线的标志时，称为检验样冲点

　　B．检验样冲点选用顶尖角度为60°左右的样冲刻制

　　C．样冲点作为划圆弧或钻孔所定的中心时，称为中心样冲点

　　D．中心样冲点选用顶尖角度为40°左右的样冲刻制

（7）试着为图6-1-14所示的"天圆地方"钣金零件画展开图，其底面正方形的边长为10 cm，上圆半径为3 cm，高度为8 cm。

图 6-1-14 "天圆地方"钣金零件

任务实践

任务案例：一辆 2006 年的江淮瑞风的左前侧门槛外板局部产生了严重锈蚀，需要进行局部更换，如图 6-1-15 所示，维修站暂时没有成形的零件，需要钣金维修人员手工制作。

图 6-1-15　锈蚀的门槛外板

一、为零件画展开图与划线

1. 画展开图并排版

（1）画钣金零件展开图

先测量钣金零件尺寸，再画出零件展开图。图 6-1-16 所示为一个底面正方形边长为 10 cm、上圆半径为 3 cm、高度为 8 cm 的钣金零件的展开图。

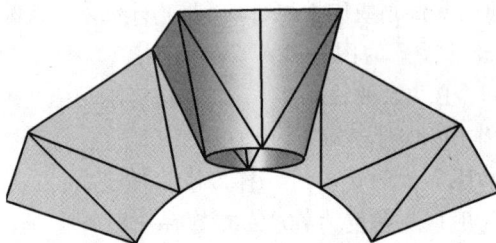

图 6-1-16　钣金零件的展开图

（2）排版

根据展开图在板件上划线，划线时要充分考虑板件的尺寸规格，并选好划线基准，可节省材料，减少裁剪操作。实际工作中，若现有的板材尺寸不够，同时为了板材的充分利用，可以将零件分解成几部分，采用以下排版方法拼接。

① 集中下料法。由于工件的形状、大小不一，为了合理使用材料，将使用同样牌号、同样厚度的工件集中一次划线下料。这样可以统筹安排，如图 6-1-17 所示。

② 长短搭配法。长短搭配法适用于条形板件的下料。下料时先将较长的料排出来，然后根据长度排短料，这样长短搭配，使余料最小。

③ 排版套裁法。当工件下料的数量较多时，为

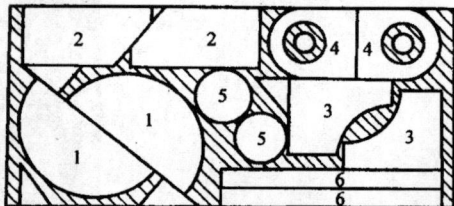

图 6-1-17　集中下料法

使板件得到充分利用，必须对同一形状的工件或各种不同形状的工件进行排版套裁。排版的方式通常有直排、斜排、多行排、单行排、对头直排、对头斜排等，如图 6-1-18 所示。

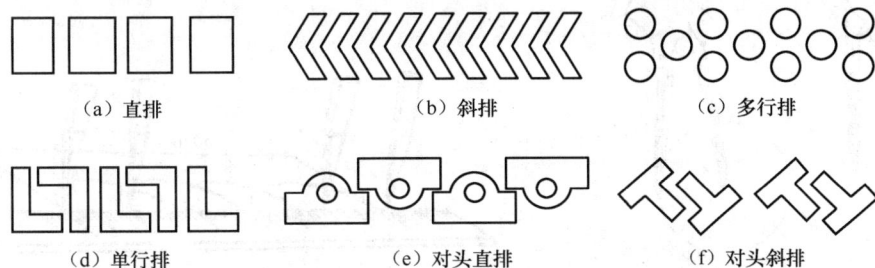

| (a) 直排 | (b) 斜排 | (c) 多行排 |
| (d) 单行排 | (e) 对头直排 | (f) 对头斜排 |

图 6-1-18　排版套裁法

2．划线定位

钣金划线时，通常用钢板尺作为测量和导向工具，钢板尺要放好、按牢。从相交成直角的基准边处开始依次划线。

（1）用划针划线

① 使用划针时，应使针尖与直尺或样板底边接触并向外倾斜 15°～20°，向划线方向倾斜 30°～60°，如图 6-1-19 所示。划线时若针尖没有紧靠直尺或样板的底边，容易造成划线误差。

② 用均匀的压力使针尖沿直尺或样板移动，划出线来，划线的粗细不得超过 0.5 mm。

③ 针尖要保持尖锐，划线时要尽量做到一次划成，使划出的线条既清晰又准确。

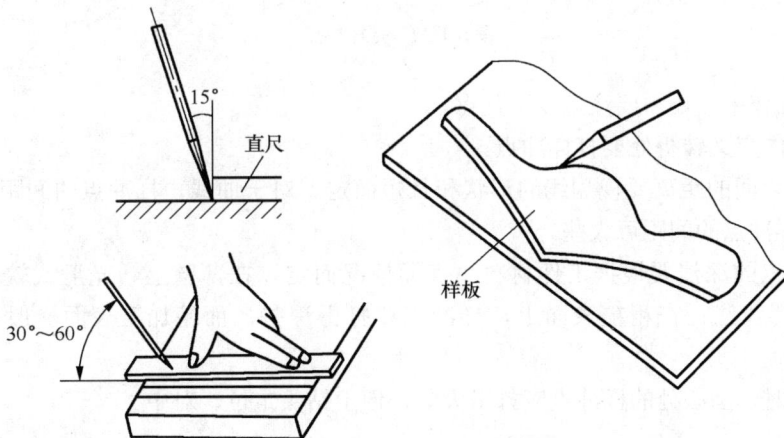

图 6-1-19　划针的使用方法

（2）用划规划线

① 用划规划圆时，先在中心打出样冲点。掌心压住圆规顶端，使规尖扎入金属表面或样冲点中。划圆时，常常正反各划半个圆使其形成一个整圆，如图 6-1-20 所示。

② 用划规量取尺寸时。为了使划规尖脚移取的尺寸准确，应在钢板尺上重复移取几次，这样可以看出误差的大小，如图 6-1-21 所示。如量 10 mm，一次差 0.1 mm，往往不容易看出来，若量 5 次后相差 0.5 mm 就能明显地看出来了。

③ 如果圆弧的中心点在工件的边缘上，可借助辅助支座进行划线。如果圆弧中心点在工件之外，可将一块打了样冲点的延长板夹在工件上划线。

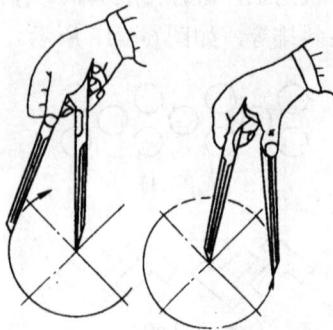

图 6-1-20 划圆

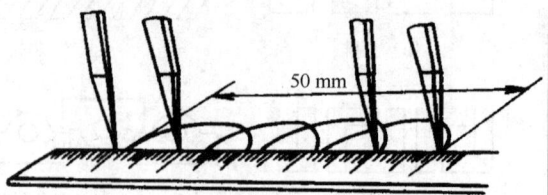

图 6-1-21 划规量取尺寸

（3）打样冲点

打样冲点时，要把冲尖对准中心点，斜着放上去，确定位置要准确，中心不能偏离线条。在锤打时，要把样冲竖直，握牢样冲，用锤轻轻敲击，如图 6-1-22 所示。

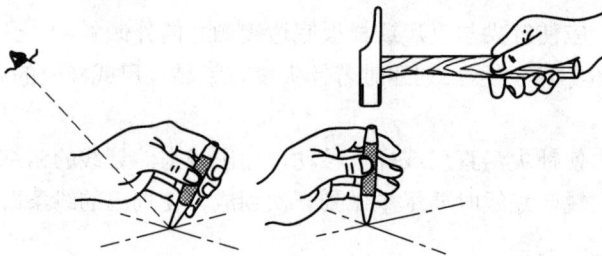

图 6-1-22 打样冲点

在实际工作中，还需要注意以下几点。

① 线条的交叉转折处要打样冲点。

② 样冲点间的距离要视划线的形状和长短而定。对于曲线，样冲点的间距要小些；对于直线段，样冲点的间距可大些。

③ 样冲点的深浅要根据工件材料、表面情况而定。在薄壁上、光滑或软的表面上，样冲点要打得浅些；在粗糙表面上，样冲点要打得深些。而精加工表面一般不允许打出样冲点。

④ 钻孔时，圆心处的样冲点应打得大些，便于钻头定位、对中。

二、切割下料

切割汽车车身用板件时，可选用的工具有手工剪刀、台式剪刀、手工锯、气动往复式车身锯、曲线锯、角磨机等。正确地选择切割工具，除了要考虑板件的厚度、材质、切割长度等，还要注意是独立的新板件还是车身上的板件。一般厚度在 1 mm 以内的薄钢板新件，且切割长度较短时，可以手工切割，若切割部位较长可以用曲线锯，但是曲线锯切割过薄的板件会使切割边缘变形。板件厚度在 1 mm 以上时，切割长度短的可以用手工锯或角磨机，切割长度长的可以用曲线锯。板件过厚时，多用角磨机切割。对于车身上的板件，手工剪刀无法顺畅插入，多采用气动往复式车身锯或角磨机切割。实际工作中，还要根据工具配置、维修实际情况等，以解决问题为目的进行选择。

1．剪刀剪切

（1）钣金手工剪刀

车身钣金维修用的剪刀分为手工剪刀和台式剪刀，常用于厚度在 0.8 mm 以下薄金属板的剪切和零件的修整。手工剪刀的剪切刃有直刃和曲刃之分，如图 6-1-23 所示。

（a）直刃　　　　　　　　　　　　　　　（b）曲刃

图 6-1-23　手工剪刀

剪切时，剪刀要张开大约刀刃长的 2/3。上下两刀片间不能有空隙，否则剪下的材料边缘会有毛刺。剪切时要佩戴皮手套，防止割伤。较薄板件可用手握住，厚点的板件需要用夹持工具固定。

（2）剪切板件

① 剪切短板时，被剪去的部分一般都放在剪刀的右侧。剪切长或宽板材时，必须将被剪去的部分放在左侧，这样使被剪去的部分容易向上弯曲，如图 6-1-24 所示。

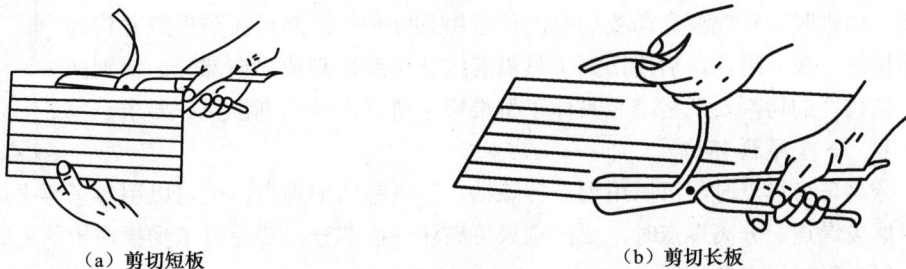

（a）剪切短板　　　　　　　　　　　　　　（b）剪切长板

图 6-1-24　长、短板的剪切方法

② 剪切外圆时，应从左边按顺时针方向剪切，边料会随着剪刀的移动而向上卷起。若边料较宽，可采取剪直线段的方法。剪切内圆时，应从右边按逆时针方向剪切，边料会随着剪刀的移动而向上卷起，如图 6-1-25 所示。

（a）剪切外圆　　　　　　　　　　　　　　（b）剪切内圆

图 6-1-25　圆形的剪切方法

2. 锯割剪切

当板件较厚，用手工剪刀较难剪切时，可以用手工锯、曲线锯、角磨机等工具剪切。

（1）手工锯切割

① 板件应该稳定、牢固夹持，伸出部分要短。

② 安装锯条时要保证锯齿尖的方向朝前，锯条松紧适度。锯条太紧会失去应有的弹性，还容易崩断。锯条太松容易扭曲，锯缝不齐，也容易造成锯条折断。

③ 握锯弓的时候，要舒展自然，右手握稳锯把，左手轻扶在弓架前端。运动时握锯把的右手施力，左手压力不要过大，主要是协助右手扶正锯弓。在整个锯削过程中要保持锯缝平直。

④ 锯削时，右手推动手锯，左手向下略施压力，并扶正锯弓做往复运动。锯削硬材料时，因不易切入，施加的压力应该大些，防止产生打滑现象；锯削软材料时，施加的压力应该小些，防止产生咬住现象。

（2）动力工具切割

当板件较厚、加工量大时，用手工锯切割的效率会很低，可以使用动力剪刀或车身锯切割，用曲线锯可以方便地裁切出弧线。

如果板件过厚，用普通的动力剪切工具也很难切割时，可使用角磨机搭配切割砂轮进行切割，如图 6-1-26 所示。

图 6-1-26　厚板的切割

三、切割车身板件

不可拆卸的车身覆盖件及结构件的外板多通过点焊、咬缝等方式与车身连接。切割时，首先要在需要切割的位置用划针划线，然后找到焊点并将焊点部位的外板分离，最后用切割工具沿着线条精准切割掉损伤部分。特别注意，结构件的切割要严格遵照具体车型维修手册规定的切割位置和要求。

车身板件的
切割（微课）

1. 分离焊接部位

分离车身焊点时，可以用焊点转除钻、手电钻钻掉焊点，也可以用錾子錾去焊点或用角磨机磨去焊点。分离焊点时，要注意只可破坏外板部分，要保持未受损内板的完好。

（1）确定焊点的位置

为了找到焊点的位置，通常要去除板件表面的涂层、保护层或其他覆盖物。可用粗钢丝砂轮或钢丝刷来磨掉覆盖物。在清除覆盖物以后，焊点的位置仍不能看清的区域，在两块板件之间用錾子錾开，这样可使焊点轮廓线显现，如图 6-1-27 所示。

（2）分离焊点

① 确定焊点的位置以后，使用手电钻、焊点转除钻等工具来钻掉焊点。不要钻坏下面的板件，并且一定要准确地钻掉焊点，以避免产生过大的孔，如图 6-1-28 所示。

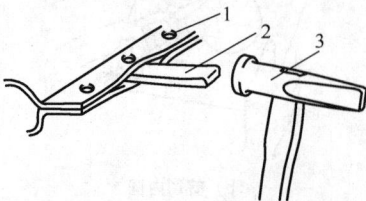

1—焊点；2—錾子；3—钣金锤
图 6-1-27　用錾子确定焊点的位置

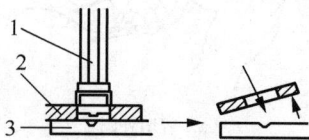

1—钻头；2—外板件；3—内板件
图 6-1-28　用钻头分离焊点

② 用钻头不能够钻除的焊点，或要更换板件的塞焊点太大，钻头不能钻掉时，可以采用角磨机磨削掉上层板的焊点，而不破坏下层板，如图 6-1-29 所示。

③ 钻除或磨掉焊点以后，在两块板件之间打入錾子分离它们，但不要切伤或弄弯未损伤的板件。

（3）分离连续焊缝

一些汽车的局部板件是用惰性气体保护焊的连续焊方式连接的。由于焊缝长，因此要用砂轮机来分离板件，如图 6-1-30 所示。要割透焊缝而不割进或割透板件，需要握紧砂轮机让砂轮以 45°角进入焊缝。割透焊缝以后，用锤子和錾子来分离板件。

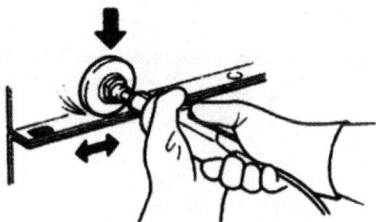

图 6-1-29　角磨机磨削焊点

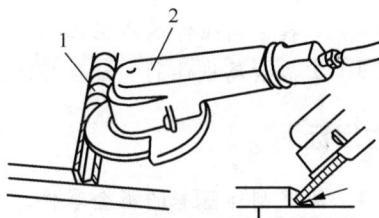

1—连续焊缝；2—角磨机
图 6-1-30　砂轮机分离焊缝

2. 切割损伤板件

分离焊点部位后，依照划针划出的线条，用车身锯将损伤的部位精准切割掉。取下切割掉的部分，处理车身部分板件的外形和断面毛刺，便于新零件的安装定位。

能 力 评 价

请针对任务案例"一辆 2006 年的江淮瑞风的左前侧门槛外板局部产生了严重锈蚀，需要进行局部更换，如图 6-1-15 所示，维修站暂时没有成形的零件，需要钣金维修人员手工制作"，依据所学知识和技能，分析并回答以下问题。

（1）画案例中损伤部分钣金零件的展开图，可以用（　　　）。

　　A. 平行线展开法　　B. 放射线展开法　　C. 三角形展开法　　D. 三视图展开法

（2）若准备的新板为 0.8 mm 厚的正方形钢板，划线时（　　　）。

　　A. 用新板的两个直角边作为划线基准

　　B. 用板件的中心线作为划线基准

　　C. 用钢板尺作导向工具划线时，先用大力钳与板件固定牢靠

　　D. 用划规到展开图上量取尺寸会更准确

（3）在新板上沿着展开图划好线后，需要打样冲点的部位有（　　　）。

　　A. 线条的交叉处　B. 展开图中心处　C. 线条中间适当处　D. 焊接的焊点处

（4）切割准备的新板时，可选用的工具有（　　　）。

　　A. 手工剪刀　　　　B. 曲线锯　　　　C. 手工锯　　　　D. 角磨机

（5）要切割掉案例中车身板件的损伤部分，你需要（　　　）。

　　A. 根据损伤情况确定切割部位，并用划规划线

　　B. 确定切割位置时要查询该款汽车的维修手册

C. 找到上部和下部的焊点，并分离，不能损坏下层板

D. 用手工剪刀剪掉

|任务 6.2　车身钣金零件的成形|

【知识目标】

（1）掌握金属板件的成形工艺。

（2）掌握金属板件的咬缝连接工艺。

【能力目标】

（1）能够制作基本的钣金零件。

（2）能够制作不同形状的局部车身板件。

【素质目标】

（1）培养学生独立分析并解决问题的能力和动手能力。

（2）培养学生精益求精的工匠精神。

任 务 分 析

　　汽车车身板件的外形复杂，有棱线有弧线，有平面有曲面，有些弧线部分还同时向内折边，如图 6-2-1 所示。无论是将新下料的板件加工成形，还是维修损伤部位，都需要车身钣金维修人员掌握金属板件的成形工艺。

　　本任务需要学生熟练掌握钣金零件下料的知识和技能，规范使用钣金工具进行钣金零件成形。在操作中，要注意安全，遇到问题能够独立分析并解决，锻炼自身动手能力，工作中要具有精益求精的工匠精神。

图 6-2-1　车身复杂的外形

相 关 知 识

　　常见的板件成形工艺有折弯、拱曲、收边、放边、卷边、拔缘等，还有板件之间的咬缝

连接工艺。

一、板件的成形工艺

1．弯曲工艺

板件弯曲是钣件成形的基本工艺，弯曲形式一般有角形折弯、弧形弯曲、拱曲和制筋线等。

（1）角形折弯

板件角形折弯后出现平直的棱角，折弯时将划线面放在折角的内侧。如果零件尺寸不大，折弯工作可在台虎钳上进行。将板件夹持在台虎钳上，使折弯线恰好与钳口衬铁对齐，夹持力度合适。

① 当待折弯工件在钳口以上部分较长或板件较薄时，应用左手压住工件上部，用木锤在靠近弯曲部位轻轻敲打，如图 6-2-2 所示。如果敲打板件上方，易使板件翘曲变形。

② 若板件在钳口以上的部分较短，可用硬木块垫在弯角处，再用力敲打硬木块，如图 6-2-3 所示。

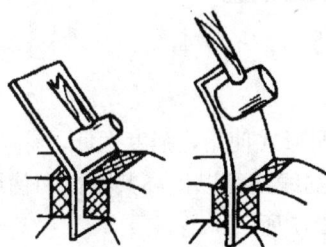

（a）正确　　　（b）错误　　　　　　　　　（a）正确　　　（b）错误
图 6-2-2　钳口以上部分较长的工件　　　　图 6-2-3　钳口以上部分较短的工件

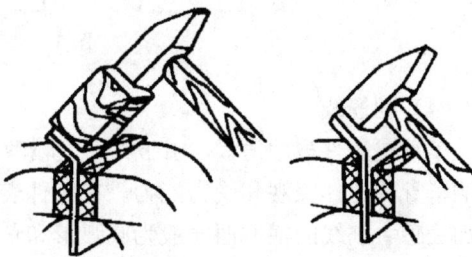

③ 如果钳口宽度较零件宽度窄，可借助夹持工具完成角形折弯，如图 6-2-4 所示。要将工件弯成各种形状时，可借助木垫或金属垫等作为辅助工具。

（2）弧形弯曲

以圆柱面弯曲为例，首先在板件上划出若干与弯曲轴线平行的等分线，作为弯曲时的基准线，然后将槽钢作为胎具，将板件从外端向内弯折。当钢板边缘接触时，先将接缝部位焊接几个点进行固定，将零件在圆钢管上敲打成形，再将接缝焊牢。敲击时，应尽量使用木锤，以防板件变形，如图 6-2-5 所示。

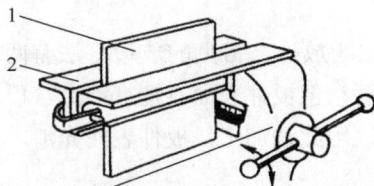

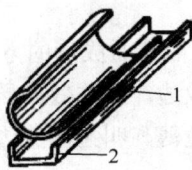

1—工件；2—夹具；3—台虎钳　　　　　1、3、5—板件坯料；2—槽钢；4—铁砧；6—圆钢
图 6-2-4　用角铁夹持零件　　　　　　（a）在槽钢上弯曲　（b）在铁砧上弯曲　（c）在圆钢上弯曲
　　　　　　　　　　　　　　　　　　图 6-2-5　圆柱面的弯曲

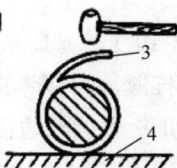

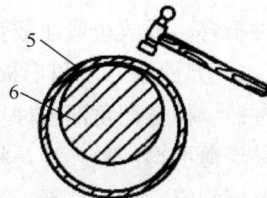

（3）拱曲

拱曲是把金属板件锤击成凸（凹）面形状。通过锤击板件使其中部变薄并向外伸展，周边部分起皱收缩，最终完成拱曲。

操作时需用带凹坑的座，如图 6-2-6 所示，将板件对准凹坑放置。锤击点由里向外，并根据板件变形情况确定锤击力度和频率，且锤击过程中不断转动板件。随着曲面的形成，板件周边会出现褶皱，此时应及时将褶皱贴在座上然后敲平。对拉伸和收缩的部位轮流反复锤击，即可得到拱曲板件。

图 6-2-6　半球形拱曲过程

（4）制筋线

车身覆盖件多用薄板，由于其厚度较薄，若仅以平面形式使用，强度太低，易产生变形，影响车身的整体美观和受力能力。在零件表面制出各种筋线，可以提高其刚性和使用性能，增加美感。筋线的横截面一般为圆弧形和角形，如图 6-2-7 所示。

（a）车身筋线效果　　　（b）圆弧形截面　　　（c）角形截面

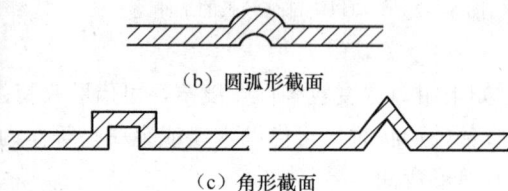

图 6-2-7　车身筋线和横截面形状

2．制边工艺

（1）放边与收边

轿车车身翼子板的下部多为弧形，其与轮胎相邻一侧向内翻折，制作该零件时可先将板件折弯，再放边弯曲成弧形。

① 放边。使角形板件单边变薄延展从而弯曲成形的方法叫放边。常见的放边方法有两种：一种是把角形板件一边打薄，叫打薄放边，此法效果显著，但板件表面有锤打痕迹，板件厚薄不均；另一种是将角形板件的一边拉薄，叫拉薄放边，用此法加工，板件表面光滑，厚度均匀，但易拉裂，操作较困难。

② 收边。使直角形板件单边起皱收缩而弯曲成形的方法叫收边。此法主要用于制作凸曲线弯边的零件。若对板件强度要求不高，可根据要求的弯度在应该收缩的一面用剪刀剪出若干豁口，然后弯曲板件，再将豁口焊接。

（2）半圆形板件展开尺寸的估算

半圆形板件的具体尺寸如图 6-2-8 所示。

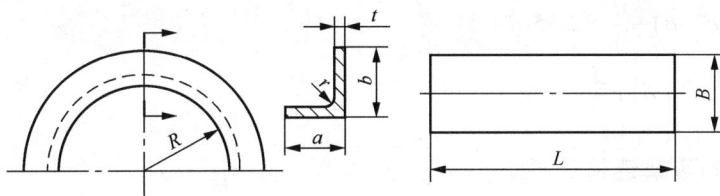

图 6-2-8　半圆形板件的具体尺寸

需要使用的长方形板材的尺寸规格（B、L）按下式估算（单位：mm）：

$$B = a + b - \left(\frac{r}{2} + t \right)$$

式中：a、b——放边宽度；

　　　　r——圆角半径；

　　　　t——材料厚度。

$$L = \pi \left(R + \frac{b}{2} \right)$$

式中：L——展开料长度；

　　　　R——板件弯曲半径；

　　　　b——放边的一边宽度。

（3）拔缘

利用收边和放边的方法把板件的边缘弯曲成弯边的方法叫拔缘。拔缘有两种形式：一种叫外拔缘，即把圆筒形制件的边缘向外延展折弯，其目的是增加刚性，一般在无配合要求的情况下采用外拔缘；另一种是内拔缘，也叫孔拔缘，即将制件上孔洞的边缘延展弯折，其目的是增加刚性，减轻质量，使板件美观、光滑，如大客车框板、肋骨等板件上常有拔缘孔。图 6-2-9 所示为部分板件的拔缘情况。

图 6-2-9　部分板件的拔缘情况

对金属板件拔缘时，部分材料被拉长形成凸缘，因此，应根据材料厚度和其延展性能确定拔缘角度和宽度。

（4）卷边

为了增加零件边缘的刚度和强度，使板件安全、美观、耐用，需将零件边缘卷起来，这种方法叫卷边。卷边分为空心卷边和夹丝卷边两类。空心卷边是将板件边缘卷成圆筒形；夹丝卷边是在空心卷边内嵌入一根铁丝，以增强刚性。铁丝的尺寸可根据板件的使用要求确定，一般铁丝的直径为板件厚度的 4～6 倍。

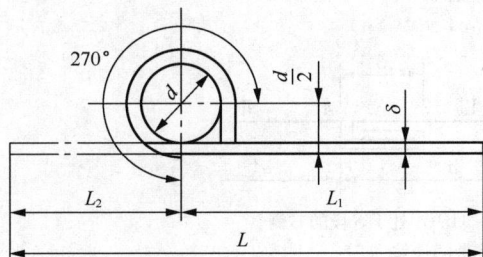

图 6-2-10　卷边展开尺寸

卷边展开尺寸如图 6-2-10 所示。确定卷边展开尺寸，L 为展开长度，L_1 为板件未卷边部分长度，L_2 为卷边部分长度，则：

$$L = L_1 + L_2$$

其中，$L_2 = \dfrac{3\pi}{4}(d+\delta) + \dfrac{d}{2} \approx 2.35(d+\delta) + \dfrac{d}{2}$

所以 $L = L_1 + 2.35(d+\delta) + \dfrac{d}{2}$

二、板件的咬缝连接工艺

汽车车门、发动机舱盖、行李箱盖等零件的外板与内板边缘多采用折边连接，折边连接属于钣金制作工艺中的咬缝。将薄板的边缘相互折转扣合并压紧的连接方式叫咬缝，在咬缝工艺中，两板件连接的部位称为咬扣。咬缝连接可将板件连接牢固，可代替焊接、铆接等工艺。

1. 咬缝的类型

按咬扣和板件之间的位置关系不同，常见的咬缝有卧扣、立扣和角扣等几种类型，如图 6-2-11 所示。卧扣是指咬缝加工完成后，板件与咬扣在同一平面上。立扣是指咬缝加工完成后，板件在一个平面上，咬扣垂直于板件。角扣是指咬缝加工完成后，咬扣与其中一个板件在一个平面，与另一板件垂直。

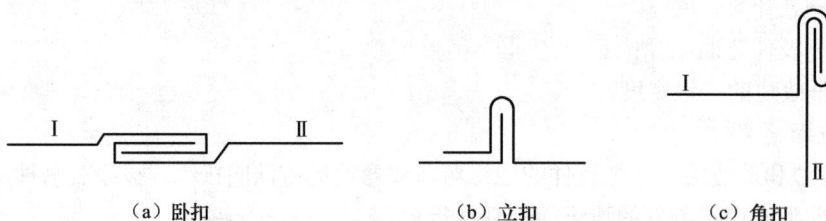

（a）卧扣　　　　　　　　（b）立扣　　　　　　　　（c）角扣

图 6-2-11　咬缝的类型

按两板件咬接情况不同，咬缝分为单咬和双咬。单咬是指只有一个板件折弯咬接另一个板件，双咬是指两个板件互相咬接。

2. 咬缝展开尺寸的计算

（1）咬缝宽度的计算

用 S 表示咬缝宽度。若是厚度在 0.5 mm 以下的板件，则 S 为 3～4 mm；若是厚度为 0.5～1 mm 的板件，则 S 为 4～6 mm；若板件厚为 1 mm 以上，宜用焊接而不宜用咬缝连接。

（2）卧扣咬缝余量的计算

如图 6-2-12 所示，若 A 处在 S 段中间，则板 I 和板 II 的余量 δ 相等（$\delta = 1.5S$）；若 A 处于 S 段的右侧，板 I 的余量 $\delta = S$，而板 II 的余量 $\delta = 2S$。

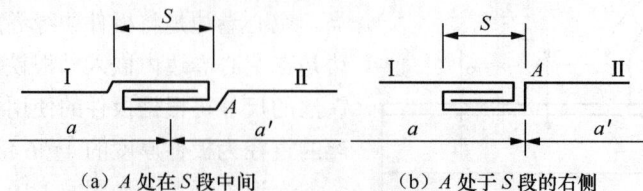

（a）A 处在 S 段中间　　　　　　　（b）A 处于 S 段的右侧

图 6-2-12　卧扣咬缝余量的计算

（3）角扣咬缝余量的计算

如图 6-2-13 所示，当咬缝为内单角咬缝时，板 I 的余量 $\delta = 2S$，板 II 的余量 $\delta = S$；当咬缝为内双角咬缝时，板 I 的余量 $\delta = 3S$，板 II 的余量 $\delta = S$；当咬缝为外双角咬缝时，板 I 的余量 $\delta = 2S + h$，板 II 的余量 $\delta = S$。

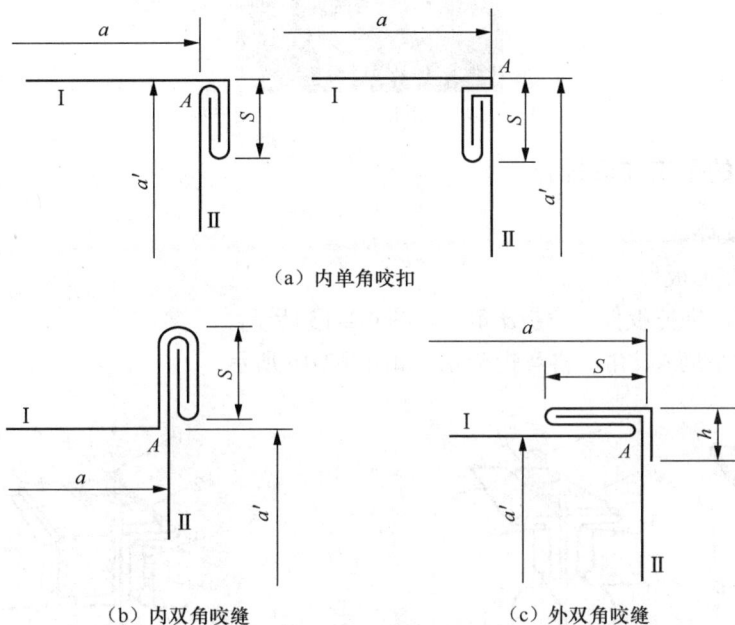

（a）内单角咬扣

（b）内双角咬缝　　　　　　　　（c）外双角咬缝

a—板 I 的可用部分；a'—板 II 的可用部分；h—外双角咬缝时，
板 I 的折边余量；S—咬缝部分尺寸；A—交接点

图 6-2-13　角扣咬缝余量的计算

知 识 评 价

（1）在台虎钳上进行板件角形折弯时，用木锤敲打板件上方，省时省力。（　　　）

（2）车身表面的筋线可以提高其刚性和使用性能，增加美感。（　　　）

（3）通过使板料变薄而导致零件角形弯曲成形的方法叫放边。（　　　）

（4）汽车发动机罩的外板和内板多采用夹丝卷边工艺，并配合黏结。（　　　）

（5）以下属于板件弯曲成形工艺的是（　　　）

　　A. 咬缝　　　　　　B. 角形折弯　　　　C. 弧形弯曲　　　　D. 制筋线

（6）按咬扣和板件之间的位置关系不同，常见的咬缝类型有（　　　）

　　A. 单扣　　　　　　B. 卧扣　　　　　　C. 立扣　　　　　　D. 角扣

（7）试着分析已经画好展开图的"天圆地方"（底面正方形边长为 10 cm，上圆半径为 3 cm，高度为 8 cm）的成形需要使用哪些工艺，用硬纸板做出零件模型。

任 务 实 践

任务案例：孙先生的 2012 年款长城 C30 轿车的左后翼子板下部已经被腐蚀出孔洞，如图 6-2-14 所示，钣金维修人员要手工制作板件进行更换。

图 6-2-14　锈出孔洞的车身左后翼子板

一、板件的手工成形操作

1.弯曲板件

（1）弯曲 S 形板件

① 根据划线夹持板件，弯折 α 角，如图 6-2-15 所示。

② 将方衬垫垫入 α 角，再弯折 β 角，如图 6-2-16 所示。

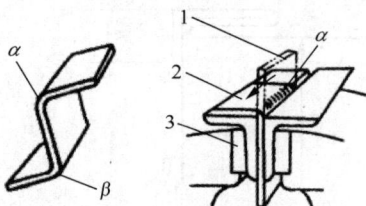

（a）工件　　　（b）弯折 α 角

1—工件；2—夹具；3—台虎钳

图 6-2-15　弯折 α 角

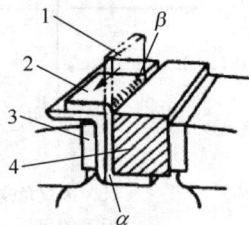

1—工件；2—夹具；3—台虎钳；4—方衬垫

图 6-2-16　弯折 β 角

（2）弯曲 ⊓ 形板件

先弯拆 a 角，再用衬垫弯折 b 角，最后弯折 c 角，如图 6-2-17 所示。弯曲封闭的盒子时，其方法步骤与弯曲 ⊓ 形板件的大致相同，最后将板件夹在台虎钳上，使缺口朝上，再向内弯折变形。

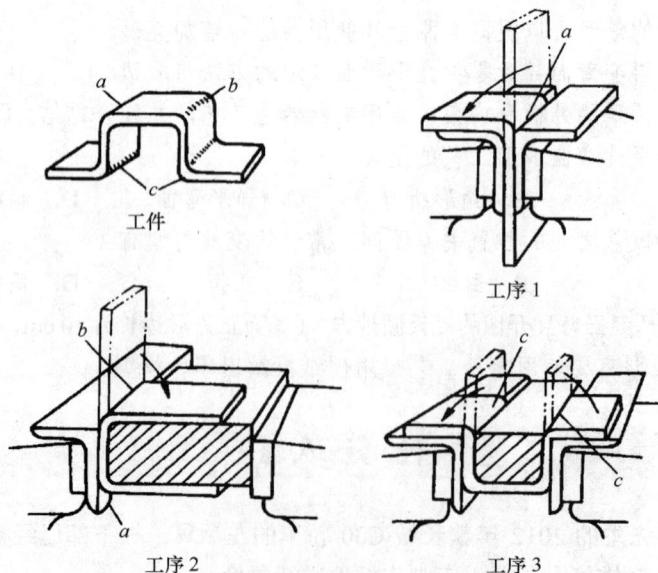

工件

工序 1

工序 2　　　　　　　工序 3

图 6-2-17　弯曲 ⊓ 形板件的程序

2．制筋线

简易的手工制筋线方法有扁冲制筋线和模具制筋线两种，如图 6-2-18 所示。

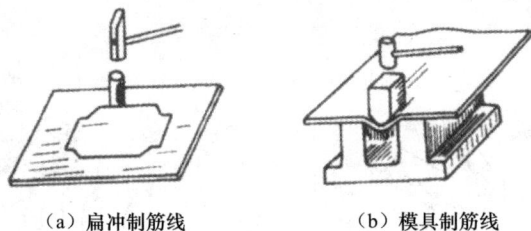

（a）扁冲制筋线   （b）模具制筋线

图 6-2-18 手工制筋线方法

（1）扁冲制筋线

① 在板件上用划针划出筋线的标记线。

② 在平台上铺一块较厚的橡胶垫（厚度为 5～10 mm），将板件放在橡胶垫上，操作者手持扁冲对准标记线，锤击扁冲。

③ 每锤击一次，要沿标记线移动一次扁冲，移动距离不可超过扁冲的宽度，以便冲痕前后相衔接。

④ 沿整个标记线锤击一次后，再重复锤击若干次，直至达到所需的筋线的深度为止。

⑤ 去掉橡胶垫，直接在平台上轻轻锤击一次，使筋棱形成整齐的线条，用木锤将非制筋部分的表面整平。

（2）模具制筋线

窄且深的条形筋线，最好用模具压制，模具可以根据需要自制。模具成形部分的形状和尺寸应与筋线截面的形状和尺寸相符。制筋线时，将金属板放在凹凸模具之间，对准标记线，锤击凸模顶部。操作要点与前述用扁冲制筋的方法相同，经过几次锤击即可成形。

3．制作边

（1）放边

① 打薄放边。制作凹曲线弯边零件时，可选用直角角材，使其中一边边缘变薄，面积增大，让角材弯曲。在打薄放边过程中，角材底面必须与铁砧表面贴平，否则会产生翘曲现象。锤击点应均匀并呈放射线状分布，锤击面积占锤击边面积的 3/4 左右，且不得敲打角材弯角处。锤击时，材料可能会产生"冷作硬化"现象，应及时退火。另外，随时用样板或量具检查板件外形，防止弯曲过度，如图 6-2-19 所示。

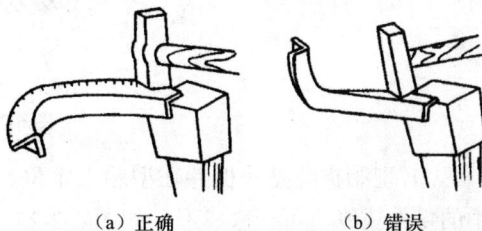

（a）正确   （b）错误

图 6-2-19 打薄放边

② 拉薄放边。拉薄放边是用木锤或铁锤将板件一边在木墩上锤击，利用木墩的弹性，使材料伸展拉长。这种方法一般在制作凹曲线弯边零件时采用。为防止产生裂纹，可事先用此法放展毛料，后弯制弯边，这样交替进行，完成制作。

（2）收边

① 起皱收边。先用折皱钳将角形板件一边边缘起皱收缩，迫使另一边弯曲变形。板件在弯曲过程中，对于起皱一边应随时用木锤锤击皱纹，使材料褶皱消失，厚度增大，如图 6-2-20

所示。在敲平过程中，如发现加工硬化现象，应及时进行退火处理。

② 搂弯收边。将板件夹在型胎上，用铝棒顶住板件，用木锤敲打顶住的部分，使板件弯曲逐渐收缩，如图 6-2-21 所示。

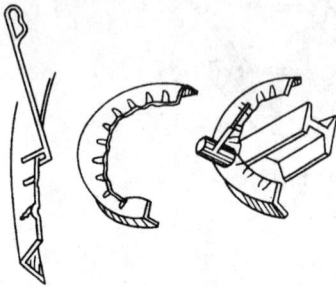

图 6-2-20　起皱收边　　　　　　　　　　图 6-2-21　搂弯收边

（3）拔缘

拔缘的方法可分为自由拔缘和型胎拔缘两种。

① 自由拔缘是利用一般的拔缘工具进行的手工拔缘，如图 6-2-22 所示。先划出拔缘标记线，将板件靠在砧座边缘，让标记线与砧座边缘靠齐，板件锤击部位与砧座平面形成 30°左右的夹角。锤击板件伸出砧座边缘的部分，使之拉伸并向外弯曲，敲击时用力适当，敲击要均匀，并注意随时转动板件。若凸缘要求边宽或角度大，可适当增加敲击次数。

（a）外拔缘

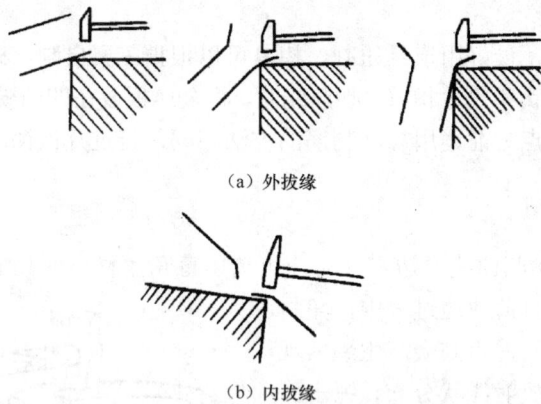

（b）内拔缘

图 6-2-22　自由拔缘

② 型胎拔缘是让板件在型胎上定位，按型胎拔缘孔进行拔缘的方式，适合制作口径较小的零件拔缘，可一次成形，如图 6-2-23 所示。

（4）夹丝卷边

夹丝卷边工艺流程如图 6-2-24 所示，具体操作步骤如下。

① 在要卷边部位画出两条卷边线。

② 将板件放在平台上，使卷边部分的一半伸出平台，用左手压住板件，右手用木锤敲击板件，使伸出部分的板件向下弯曲 85°左右。

③ 将板件慢慢向外伸，敲击伸出的部分，但不能敲击过猛，直到伸出平台的长度为 L_2。

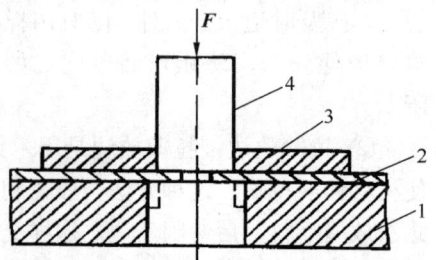

1—型胎座；2—压板；3—板件；4—型胎
图 6-2-23　型胎拔缘

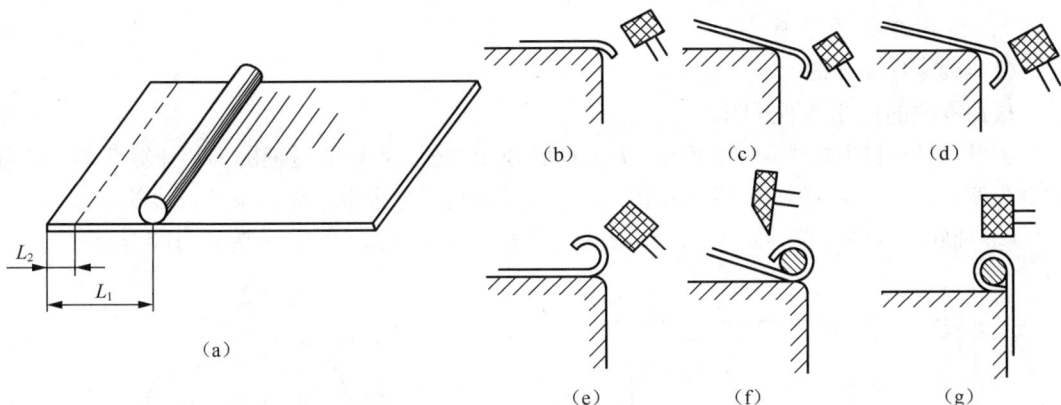

图 6-2-24　夹丝卷边工艺流程

④ 将板件翻转，使卷边朝上，均匀敲打卷边使其向里扣，使卷边部分逐渐成圆弧形，放入铁丝，一边放，一边敲击使卷边往里扣。

⑤ 翻转板件，使接口抵住平台缘角，敲击使接口靠紧。

车身前翼子板外形复杂，成形时，用垫铁和钣金锤配合进行弯曲，一只手持垫铁在工件背面垫托，垫铁的边缘要对准弯折线，另一只手持锤子从正面弯折线处敲击，边敲击边移动垫铁，循序渐进，使工件边缘逐渐形成弯曲，如图 6-2-25 所示。

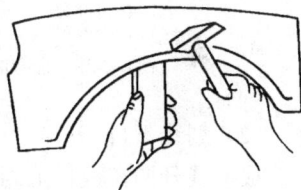

图 6-2-25　车身前翼子板放边成形

4．制作咬缝

（1）卧扣的制作

卧扣单咬的制作过程如图 6-2-26 所示。

① 按留边尺寸下料，并划出折边线。

② 将板件放在工作台上，使弯折线对齐工作台的边缘，并将伸出部分按折边线折弯 90°。

③ 翻转板件，使弯边朝上，并伸出台面 3 mm，敲击弯边顶端，使伸出部分形成与弯边相反的弯折，将第一次折出的弯边向里敲成钩形。

④ 与之相接的另一边照上述方法加工后，将两弯钩扣合，敲击即成卷边。

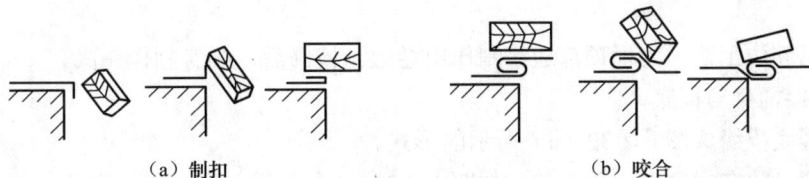

（a）制扣　　　　　　　　　　（b）咬合

图 6-2-26　卧扣单咬的制作过程

（2）立扣的制作

在一块板件上制作立式单扣，把另一块板件的边缘弯成直角，然后将其相互压紧，如图 6-2-27 所示。

二、手工制作钣金零件

（a）制扣　　（b）咬合

图 6-2-27　立扣的制作过程

下面以无盖圆桶为例介绍钣金零件的制作过程。

1. 画展开图并下料

（1）画零件展开图

根据零件的尺寸画展开图。

① 桶身展开图如图 6-2-28 所示。L 为桶底边的周长，可以通过桶的半径计算获得；H 为桶身高度；l_1、l_2 为咬缝结合部分余量；h_1 为上部卷边部分余量；h_2 为下部折边部分余量。

② 桶底展开图如图 6-2-29 所示，R 为桶半径；b_1 为拔缘余量；b_2 为桶身咬合余量。

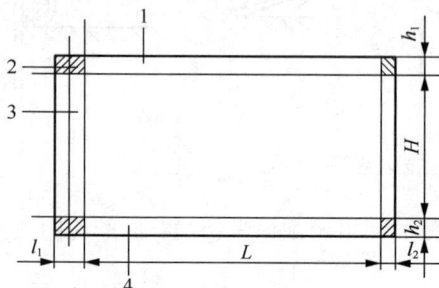

1—上部卷边部分；2—剪切部分；
3—咬缝结合部分；4—下部折边部分
图 6-2-28　桶身展开图

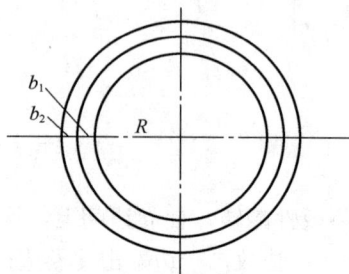

图 6-2-29　桶底展开图

（2）划线下料

根据展开图在板材上划线。按要求沿划线下料。

2. 制作成形

（1）制作桶身

① 在接口处板件边缘制作咬缝，并进行连接，如图 6-2-30 所示。同时，修整桶身成圆形。

② 采用放边工艺为桶身下部制作出折边，以便跟桶底组合，如图 6-2-31 所示。

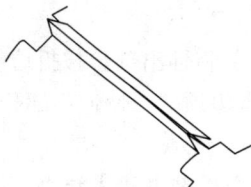

图 6-2-30　咬缝连接

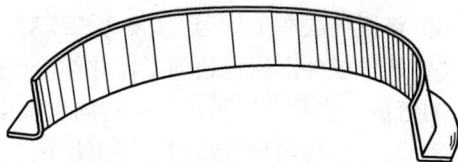

图 6-2-31　为桶身下部制作折边

③ 采用卷边工艺，为桶顶部边缘制作出卷边。精修后，桶身制作完成。

（2）连接桶身与桶底

① 将桶底拔缘成图 6-2-32（a）所示的形式。

② 将桶身放在桶底上，并压实，如图 6-2-32（b）所示。

③ 采用咬缝工艺将桶底和桶身组合成形，如图 6-2-32（c）所示。

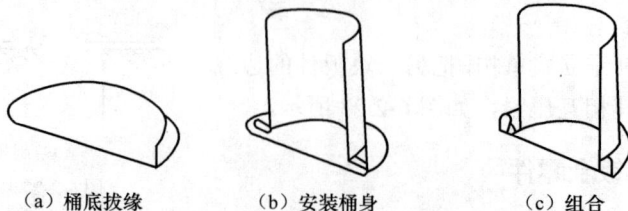

（a）桶底拔缘　　　（b）安装桶身　　　（c）组合
图 6-2-32　连接桶底与桶身

能 力 评 价

请针对任务案例"孙先生的 2012 年款长城 C30 轿车的左后翼子板下部已经被腐蚀出孔洞，如图 6-2-14 所示，钣金维修人员要手工制作板件进行更换"，依据所学知识和技能，分析并回答以下问题。

（1）案例中的车身左后翼子板与车身的连接方式为（　　）。

    A. 折边　　　　　　B. 咬缝　　　　　　C. 焊接　　　　　　D. 螺栓连接

（2）手工制作案例中损伤部位零件的主要目的是（　　）。

    A. 局部更换可不破坏原车焊点

    B. 节省维修成本，提高工作效率

    C. 展示维修人员水平，提高维修质量

    D. 避免被评估为事故车，保证将来转为二手车时的价值

（3）手工制作案例中损伤部分钣金零件需要用到的成形工艺有（　　）。

    A. 放边　　　　　　B. 敲打　　　　　　C. 弯曲　　　　　　D. 咬缝

（4）如果板件较宽，台虎钳的钳口宽度较零件宽度窄，此时夹持要（　　）。

    A. 将板件分两次夹持

    B. 用大力钳辅助夹持

    C. 借助木垫或金属垫等宽度足够的辅助工具

    D. 由助手用钳子辅助夹持

（5）钣金零件手动敲打成形时，要注意（　　）。

    A. 用木制或橡胶钣金锤敲打，能减轻"冷作硬化"现象

    B. 在钣金零件表面垫钢片后敲打，可防止表面产生过多敲击痕迹

    C. 打薄放边成形时，随时用样板或量具检查板件外形，防止弯曲过度

    D. 弯折时，应在靠近弯曲部位轻轻敲打，可防止板件翘曲变形

任务 6.3　车身钣金零件的焊接

"

【知识目标】

（1）掌握熔化极气体保护电弧焊的方法。

（2）掌握电阻点焊的方法。

【能力目标】

（1）能够用二氧化碳保护焊焊接车身板件。

（2）能够用电阻点焊焊接车身板件。

【素质目标】

（1）培养学生独立分析并解决问题的能力和动手能力。

（2）培养学生的职业自豪感和工匠精神。

"

任 务 分 析

汽车制造和维修作业中，焊接一直是必不可少的生产作业手段。随着车身材料的不断发展，尤其是高强度钢板的大量使用，对这些材料的焊接提出了更高的要求。在汽车车身的生产中，除了在前柱局部少量采用气体保护焊外，95%以上的焊接都是采用的电阻点焊，一辆车大约有数千个点焊焊点，如图 6-3-1 所示。

图 6-3-1 车身上的点焊焊点

本任务重点介绍在汽车车身钣金维修中主要采用的熔化极气体保护电弧焊和电阻点焊，需要学生熟悉车身材料的性能特点。在操作中，要注意安全，遇到问题能够独立分析并解决，在锻炼自身动手能力的同时，以大国工匠事迹激励自己，在工作中具有精益求精的工匠精神。

相 关 知 识

一、车身维修中的焊接工艺

1. 焊接的类型

焊接工艺可分为压焊、熔焊和钎焊。

（1）压焊

焊接过程中，必须对焊件施加压力（加热或不加热）的焊接方法称为压焊。电阻点焊是车身上应用较多的压焊方法。电阻点焊是利用低电压、高强度的电流流过夹紧在一起的两块金属板时产生的大量电阻热，用焊枪（焊炬）电极的挤压力把金属板熔合在一起的一种方法，如图 6-3-2 所示。

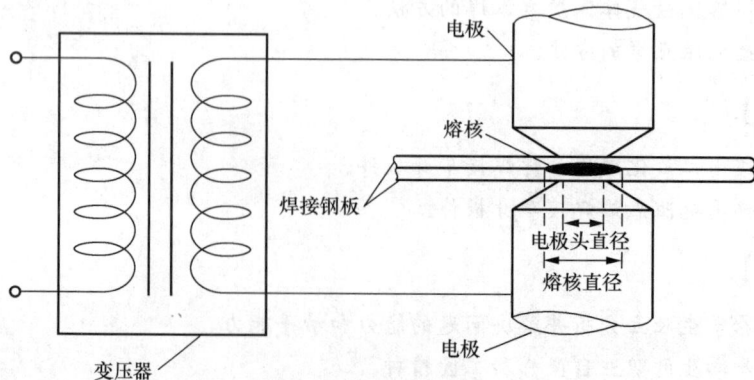

图 6-3-2 电阻点焊原理

　　在修理大量采用高强度钢和超高强度钢的车身时，要求采用电阻点焊机进行焊接修理。这种焊接方式像制造厂进行焊接那样进行点焊连接。采用挤压式电阻点焊机进行焊接时，应适当调整对金属板的夹紧力、电流强度和焊接时间。

　　（2）熔焊

　　焊接过程中，将焊件接头加热至熔化状态且不加压力完成焊接的方法称为熔焊。加热方式有火焰加热和电加热。以火焰加热的熔焊最常见的为氧乙炔焊，以电加热的熔焊按照电极是否熔化分为熔化极气体保护焊和非熔化极气体保护焊。

　　① 非熔化极气体保护焊多以高熔点的纯钨或钨合金作电极，在惰性气体的保护下，利用钨极和工件之间产生的焊接电弧熔化母材及焊丝。焊接过程中钨极不熔化，只起电极的作用。钨极惰性气体保护焊也称 TIG 焊（Tungsten Inert-Gas Welding）。焊接时，惰性气体从焊枪的喷嘴中喷出，把电弧周围一定范围的空气排出焊接区，从而为形成优质焊接接头提供了保障。保护气体可采用氩气、氦气或氩气+氦气的混合气体等（常用氩气保护，俗称氩弧焊，示意图如图 6-3-3 所示）。焊丝根据焊件设计要求，可以添加或不添加。如果添加焊丝，一般从电弧的前端加入或直接将焊丝预置在接头的间隙中。

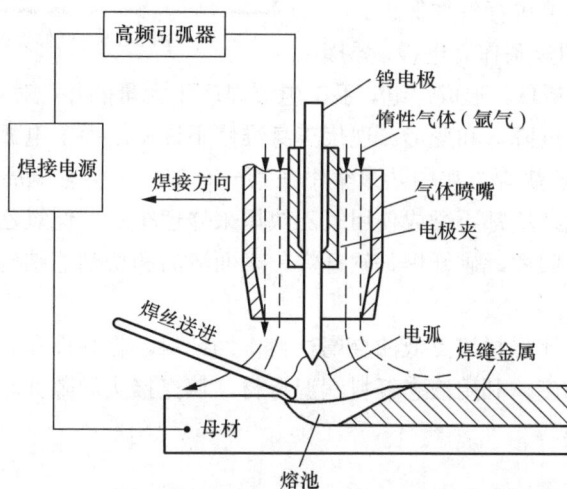

图 6-3-3　氩弧焊示意图

　　氩弧焊几乎能焊接所有金属，特别是一些难熔金属、易氧化金属，如镁、钛、钼、锆、铝等及其合金，但是焊接低熔点和易蒸发的金属（如铅、锡、锌）较困难。车身上的不锈钢件（如排气系统用不锈钢、燃油箱用不锈钢等）通常使用氩弧焊来进行焊接，如图 6-3-4 所示。

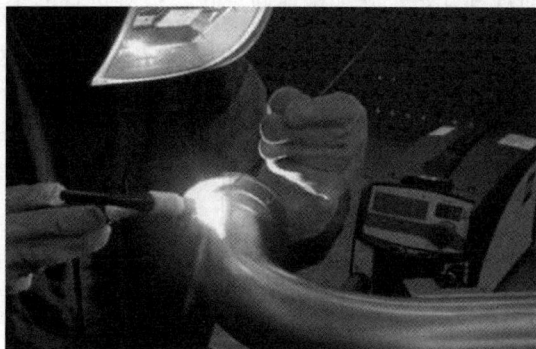

图 6-3-4　使用氩弧焊焊接不锈钢件

② 熔化极气体保护电弧焊的焊丝作为电极并熔化。以氩气或氦气为保护气体时，此方法称为熔化极惰性气体保护电弧焊，也称 MIG 焊（Metal Inert-Gas Arc Welding）。以惰性气体与氧化性气体（氧气、二氧化碳）混合气体为保护气体时，或以二氧化碳或二氧化碳+氧气的混合气体为保护气体时，统称为熔化极活性气体保护电弧焊，也称 MAG 焊（Metal Active-Gas Arc Welding）。焊接时，焊丝与板件相接触而形成短路，电阻使焊丝和焊接部位受热。随着加热的继续进行，焊丝开始熔化，变细并产生收缩。收缩部位电阻的增加将加速该处的受热。熔化的收缩部位烧毁，在工件上形成一个熔池并产生电弧。电弧使熔池变平并回烧焊丝。当电弧间隙达到最大值时，焊丝开始冷却并重新送丝，焊丝的端部又开始升温，其温度足以使熔池变平，但还不能够阻止焊丝重新接触工件。因此，电弧熄灭，再次形成短路，上述过程又重新开始，如图 6-3-5 所示。在焊丝周围有一层气体保护层，它防止大气的污染并稳定电弧。

在汽车钣金维修中，熔化极二氧化碳气体保护焊应用最广泛。许多焊机都是既可使用二氧化碳（活性气体）进行气体保护，又可使用氩气（惰性气体）进行气体保护。

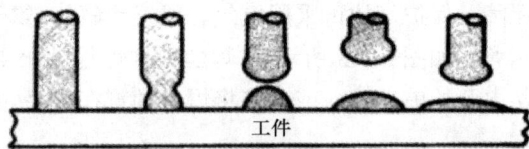

图 6-3-5　气体保护焊的焊接过程

③ 手工电弧焊。用焊条作为电极，焊接时焊条熔化，同时加热板件，形成焊缝。手工电弧焊产生大量的热，对邻近部位的损害较大，容易造成维修后钢板强度降低和变形。现代车身维修不允许使用手工电弧焊。

④ 氧乙炔焊。氧乙炔焊操作中热量集中在某一个部位，会影响周围的区域从而降低钢板的强度。因此汽车制造厂都不赞成使用氧乙炔焊来修理车身。但氧乙炔焊在车身修理中有其他的应用，如进行热收缩、硬钎焊、软钎焊、表面清洁和切割非结构性零件等。

（3）钎焊

焊接过程中，采用比母材熔点低的金属材料作为钎料，将焊件和钎料加热到高于钎料熔点、低于母材熔点的温度，利用液态钎料润湿母材，填充接头间隙并与母材相互扩散实现连接焊件的方法称为钎焊。

2. 焊接的姿势

在修理车身时，焊接姿势通常由汽车上需要进行焊接部件的位置决定。常用的焊接姿势有平焊、横焊、立焊和仰焊，如图 6-3-6 所示。平焊一般容易进行，而且它的焊接速度较快，能够得到较好的焊接熔深。对汽车上拆卸下的零件进行焊接时，尽量将它放在能够进行平焊的位置。水平焊接焊缝时，应使焊炬向上倾斜，以避免重力对熔池造成影响。垂直焊接焊缝时，最好让电弧从接头的顶部开始，并平稳地向下拉。最难进行的是仰焊，在进行仰焊时，一定要使用较低的电压，同时还要尽量使用短电弧和小的焊接熔池。

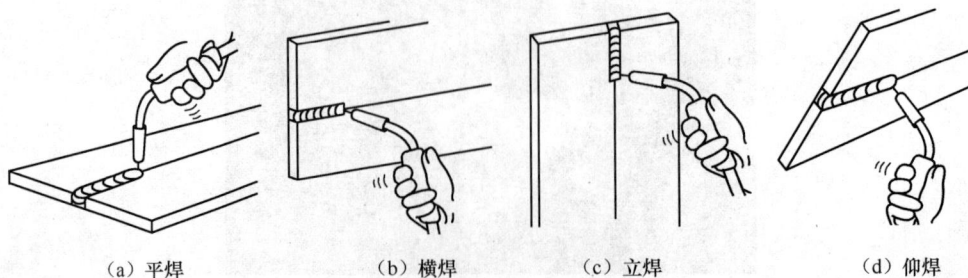

（a）平焊　　　　　（b）横焊　　　　　（c）立焊　　　　　（d）仰焊

图 6-3-6　各种典型的焊接姿势

二、熔化极气体保护电弧焊

熔化极气体保护电弧焊焊机主要由焊机、焊枪、送丝结构、保护气体、焊丝和各种附件组成，如图6-3-7所示。焊接时，设备以一定的速度自动给丝，在板件和焊丝之间出现电弧，电弧产生的热量使焊丝和板件熔化，将板件熔合连接在一起。保护气体通过减压表的调整按规定流量从喷嘴中喷出，保护焊缝。

1. 焊机与焊接参数

焊机通过变压器把220 V或380 V的电压变成10 V左右的低电压，同时电流会变得很大。鉴于焊接对电源的要求，必须使用具有稳定电压的电源。用于汽车车身修理的焊机电源比一般工业焊机的要求要高。因为焊接薄金属板时的输出电流、电压要稳定，否则会影响焊接质量。通过焊机的控制面板可进行电压、电流、送丝速度的调节，同时可以进行点焊和脉冲点焊功能的控制。气体保护焊机如图6-3-8所示。

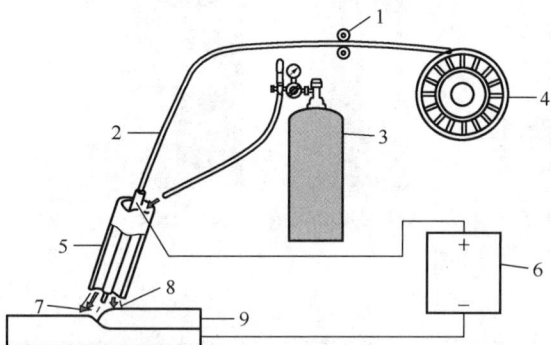

1—送丝结构；2—焊丝；3—保护气罐；4—焊丝卷；5—焊枪；
6—焊机；7—电弧；8—保护气体；9—板件
图6-3-7 熔化极气体保护电弧焊焊机的组成

图6-3-8 气体保护焊机

（1）电源极性的连接

电源的极性对焊接熔深起着重要的作用。直流电源的连接方式一般为直流反向极性连接，即焊丝为正极、工件为负极，采用这种连接时，焊接熔深最大。如果需焊接的材料非常薄，应用直流正向极性连接方式进行焊接，焊丝为负极、工件为正极，焊接时在焊丝上产生更多的热量，工件上的焊接熔深较小。

（2）焊接电流

焊接电流的大小会影响板件的焊接熔深、焊丝熔化的速度、电弧的稳定性、焊接溅出物的数量。随着电流强度的增加，焊接熔深、剩余金属的高度和焊接宽度也会增大，如图6-3-9所示。不同厚度的板件和不同粗细的焊丝所需的焊接电流不同（见表6-3-1）。

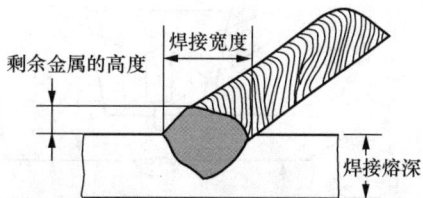

图6-3-9 焊接的质量参数

表6-3-1 不同厚度的板件和不同粗细的焊丝所需的焊接电流

焊丝直径 /mm	金属板厚/mm						
	0.6	0.8	1.0	1.2	1.4	1.6	1.8
0.6	20～30 A	30～40 A	40～50 A	50～60 A			
0.8			40～50 A	50～60 A	60～90 A	100～120 A	
1.0					60～90 A	100～120 A	120～150 A

（3）焊接电压

高质量的焊接依赖于适当的电弧长度，而电弧长度是由电弧电压决定的。电弧电压过高时，电弧的长度变长，焊接熔深减小，焊缝呈扁平状。电弧电压过低时，电弧的长度变短，焊接熔深增加，焊缝呈狭窄的圆拱状。电弧的长度由电压的高低决定，电压过高将产生过长的电弧，从而使焊接溅出物增多，而电压过低会导致起弧困难。在实际焊接操作时，焊接电压可以通过试焊的方式进行调整。

2．焊枪与使用

焊枪及配件如图 6-3-10 所示。启动焊枪，焊丝经导电嘴至焊接部位产生电弧。同时，保护气体经分流器给焊接部位提供全面保护。保护罩（也称喷嘴）在外部防护导电嘴，并固定分流器，同时引导保护气体到焊接部位。一般在焊接中，保护罩的内部易产生熔渣，必须将它们仔细地清除掉，以免影响焊接质量。

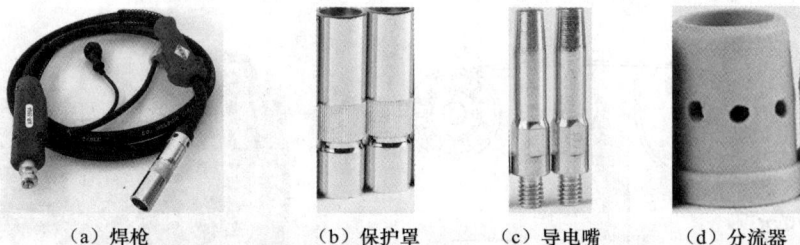

（a）焊枪　　　　　　（b）保护罩　　　（c）导电嘴　　　（d）分流器

图 6-3-10　焊枪及配件

（1）焊接的距离

适宜的导电嘴到工件的距离是保证高质量焊接的一项重要因素，如图 6-3-11 所示。标准的距离为 7～15 mm。如果导电嘴到工件的距离过大，从焊枪端部伸出的焊丝长度增加而产生预热，就加快了焊丝熔化的速度，保护气体所起的作用也会减小。如果导电嘴到板件的距离过小，将难以进行焊接，并会烧毁导电嘴。

一般要求焊丝伸出导电嘴 5～8 mm。刚开始焊接时，导电嘴和板件之间的距离缩短，将比较容易产生电弧。如果焊丝的端部形成了一个大的圆球，将难以产生电弧，所以应立即用斜口钳剪除焊丝端部的圆球，如图 6-3-12 所示。

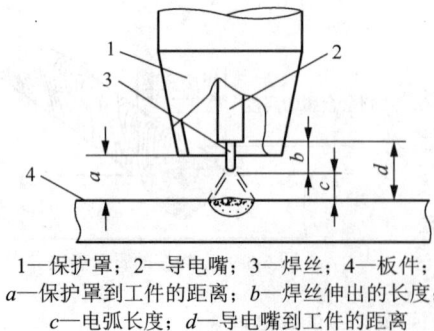

1—保护罩；2—导电嘴；3—焊丝；4—板件；
a—保护罩到工件的距离；b—焊丝伸出的长度；
c—电弧长度；d—导电嘴到工件的距离

图 6-3-11　导电嘴到工件的距离

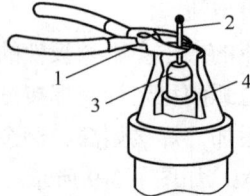

1—斜口钳；2—焊丝；3—导电嘴；4—分流器

图 6-3-12　剪断焊丝端部的圆球

（2）焊接的角度

焊接方法有两种，即正向焊接和逆向焊接（见图 6-3-13）。正向焊接的熔深较小且焊缝较平。逆向焊接的熔深较大，并会产生大量的熔敷金属。

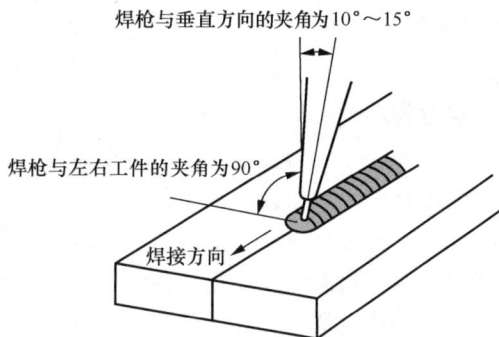

图 6-3-13　逆向焊接

（3）焊接速度

焊接时，如果焊枪移动的速度过快，焊接熔深和焊接宽度都会减小，而且焊缝会变成圆拱形；当焊枪移动的速度进一步加快时，将会产生咬边；而焊枪移动的速度过慢则会产生许多烧穿孔，如图 6-3-14 所示。一般来说，焊接速度由工件的厚度、焊接电压两个因素决定。在焊接不同厚度的板件时的速度如表 6-3-2 所示。

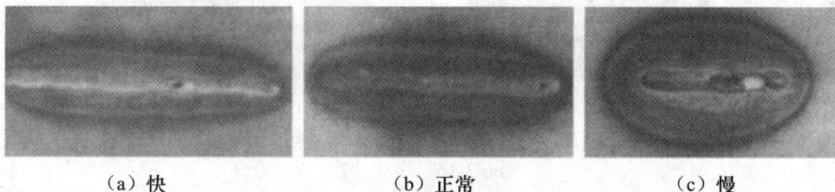

（a）快　　　　　　（b）正常　　　　　　（c）慢

图 6-3-14　焊接速度对焊接效果的影响

表 6-3-2　　　　　　　　　　在焊接不同厚度的板件时的速度

板件厚度/mm	焊接速度/（m/min）
0.6~0.8	1.1~1.2
1.0	1.0
1.2	0.9~1.0
1.6	0.8~0.85

3．焊丝的类型与选用

焊丝有不同的直径、不同的材质之分，还有实心和药芯的区别，如图 6-3-15 所示。

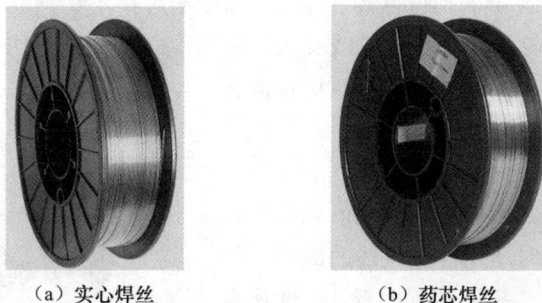

（a）实心焊丝　　　　　　（b）药芯焊丝

图 6-3-15　焊丝

（1）焊丝的类型

焊丝的选择要根据焊接板件的厚度、材质和设备情况进行。车身钣金维修中多用直径为

0.6～0.8 mm 的焊丝，使用最多的是直径为 0.6 mm 的焊丝。很细的焊丝可以在弱电流、低电压条件下使用，这就使进入板件的热量大大减少。焊接时，先用手将焊丝送进约 300 mm，保证焊丝能够顺利地通过送丝管和焊枪。

（2）送丝的速度

送丝结构可对送丝的速度进行控制，根据送丝主动轮数量可将送丝结构分为单送丝结构和双送丝结构，如图 6-3-16 所示。拧紧压紧手柄送丝加快，反之变慢。送丝速度通过焊接前的试焊来确定，如果送丝速度太慢，随着焊丝在熔池内熔化并熔敷在焊接部位，可听到"嘶嘶"声或"啪哒"声，此时产生的视觉信号为反光的亮度增强。当送丝速度较慢时，所形成的焊接接头较平坦。如果送丝速度太快将堵塞电弧，这时焊丝不能充分熔化，焊丝将熔化成许多金属熔滴并从焊接部位飞走，产生大量飞溅物，这时产生的视觉信号为频闪弧光。

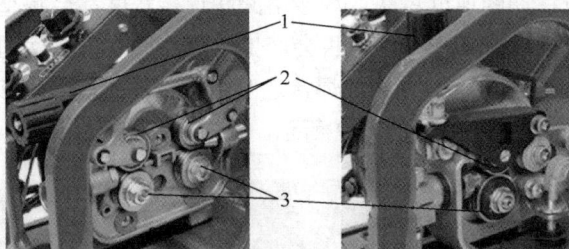

（a）双送丝结构　　　　（b）单送丝结构

1—压紧手柄；2—从动送丝轮；3—主动送丝轮

图 6-3-16　送丝结构

> **注　意**
>
> 确保送丝轮槽、焊丝导向装置和焊枪的导电嘴等尺寸与所使用焊丝的尺寸一致。

4．保护气体的类型与选用

（1）保护气体的类型

在焊接过程中，惰性气体对焊接部位进行保护，以免熔融的板件受到空气的氧化。惰性气体的类型由需要焊接的板件决定。钢材都用二氧化碳或二氧化碳和氩气的混合气作为保护气体；而对于铝材，则根据铝合金的种类和材料的厚度，分别采用氩气或氩氮混合气体进行保护。如果在氩气中加入 4%～5% 的氧气，就可以用于焊接不锈钢。

大多数车身修理中都采用二氧化碳或二氧化碳和氩气的混合气作为保护气体，混合气体的比例为 75% 的氩气、25% 的二氧化碳，这种混合气体通常被称为 C-25 气体。

（2）保护气体的流量

带有流量调节的压力表能显示气瓶内剩余气体的压力，还能调节焊接时所用保护气体的流量，如图 6-3-17 所示。如果是二氧化碳压力表，下面还有加热器，因为气瓶内的二氧化碳是以液态的形式存储的，它挥发成气态会吸热将管路冷却，严重的可能结冰，影响焊接质量。

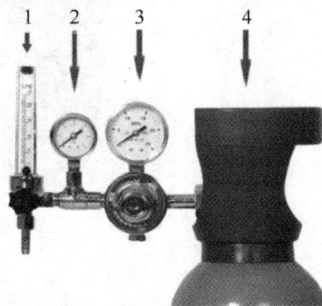

1—流量表；2—调压表；3—压力表；4—气瓶

图 6-3-17　保护气压力表

保护气体流量应根据喷嘴和板件之间的距离、焊接电流、焊接速度以及焊接环境（焊接部位附近的空气流动）来调整。如果保护气体的流量太大，会形成涡流降低保护层的效果。如果流出的气体太少，保护层的效果也会降低。在实际焊接操作时，保护气体的流量可以通过试焊的方式来确定。

> **⚡ 注　意**
>
> 　　在实际焊接操作时，焊枪、焊丝和保护气体等的调整可通过试焊的方式进行。

5. 车身铝合金件的焊接

由于铝合金件的导热性好，它最适合采用惰性气体保护焊，用这种方法更容易进行高质量的焊接。在焊接之前要清除焊接区域的氧化层，因为氧化层的存在会导致焊缝夹渣和产生裂纹。

（1）焊丝和保护气体

① 使用铝焊丝，和焊接钢板相比，焊接铝板时的送丝速度较快。

② 送丝轮的压力调低一点，以免焊丝弯曲。但不能调得过低，防止造成送丝速度不稳定。

③ 保护气体用 100% 的氩气，流量要比焊接钢板时增加约 50%。

（2）焊接方法

① 焊炬应更加接近垂直位置，焊接方向只能从垂直方向倾斜 5°～15°。

② 只能采用正向焊接，不能在铝板上进行逆向焊接。只能推，不能拉。

③ 进行立焊时，应从下面开始，向上焊接。

④ 用同样材质和厚度的试板进行试焊，如图 6-3-18 所示。进行钢质车身的焊接时，焊接部位会发出平稳、清脆的"吱吱"声，而焊接铝材时会发出平稳、沉闷的"嗡嗡"声。焊后观察焊缝的成形情况，再进行焊接参数和操作方法的适当调整。

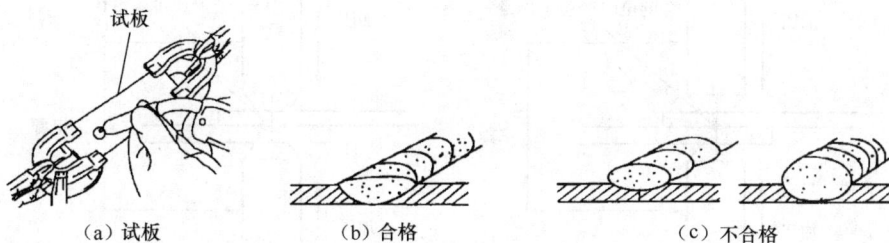

　　（a）试板　　　　　　　（b）合格　　　　　　　（c）不合格

图 6-3-18　试焊

三、电阻点焊

1. 焊机与焊接参数

电阻点焊机的主要部件是焊机控制器和焊枪，如图 6-3-19 所示。焊机控制器可调节输出焊接电流的强弱，并可以调节出精确的焊接电流通过的时间。在焊接时间内，焊接电流被接通并通过被焊接的金属板，直至电流被切断。一般车身修理所用的焊接时间最好为 1/6～1 s（10～60 次/min 循环）。焊接电流的大小由需要焊接的金属板的厚度和电极臂长度来决定。当使用缩短型电极臂时，应减小焊接电流。当使用加长型或宽距离的电极臂时，应增大焊接电流。

（1）电极压力

两个金属件之间的焊接机械强度与焊枪电极施加在金属板上的力有直接的关系。当焊枪电极将金属板挤压到一起时，电流从焊枪电极流入金属板，使金属板熔化并熔合。焊枪电极的压力太小、电流过大都会产生焊接飞溅物，导致焊接接头强度降低；焊枪电极的压力太大会引起焊点过小，并降低焊接部位的机械强度，如图6-3-20所示。操作时，可以通过试焊调整到合适的电极压力。

（2）焊接电流

给金属板加压后，一股很强的电流流过焊枪电极，然后流入两个金属板。在金属板的结合处电阻值最大，电阻热使温度迅速上升。如果电流不断流过，金属便熔化并熔合在一起，如图6-3-21所示。电流太大或压力太小，都会产生飞溅物。如果适当减小电流强度或增加压力，便可使焊接飞溅物减少。焊接电流和施加在点焊部位的压力对焊接质量都有直接的影响。

图6-3-19　电阻点焊机

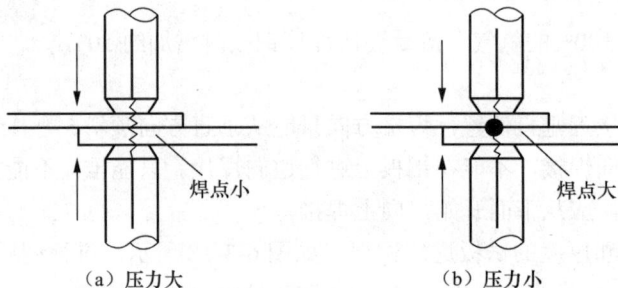

（a）压力大　　　　　　　　　（b）压力小

图6-3-20　电极压力对焊点的影响

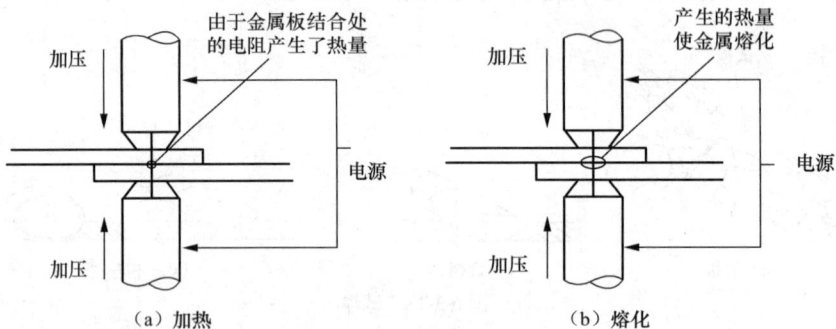

（a）加热　　　　　　　　　（b）熔化

图6-3-21　焊接电流对焊点的影响

一般通过观察焊点部位的颜色变化就可以判断电流的大小。焊接电流正常时，焊点中间电极触头接触部分的颜色不会发生变化，与焊接之前的颜色相同；焊接电流大时，焊点中间电极触头接触部分的颜色变深呈蓝色。

（3）加压时间

电流停止后，焊接部位熔化的金属开始冷却，凝固的金属形成圆而平的焊点。对焊点施加合适的压力会使焊点的结构非常紧密，有很强的机械强度。加压时间是一个非常重要的因素。时间太短会使金属熔合得不够紧密，焊接操作时的加压时间一般不少于焊机说明书上的规定值。

2．焊枪与使用

焊枪通过电极臂向被焊金属施加压力，并流入焊接电流，如图6-3-22所示。车身修理所使用的大多数焊枪随着焊臂的加长焊接压力会减小，焊接质量会下降。当配备100 mm或更短的缩短型电极臂时，其最大焊接能力为两层2.5 mm厚的钢板。一般要求配有加长型或宽距离电极臂的焊机至少可焊接两层1 mm厚的钢板。

用于承载式车身修理的电阻点焊机可带有全范围的可更换电极臂装置，能够焊接车身上各个部位的板件。各种电极臂的选用让焊机可以焊接汽车上大多数难以焊接的部位，例如地板、车门槛板、窗框、门框和其他焊接部位。维修人员在修理车身时，应查阅修理手册寻找合适的专用电极臂，以便对汽车上难以焊接的部位进行焊接。

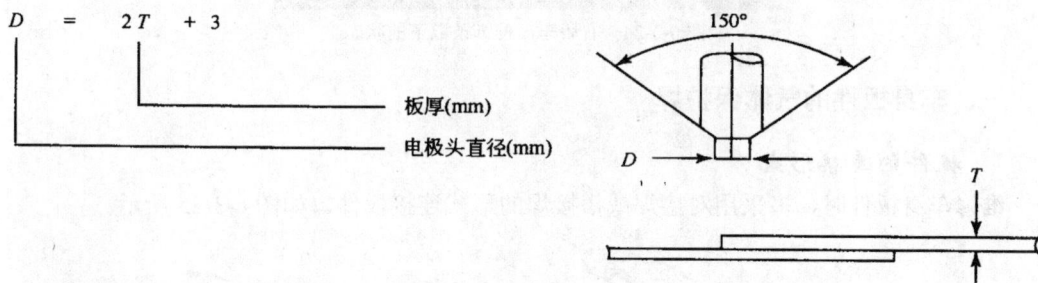

图6-3-22 电阻点焊枪

（1）电极臂的选择

根据需要焊接的部位来选择电极臂，选择的原则是多个电极臂都可以焊接某一个部位时，尽量选择短的电极臂。

（2）电极头的对准

将上、下两个电极头对准在同一条轴线上。电极头对准状况不好将引起加压不充分，会造成焊接电流过小，导致焊接部位的强度降低。

（3）电极头的选择

选择适当的电极头直径，可以获得理想的焊接深度，如图6-3-23所示。电极头端部杂质增加，该处的电阻也随之增加，会减少流入母材的电流并减小焊接熔深，导致焊接质量下降。经过长时间的连续使用以后，电极头端部将不能正常地散热从而造成过热。如有必要，可每进行5～6次焊接后，让电极头端部冷却，如果端部已被损坏，要用电极头端部的清理工具进行处理。

图6-3-23 选择适当的电极头

> ⚡ **注 意**
>
> 在实际焊接操作时，使用与焊件相同材质、相同厚度的试板进行试焊，测试焊接强度，以便调整相关的参数。

知 识 评 价

（1）汽车钣金维修中，二氧化碳保护焊是最常用的焊接方式。（ ）

（2）TIG 是非熔化极气体保护焊，MIG 和 MAG 是熔化极气体保护电弧焊。（　　）

（3）氧乙炔焊在现代车身修理中已无可应用之处。（　　）

（4）焊接车身铝合金件采用二氧化碳或一氧化碳和氩气的混合气体作为保护气体。（　　）

（5）实际焊接操作中，焊枪、焊丝和保护气体等参数可通过试焊的方式确定。（　　）

（6）在下列车身维修使用的焊接方式中，焊接效果最接近制造厂的是（　　）。

    A. 二氧化碳保护焊　　　　　　　　B. 手工电弧焊

    C. 氧乙炔焊　　　　　　　　　　　D. 电阻点焊

（7）在维修中若没有电阻点焊设备，能够达到点焊效果的焊接工艺是（　　）。

    A. 平焊　　　　　　B. 塞焊　　　　　　C. 立焊　　　　　　D. 搭接焊

（8）请观察你身边的车身板件的焊接情况，试着分析不同部位损伤应该如何维修。

任务实践

任务案例：张先生有一辆 2013 年产的比亚迪 F3 轿车，二手车评估师将右后车门框饰条取下后，认定这辆车属于事故车，如图 6-3-24 所示。

图 6-3-24　右后车门框饰条取下的状态

一、车身板件的气体保护焊

1. 板件的连接形式

维修车身板件时，多采用对接焊或搭接焊的形式连接板件，如图 6-3-25 所示。

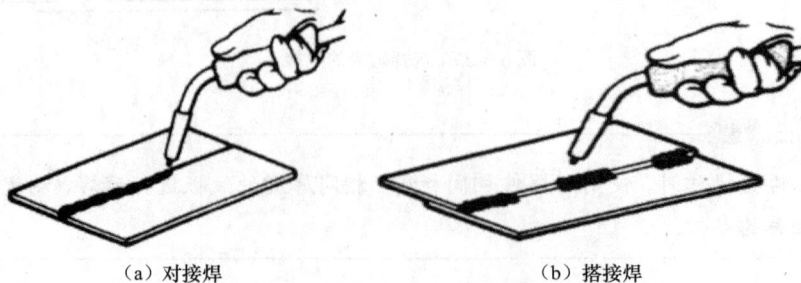

（a）对接焊　　　　　　　　　　　　　（b）搭接焊

图 6-3-25　板件的连接形式

（1）对接焊

将两个相邻的金属板边缘靠在一起，沿着两个金属板相互配合或对接的边缘进行焊接。

（2）搭接焊

将需要连接的两个板件错位重叠，在上层板件边缘处焊接，以连接下层板件。搭接焊只能用于维修原车身进行过这种焊接的部位，或用于维修外板和非结构性的金属板。当需要焊接的金属板多于两层时，不可采用这种方法。

2．分段焊接

焊接车身板件时，为了防止板件受热变形和长距离焊接烧穿板件，必须采用分段焊接的方法。

（1）固定板件

焊接前先将板件对准，不要有缝隙，然后用焊接夹具将板件牢固地夹在一起。在无法夹紧的地方，可以用锤子辅助固定，如图 6-3-26 所示。

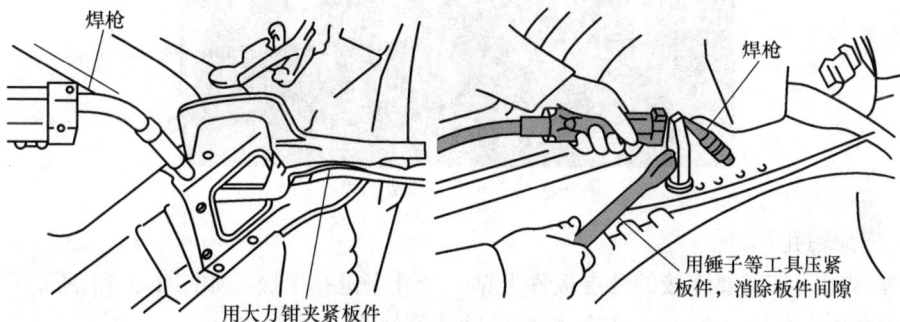

图 6-3-26　焊接前进行板件固定

（2）分段定位

① 各焊点间的距离与板件的厚度有关，一般其距离为板件厚度的 15～30 倍。根据板件需要焊接的长度确定分段数量，然后从两端到中间依次焊一些临时性的焊点，如图 6-3-27 所示。

② 金属板的厚度越小，焊缝的长度越短。车身板件的厚度多在 0.8 mm 以下，为防止烧穿薄板，每次焊接的长度最好不超过 20 mm。

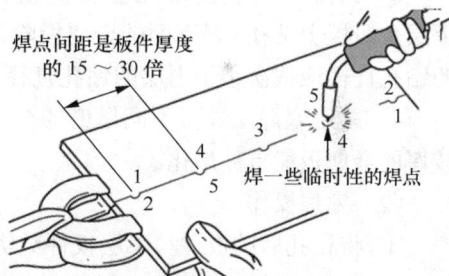

图 6-3-27　确定分段数量

（3）分段交叉焊接

分段定位完成后，还要分段交叉焊接。让先焊接完成的区域适当冷却后，再进行下一个区域的焊接，分段交叉焊接顺序如图 6-3-28 所示。

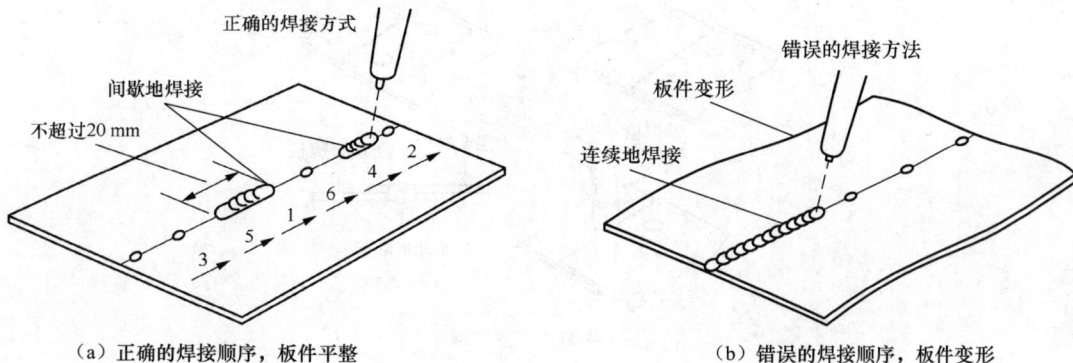

（a）正确的焊接顺序，板件平整　　　　　　（b）错误的焊接顺序，板件变形

图 6-3-28　分段交叉焊接顺序

① 为了防止金属板弯曲，应从板件的中心处开始焊接，并经常改变焊接的位置，以便热量均匀地扩散到板件中。

② 如果从金属板的边缘处或靠近边缘的地方开始焊接，金属板会产生弯曲变形。

3．塞焊

塞焊经常用在车身制造时进行过电阻点焊的地方，如图6-3-29所示。特别是前、后风窗框和门框需要安装密封条的部位，采用塞焊可保证密封性良好，防止漏风渗水。塞焊还可用于装饰性的外部板件和其他金属薄板上。

图6-3-29　车身门框处的焊点

（1）塞焊钻孔

① 塞焊时，在需要连接的外层板件上钻一个孔来进行焊接，如图6-3-30所示。一般，结构性板件钻孔直径为8 mm，装饰性板件钻孔直径为5 mm，装饰板件上的孔太大会使后面的打磨工作量加大。

② 当需要将两层以上的金属板塞焊在一起时，应在上层金属板上钻孔（最下面的金属板除外）。下层金属板的钻孔直径应依次小于上层的钻孔直径。

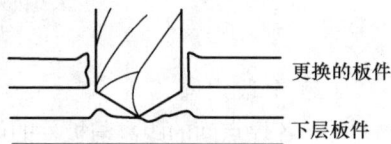

图6-3-30　塞焊钻孔

③ 采用塞焊法焊接不同厚度的金属板时，应将较薄的金属板放在上面，这样可以保证较厚的金属板能首先熔化。

（2）塞焊操作

① 将钻孔后的板件与下层板件结实地固定在一起。

② 焊枪和被焊接的表面保持一定的角度，将焊丝放入孔内，短暂地触发电弧，反复操作，直到将孔焊平，如图6-3-31所示。要确保焊接深入下层金属板，在金属板下面有半球形隆起表明有适当的焊接熔深。

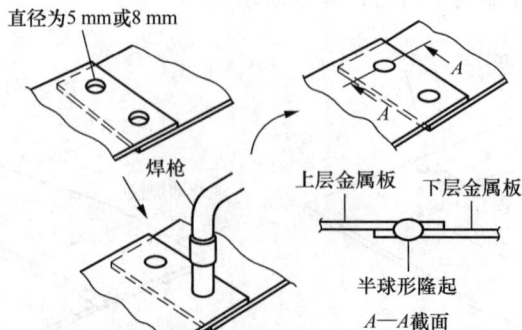

图6-3-31　塞焊过程

③ 一个孔的塞焊要一次完成，避免二次焊接。

④ 塞焊的部位应该自然冷却，然后才可以焊接相邻部位。不能用水对焊点周围进行强制冷却。

4．检查焊接质量

在对汽车上的零件进行焊接之前，可以先在试板上进行试焊。这些试板要和汽车上需要焊接的零件的材料相同。焊接试板时，焊机的各项参数要调整适当，这样车身板件的焊接质量才有保证。试板的焊接处用錾子断开，以检验焊接的质量。

（1）搭接焊和对接焊质量的检查

试板的厚度为 1 mm。

① 工件正面焊疤最短长度为 25 mm，最长长度为 38 mm，最小宽度为 5 mm，最大宽度为 10 mm。

② 工件背面焊疤宽度为 0～5 mm。

③ 对接焊工件的夹缝宽度是工件厚度的 2～3 倍。

④ 焊件正面焊疤最大高度不超过 3 mm，焊件背面焊疤最大高度不超过 1.5 mm。

⑤ 撕裂后工件上必须有与焊疤长度相等的孔。

（2）塞焊质量的检查

试板的厚度为 1 mm。

① 工件正面焊疤直径最小为 10 mm，最大为 13 mm。

② 工件背面焊疤直径为 0～10 mm。

③ 焊疤不允许有孔洞或焊渣等缺陷。

④ 塞焊扭曲破坏后下面工件上必须有直径不小于 10 mm 的孔。

二、车身板件的点焊

1．板件处理

使用电阻点焊机焊接时，除了焊机本身的电流、压力、电极臂等因素会影响焊接的质量外，在焊接时还有下列问题会影响焊接的质量。

（1）调整板件间隙

两个焊接表面之间的任何间隙都会影响电流的通过，如图 6-3-32 所示。不消除这些间隙也可进行焊接，但焊接部位将会变小从而降低焊接的强度。因此，焊接前要将两个金属表面整平，以消除间隙，然后用焊接夹具将板件夹紧。

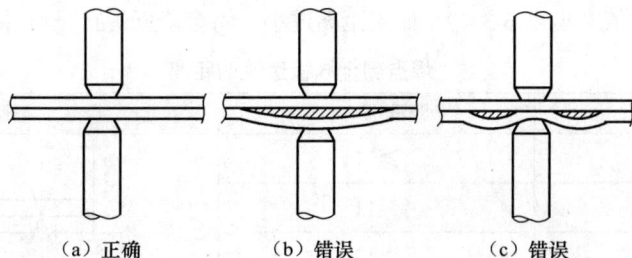

（a）正确　　　　（b）错误　　　　（c）错误

图 6-3-32　焊接表面的间隙

（2）工件表面的状态

需要焊接的金属板表面上的油漆层、锈斑、灰尘或其他任何污染物都会减小电流强度而使焊接质量降低，所以要将这些物质从焊接的表面上清除掉。

2．确定焊点数量

点焊的强度取决于焊点的间距（两个焊点之间的距离）和边缘距离（焊点到金属板边缘的距离）。修理用的电阻点焊机功率一般小于制造厂的点焊机功率。因此，和制造厂的点焊相比，在维修中进行点焊时，应将焊点数量增加 30%，如图 6-3-33 所示。

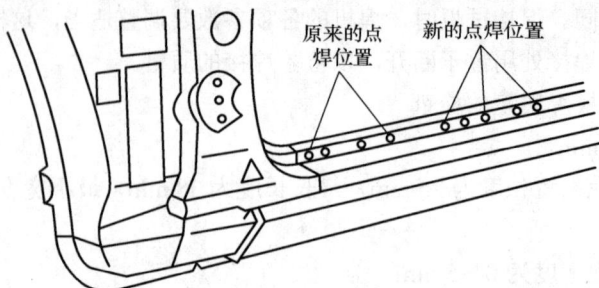

图 6-3-33　焊点数量

（1）焊点的间距

两层金属板之间的结合力随着焊点间距的缩小而增大。但如果间距缩小至一定程度再进一步缩小间距，结合力将不再增大，这是因为焊接电流将流向已被焊接过的焊点产生分流，焊接部位流过的电流变小，焊接强度下降。随着焊点数量的增加，这种往复的分流电流也会增加。而这种分流的电流并不会使原先焊接处的温度升高。电阻点焊时焊点间距的选取标准如表 6-3-3 所示。

表 6-3-3　　　　　　　　　　　　　　焊点间距的选取标准

板材厚度/mm	焊点间距 S/mm	边缘距离 P/mm	图示
0.4	≥11	≥5	
0.8	≥14	≥5	
1.0	≥17	≥6	
1.2	≥22	≥7	
1.6	≥30	≥8	

（2）边缘距离

到金属板边缘的距离是由电极头的位置决定的。即使焊接的情况正常，如果到金属板边缘的距离不够大，也会降低焊点的强度。在靠近金属板端部的地方进行焊接时，焊点到金属板边缘的距离应符合规定值（见表 6-3-4）。如果距离过小，将会降低焊接强度并引起金属板变形。

表 6-3-4　　　　　　　　　　　　　　焊点到金属板边缘的距离

板材厚度 t/mm	距离 l/mm	图示
0.4	≥11	
0.8	≥11	
1.0	≥12	
1.2	≥24	
1.6	≥16	
2.0	≥16	

3．点焊操作

（1）焊接顺序

不要只沿着一个方向连续地进行焊接操作，这样会使电流产生分流而降低焊接质量。应按图6-3-34所示的正确顺序进行焊接。

（2）角落处的焊接

不要对角落的半径部位进行焊接，如图6-3-35所示。对这个部位进行焊接将产生应力集中而导致板件开裂，车身上需要注意的部位有前柱和中柱的顶部角落，后顶侧板的前上方角落，前、后车窗角落等。

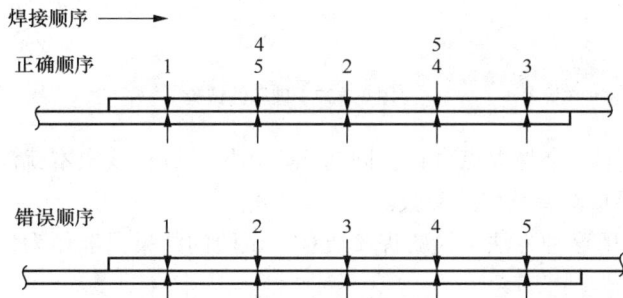

图6-3-34 焊接顺序

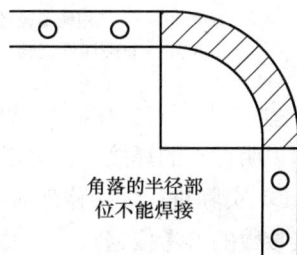

图6-3-35 角落处的正确焊接方法

4．检查焊接质量

（1）外观检查

外观检查除了可通过看和摸来检验焊接处的表面粗糙度外，还可通过下列项目检验。

① 焊点的位置应在板件边缘的中心，不可超过边缘，还要避免在原先焊接过的焊点位置进行焊接。

② 焊点的数量应大于或约等于汽车制造厂焊点数量的1.3倍。例如，原来在制造厂点焊的焊点数量为4个，那么新的修理焊点可为5个或6个。

③ 焊点间距应略小于汽车制造厂的焊接间距，焊点应均匀分布。焊点间距的设置，以不产生分流电流为原则。

④ 焊接表面的焊痕深度不能超过金属板厚度的一半，电极头不能产生电极头焊孔。

⑤ 不能有肉眼可以看见的气孔。

⑥ 用手套在焊接表面擦过时，不应被绊住。

（2）强度检查

在一次点焊完成后，可用錾子和锤子按下述方法检验焊接的质量。

① 将錾子插入焊接的两层金属板之间进行非破坏性试验（见图6-3-36）并轻敲錾子的端部，直到在两层金属板之间形成2～3 mm的空隙（当金属板的厚度大约为1 mm时）。如果这时焊点部位仍保持正常没有被分开，则说明所进行的焊接是成功的。

② 如果两层金属板的厚度不同，操作时两层金属板的间隙限制在1.5～2 mm。如果进一步凿开金属板，将会变成破坏性试验。

③ 检验完毕后，一定要将金属板上的变形修好。

（3）破坏性试验

① 取两块和需要焊接的金属板同样材料、同样厚度的试板，按图6-3-37所示进行焊接。

然后，按图中箭头所指的方向施加力，使试板在焊点处分开。

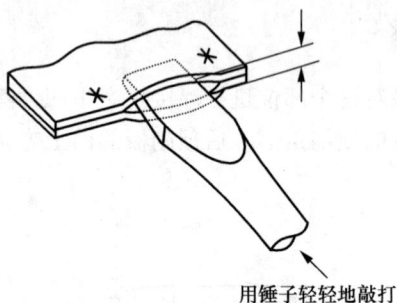

图 6-3-36　非破坏性试验

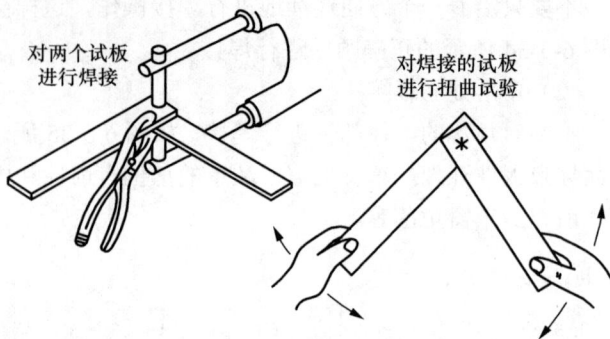

图 6-3-37　破坏性试验

② 扭曲后在其中一片试板上留下一个与焊点直径相同的孔，如果孔过小或根本就没有孔，说明焊点的焊接强度太低，需要重新调整焊接参数。

③ 实际进行焊接修理时，不能用这种方法来检验焊接质量，试验的结果只能作为调整焊接参数的参考依据。

能 力 评 价

请针对任务案例"张先生有一辆 2013 年产的比亚迪 F3 轿车，二手车评估师将右后车门框饰条取下后，认定这辆车属于事故车，如图 6-3-24 所示"，依据所学知识和技能，分析并回答以下问题。

（1）评估师认为任务案例中的车辆为事故车的依据是（　　　　）。

  A. 车门框饰条老化严重   B. 门框处焊点消失，说明经过维修

  C. 确定损伤部位属于车身结构件 D. 车辆使用年限过长

（2）案例中的比亚迪 F3 原厂车身在该处采用的装配工艺是（　　　　）。

  A. 激光焊接   B. 点焊   C. 钎焊   D. 黏结

（3）维修案例中的损伤部位，可采用的焊接方式有（　　　　）。

  A. 电阻点焊   B. 钎焊

  C. 二氧化碳保护焊   D. 塞焊

（4）采用点焊方式维修案例中的车身损伤部位时，（　　　　）。

  A. 焊接前通过试焊，调整至最佳的焊接参数

  B. 应减少维修焊点数量

  C. 不要对门框角落的半径部位进行焊接

  D. 不要只沿着一个方向连续地进行焊接操作

（5）采用焊接工艺维修车身板件时，要注意（　　　　）。

  A. 焊接车身板件时，为了防止板件受热变形和长距离焊接烧穿板件，必须采用分段焊接

  B. 焊缝长度的大小与板件的厚度无关，尽可能大一些

  C. 为了防止金属板焊接时弯曲，应从板件的边缘处开始焊接

  D. 用塞焊替代原厂车身的点焊维修，焊接前要在两层板件上钻孔

| 项目拓展——大国工匠，"独手焊侠" |

随着我国高端制造业的蓬勃发展，各行各业的能工巧匠尽情展示他们的高超技术和良好素养，其中有一名焊接工让人印象深刻。他的左手几乎丧失了劳动能力，但他克服了常人难以想象的困难，练就了一手绝技，他就是国家级技能大师、中华技能大奖获得者、全国"最美职工""大国工匠年度人物"、中国兵器首席技师、中国兵器工业集团内蒙古第一机械集团有限公司的焊工，人称"独手焊侠"的卢仁峰。他执着地在焊工岗位上坚守了40多年，他的"手工电弧焊单面焊双面成形技术"堪称一绝。他迎难而上攻克技术难题，他焊接的坦克车体坚如磐石、密不透水。他解决了20多项技术难题，完成了一批关键技术瓶颈的突破，为实现强军目标贡献了智慧和力量。他致力于技能传承，带出的百余名工匠，都迅速成长为企业的技师、高级技师和技术能手，有的还获得了"全国劳动模范""五一劳动奖章""全国技术能手"等殊荣。

焊接工作又苦又累，"台上一分钟，台下十年功"，质量优良的焊缝堪称艺术品，令人赏心悦目。

精美的焊缝

项目 7
汽车车身结构件损伤的维修

车辆受到严重撞击后，车身的覆盖件和结构件都会发生变形。损伤的覆盖件可以手动维修或更换新件，而对于结构件的损伤，维修起来要复杂得多。由于车身结构件强度非常高，变形后只有通过动力设备的拉伸才能校正。对于损伤严重的结构件，更换时要严格按照维修手册的要求进行操作。同时，由于轿车的后翼子板和车顶板与车身结构件焊接成一个整体，因此它们的严重损伤通常与结构件的维修同时进行。本项目除了重点介绍车身变形结构件的校正和损伤结构件的更换以外，还会介绍汽车车身无损伤维修、车身粘铆接等钣金维修新工艺。

|任务 7.1 车身变形结构件的校正 |

【知识目标】

（1）掌握车身变形结构件校正的基本原则和要求。
（2）掌握不同类型车身校正设备的使用方法。

【能力目标】

（1）能够拉伸、校正变形的车身结构件。
（2）能够利用测量系统实时监控拉伸情况。

【素质目标】

（1）培养学生的动手实践能力。
（2）培养学生精益求精精神。

任 务 分 析

对于承载式车身而言，车身尺寸的精确度是影响车身修复过程的一个关键因素，车身校正的重点是"精确地恢复车身的尺寸与状态"。因为车身（特别是承载式车身）是车辆的基础，汽车的发动机、悬架、转向系统等都安装在车身上，如果这些零件安装点的尺寸没有校正到原尺寸，就会影响车辆的性能。

　　本任务需要学生能够综合运用车身结构和车身测量等相关知识和技能，根据具体损伤情况独立分析车身变形，设计拉伸校正方案。同时，在拉伸操作中，要求学生注意安全，规范操作，具有爱岗敬业的职业精神。

相 关 知 识

一、车身变形校正的要求

1．拉伸的基本原则

（1）损伤较轻时的拉伸

　　车身结构件变形的校正多采用动力拉伸的方式。车身结构件本身强度很高，若这类零件发生了变形，说明碰撞损伤肯定很严重。拉伸车身时，有一个基本原则，即按与碰撞力相反的方向，在碰撞区施加拉力，如图 7-1-1 所示。当碰撞很轻，损伤比较简单时，这种方法很有效。

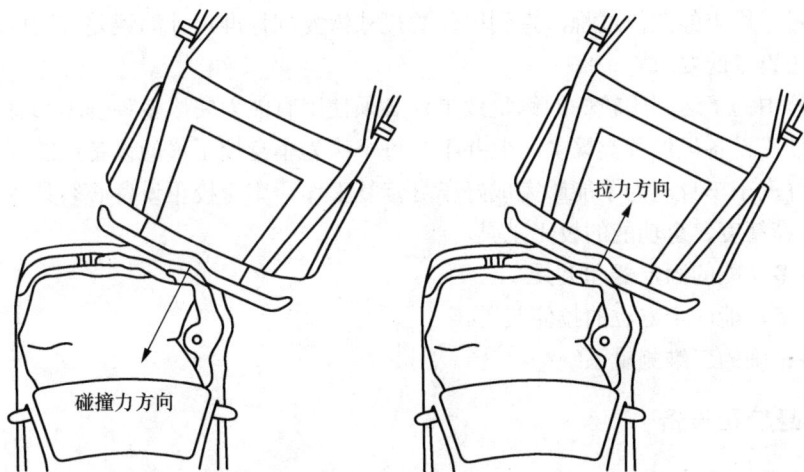

图 7-1-1　拉力的方向

（2）损伤复杂时的拉伸

　　但是当损伤区域有褶皱，或者发生了剧烈碰撞时，结构件变形就比较复杂，这时仍采用沿着一个方向拉伸的方法就不能使车身恢复原状。这是因为变形复杂的结构件，在拉伸恢复过程中，其强度和变形也会改变，因此拉力的大小和方向（见图 7-1-2）就需要适时改变。因此，在校正拉伸时，要同时在损伤区域的不同方向上施加拉力。

　　一个零件在受到碰撞后，可能存在 3 个方向的变形。因此维修时要按照先校正长度，然后校正宽度，最后校正高度的顺序进行。

2．维修的顺序和要求

　　拉伸车身时，保证通过最少量的拉伸校正来修复损伤零件，同时不能造成进一步的车身结构损伤。首先，从混在一起的众多损伤中，找出维修的先后次序。

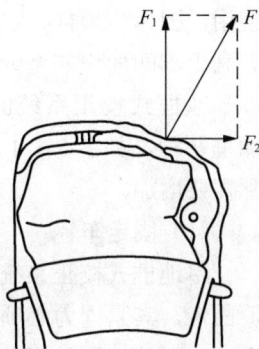

图 7-1-2　拉力的分解

从确定出的第一个需要修复的板件开始修复，然后修复第二个、第三个……，直至全部维修完成。整个拉伸校正的程序在车身损伤分析、制订维修计划的过程中要安排好。在具体的校正维修过程中可能还需要根据具体情况做相应的调整。

（1）维修顺序

在维修时，要按"从里到外"的顺序完成维修过程。因为车身尺寸的基准在车身中部，需要先对车身中部进行整修，使车身中部尺寸恢复，然后以它们为基准对前部或后部车身的尺寸进行测量和校正。而不是车身前部损伤就先维修前部零件，车身后部损伤就先维修后部零件，而是要先对车身的中部（乘客室）进行校正，使车身的中部和底部的尺寸，特别是基准点的尺寸恢复到位。

（2）拉伸程度的要求

① 拉伸校正的程度是由损伤零件的尺寸决定的。拉伸前需要知道每个损伤零件变形的方向和变形的大小，这需要通过准确的测量来判定，通过三维测量数据和车身标准数据的对比可以知道变形的大小和方向。

② 每一个板件的修复都需要很多次的拉伸操作，每一次拉伸时，只使受损板件产生少量的变形，然后卸力、测量，检查一下板件变形恢复的程度，还有多少尺寸没有恢复，再重复拉伸、测量、检查的工作过程，直到板件的尺寸恢复到标准尺寸的误差范围内。

（3）校正设备的要求

车身维修中为了达到比较好的修复效果，必须使用有能力完成多种基本修复功能的校正设备。车身校正设备虽然种类繁多，但并不是每个称为车身校正仪的设备都能高效、精确、安全地修复好汽车车身。为了能够完成好车身修复工作，车身校正设备必须具备以下条件。

① 配备高精度、全功能的校正工具。

② 配备多功能的固定器和夹具。

③ 配备多功能、全方位的拉伸装置。

④ 配备精确的三维测量系统。

二、车身校正设备

1. 地框式校正系统

地框式校正系统（地八卦）是将框轨埋藏在地下，在框轨上安放自锁式锚固锁，通过三点式拉具，用铁链将车身拉出，如图7-1-3所示。地框式校正系统适合小型的车身维修车间使用，因为当顶杆、主夹具和其他动力辅助设备被清理后，校正作业区就可以有其他用途，有利于车间面积的充分利用。

地框式校正系统的框轨有单框和单框加附加框两种，如图7-1-4所示。附加框可以根据实际需要增加。

（1）固定车辆

用地框式校正系统校正拉伸车辆时要进行车辆固定，其紧固力必须满足在拉力的大小和方向上同时保持平衡的要求。车辆被安全地紧固在支座的夹钳上，一般在车身下部的4个位置都要进行这样的固定，确保车辆在拉伸校正中保持稳定。

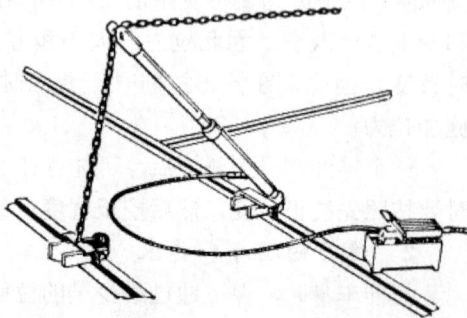

图 7-1-3 三点式拉具

（2）拉伸操作

地框式校正系统在拉伸校正操作中配有手动或气动液压泵，并且还应配有一些液压顶杆（液压油缸）。用一根链条把顶杆连在车辆和支架上，通过支架把顶杆和链条支撑在框轨上。在拉伸时需将液压顶杆装在顶杆座上，以便液压顶杆能够在需要的方向上施力。液压顶杆升到需要的高度，把链条拉紧并锁紧链条，链条钩在支架上。支架、液压顶杆及车辆上的拉伸点必须与牵拉方向在一条直线上。将液压泵与液压顶杆连接，并把空气软管连接到气动液压泵上，启动液压泵，使链条拉紧，接下来，就可以进行拉伸校正了，如图 7-1-5 所示。

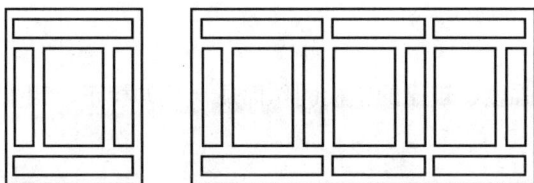

（a）单框　　　　　　（b）单框加附加框
图 7-1-4　地框的形式

图 7-1-5　用地框式校正系统拉伸校正车身

2. L 形车身校正仪

L 形车身校正仪由车身固定系统、拉伸系统和附件组成，详细构件如图 7-1-6 所示。拉伸系统装配有液压装置，在可移动的拉伸柱和车身之间用链条和夹钳牵拉被损伤的车身部分。因为容易搬运，所以这种校正设备很容易安放在损伤部位的牵引方向。但是这种类型的设备只能在一个方向上拉拔。因此，它只适合一些简单的碰撞修复，对于复杂的碰撞变形不能进行精确的修复。

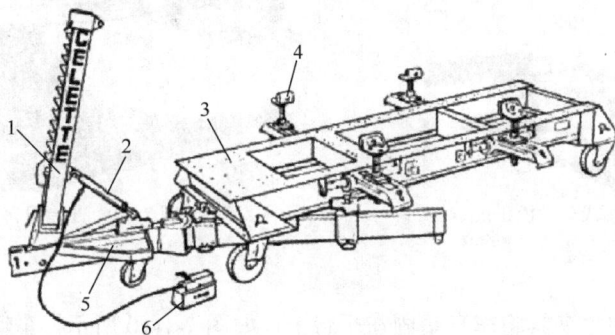

1—拉伸柱；2—液压撑杆；3—平台；4—夹钳；5—牵引小车；6—液压器
图 7-1-6　L 形车身校正仪

L 形车身校正仪可以进行拉、顶、压、拔操作。当车身某个方向被撞凹进去，可用工具夹紧再用牵引小车把它拉出来。如果在某个方向凸出来，也可以顶、压进去。可以视车身的损伤程度，对其进行正面拉、侧面拉，还可以向上拔、向下拉等操作，如图 7-1-7 所示。

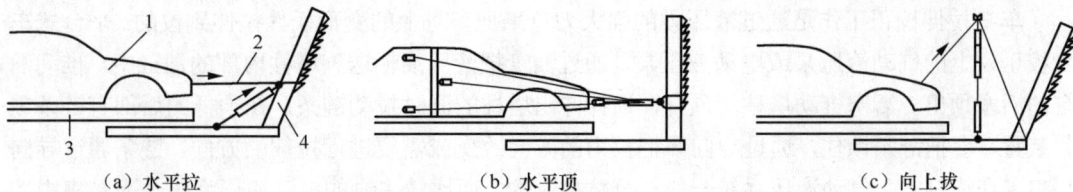

（a）水平拉　　　　　　　（b）水平顶　　　　　　　（c）向上拔

1—车身；2—链条；3—平台；4—拉伸柱
图 7-1-7　L 形车身校正仪的使用

3．平台式车身校正仪

平台式车身校正仪（俗称大梁校正仪）是一款通用型的车身校正设备，可以对各种类型的车身进行校正，如图 7-1-8 所示。平台式车身校正仪一般配有两个或多个塔柱用于拉伸校正。这种拉伸塔柱为车身维修人员提供了很大的自由度，可在车身的任何角度、任何高度和任何方向上进行拉伸。其中，很多平台式车身校正仪有液压倾斜装置或整体液压升降装置，利用一个手动或电动拉车器，即可将车身拉或推到校正平台的一定位置上。

平台式车身校正仪的使用（微课）

平台式车身校正仪同时也配备有测量系统，通过测量系统的精确测量，可指导拉伸校正工作准确、高效地进行。

（1）平台

平台是车身修复的主要工作台，采用高强度、较厚的钢板制作而成，拉伸校正、测量、板件的更换等工作都在平台上完成。

（2）上车系统和平台升降系统

通过上车系统和平台升降系统可以把事故车放置在平台上。上车系统包括上车板、拖车器、车轮支架、拉车器（牵引器）等。通过平台升降系统可把平台升起或降下到一定的工作高度，如图 7-1-9 所示。平台升降系统有固定式和可调式两种，固定式平台升降系统一般提供倾斜式升降，高度为 500～600 mm；可调式平台升降系统一般提供整体式升降，高度为 300～1000 mm。

图 7-1-8　平台式车身校正仪　　　　　图 7-1-9　平台升降系统

（3）车身固定

固定在平台上的主夹具将车身紧固在平台上，如图 7-1-10 所示，车辆、平台和主夹具成为一个刚性的整体，车辆在进行拉伸操作时不能移动。为满足不同车身下部固定位置的需要，主夹具的结构有多种，双夹头夹具可以夹持比较宽的裙边部位，防止拉伸中损伤夹持部位，单夹头夹具的钳口很宽，能够夹持车架。对于一些特殊车辆的夹持部位有特殊的设计，如有些车没有普通车的电焊裙边，就需要用专门的夹具来夹持。

（4）拉伸系统

车身拉伸校正工作是通过液压力的强大力量来把车身上的变形板件拉伸到位的。平台式车身校正仪上的气动液压泵或电动液压泵，通过油管把液压油输送到塔柱内部的油缸中，推动油缸的活塞顶出，活塞推动塔柱的顶杆，顶杆伸出塔柱的同时拉动链条，在顶杆的后部有链条锁紧装置，会把链条锁住，通过导向环把拉力的方向改变成需要进行拉伸的方向。链条通过导向环口卡在塔柱上。气动液压系统一般是分体控制的，而比较先进的电动液压系统一般是集中控制的，由一个或两个电动泵来控制所有的液压装置，这样效率更高，故障率更低，工作平稳。

（5）附件

车身校正系统中的附件包括对车身各种部位进行拉伸的夹持工具、链条等，如图 7-1-11 所示。在使用夹持工具时必须注意正确的使用方法，否则会损害夹具和车身。

图 7-1-10　主夹具

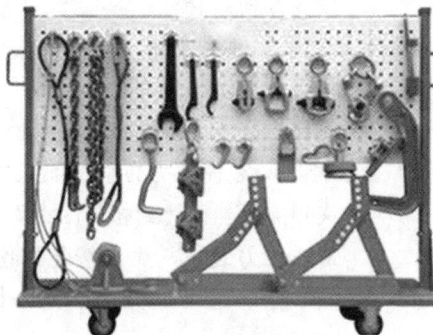

图 7-1-11　拉伸用的附件

① 在拉伸时必须使拉力方向的延长线通过夹齿的中间，否则夹钳有可能因受到扭转的力而脱开，还会对钳口夹持的部位造成进一步的损伤，如图 7-1-12 所示。

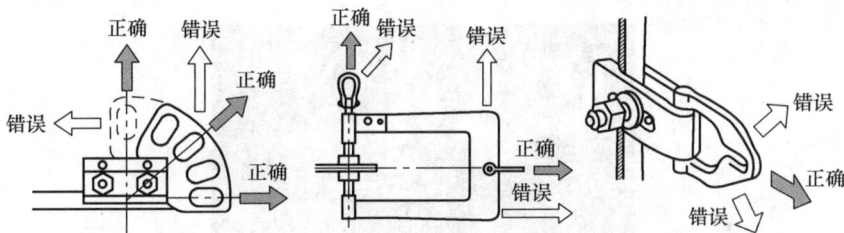

图 7-1-12　拉力的方向

② 在为拉伸校正做准备时，如果夹持工具不能正好夹持在变形区域，可暂时在需要拉伸的部位焊一小块钢片，将夹持工具夹持在钢片上进行拉伸，如图 7-1-13 所示。修复之后，再去掉钢片。

（6）测量系统

测量系统是整个车身修复过程中不可或缺的一部分。测量系统在车身测量中已介绍过，此处不赘述。

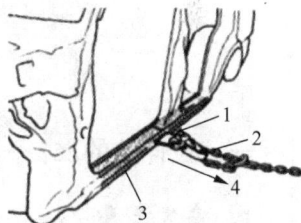

1—临时焊接的钢片；2—链条；
3—损伤门槛；4—拉伸方向
图 7-1-13　拉伸的临时焊片

知 识 评 价

（1）L 形车身校正仪可以进行不同方向的拉伸操作，不可用来顶、压。（　　）

（2）在校正仪平台上固定轿车车身时，主夹具夹车底的裙边部位。（　　）

（3）拉伸校正变形的车身，必须选用精确的三维测量系统。（　　）

（4）损伤板件的拉伸操作是通过活塞推动塔柱的顶杆，从而让可伸缩的顶杆拉动链条运动。（　　）

（5）在进行拉伸校正时，如果夹持工具不能正好夹持在变形区域，可暂时焊接一小块钢

片，辅助拉伸。（　　　）

（6）拉伸校正损伤较轻的车身时的原则是（　　　）。

    A. 先加热变形部位　　　　　　　　B. 按与碰撞力相反的方向拉伸

    C. 按多方向拉伸　　　　　　　　　D. 无须进行测量

（7）车身发生了剧烈碰撞，结构件变形就比较复杂，在校正拉伸时要（　　　）。

    A. 沿着碰撞力相反的方向拉伸　　　B. 在变形部位中部拉伸

    C. 在损伤区域不同的方向上施加拉力　D. 不能改变拉力的大小和方向

（8）在拉伸时必须使拉力方向的延长线通过夹齿的中间，否则（　　　）。

    A. 夹钳有可能因受到扭转的力而脱开　B. 会对钳口夹持的部位造成进一步的损伤

    C. 造成拉力过小，无法修复损伤　　　D. 使拉力过大，造成拉伸过度

（9）请搜集汽车严重损伤案例，并分析如何拉伸修复。

任 务 实 践

任务案例：一辆蔚来 ES8 轿车前部发生严重碰撞，车身结构件变形需拉伸修复，如图 7-1-14 所示。

图 7-1-14　碰撞后需要拉伸修复的汽车

一、拉伸前的准备

1. 安装夹具

（1）固定车辆

① 确保主夹具夹钳齿咬合紧固，车辆被牢靠地固定在平台上。

② 在损伤部位安装夹具，装夹要牢固，检查钳口螺栓是否紧固、牢靠，如图 7-1-15 所示。

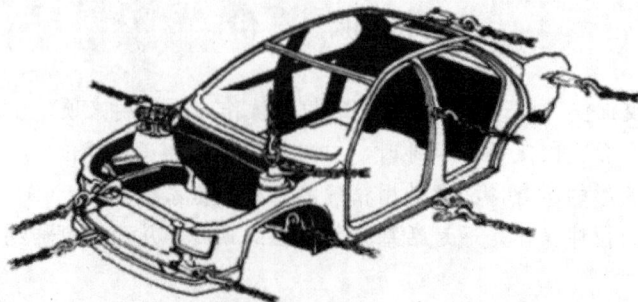

图 7-1-15　安装夹具

③ 拉伸链条必须稳固地与钣金夹具连接，为防止在拉伸过程中脱落，用钢丝绳把链条固定在车身的牢固零件上，万一链条断裂，可防止其甩出对人员和其他物品造成损伤，如图 7-1-16 所示。

> ⚡ **注　意**
>
> 　　拉伸时，严禁操作人员与链条或牵拉夹钳在一条直线上。因为当链条断裂、夹钳滑落、钢板撕断时，特别是在拉伸方向上，可能会对操作人员造成直接的伤害。

（2）车身的辅助固定

拉伸力量大时，一定要在被拉部位相反一侧使用辅助固定装置，以防止将汽车拉离校正平台，如图 7-1-17 所示。

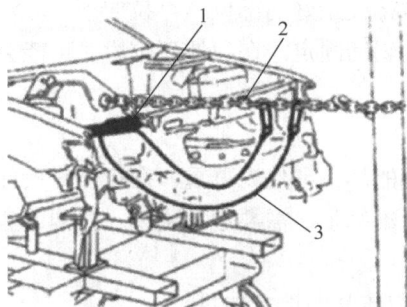

1—水箱框架；2—链条；3—钢丝绳
图 7-1-16　链条的固定

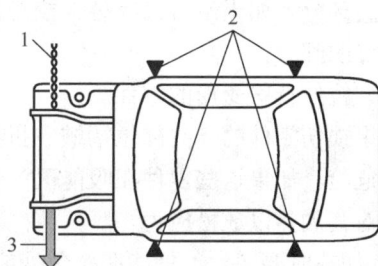

1—辅助固定；2—将车身在平台上固定；3—拉力方向
图 7-1-17　辅助固定

2. 确定拉伸形式

在承载式车身损伤较轻的表面可以使用简单的单向牵拉。在牵拉维修结构复杂的零件损伤时，一定要注意避免与其关联的那些未损伤的或已修复的部位受到拉伸，以免造成不应有的损伤，甚至无法修复的结果。为了避免发生这类情况，需要使用复合牵拉。要求在每次拉伸校正过程中，尽量要找到两个或更多的拉伸点和方向，如图 7-1-18 所示。

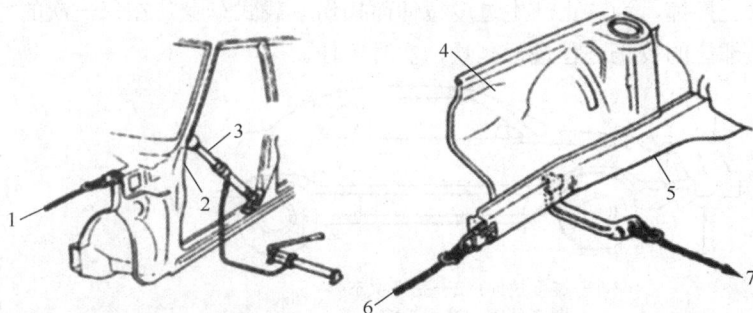

单向拉伸（动画）

复合拉伸（动画）

（a）前柱的复合拉伸　　　　（b）前纵梁的复合拉伸
1—向前拉前柱；2—前柱；3—推前柱；4—挡泥板；
5—前纵梁；6—纵向拉；7—横向拉
图 7-1-18　复合拉伸

二、拉伸校正操作

1. 拉伸校正过程

车身的结构件变形不可能拉伸一次就能恢复到标准尺寸，而是需要通过一系列的"拉伸

—保持平衡（消除应力）—再拉伸—再保持平衡（消除应力）"的反复拉伸操作。在这样一个循环往复的操作过程中，车身金属板可以有更多的时间恢复变形，有更多的时间使金属松弛（消除加工硬化的应力），维修人员有更多的时间测量、检查和调整拉伸校正的进度。

（1）拉伸常规变形的零件

① 在拉伸开始时，要慢慢地启动液压系统，仔细观察车身损伤部位的移动，以及是否在正确的方向上变形。如果不是，要检查原因，调整拉伸角度后再开始。

② 在拉伸到出现一定变形后要停止拉伸并保持拉伸拉力，然后用锤子不断锤击损伤区域以消除应力，使之松弛，然后再次拉伸并放松应力。

③ 车身零件的拉伸要从靠近车中心的部分向外进行，当靠近中部的零件的测量控制点尺寸到位以后，可以用一个辅助固定夹来固定已经拉抻校正好的部位，再拉伸下一段没有完全恢复的部分。如果不对已经拉伸校正好的部位进行辅助固定，在拉伸下一段时可能会影响已修复好的部分。

（2）拉伸特殊变形的零件

如果损伤零件的一些部位褶皱、折叠严重，内部的加工硬化太严重，在拉伸时板件有被撕裂的危险。如果这些零件在吸能区的话就不能进行维修了，需要进行更换。拉伸这些零件时需要对其加热以放松应力。

① 加热时要注意，只能在棱角处或两层板连接得较紧的地方加热。

② 不得在车身纵梁或在箱型截面部分加热，在这些部位加热只能使其状态进一步恶化。

③ 加热只能作为消除金属应力的一种手段，而不能把它作为软化某一部分的方法。现代车身一般不推荐在高强度板件上用焊炬加热，如果采用加热方式释放应力，加热温度控制在200℃以下。

2. 防止过度拉伸

钢板可以被拉长，但不可能通过推压使其缩短。任何损伤的钢板，在拉伸校正之后，若其尺寸超过了极限尺寸，就很难再收缩或被压缩了，如图7-1-19所示。过度拉伸唯一的维修方法就是把损伤的板件更换掉，为防止产生过度拉伸而损伤承载式车身，在每一次的拉伸校正过程中，都要对损伤部位的校正进程进行测量，实时监控。

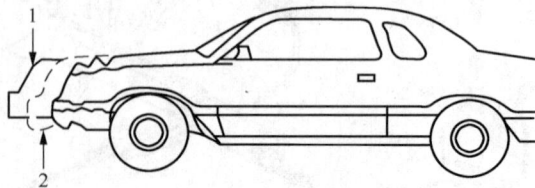

1—过度拉伸；2—完好状态
图 7-1-19 过度拉伸

能 力 评 价

请针对任务案例"一辆蔚来ES8轿车前部发生严重碰撞，车身结构件变形需拉伸修复，如图7-1-14所示"，依据所学知识和技能，分析并回答以下问题。

（1）拉伸结构件要在车身校正平台上进行，对拉伸设备的要求有（　　　）。

A. 配备高精度、全功能的校正工具　　B. 配备多功能的固定器和夹具

　　C. 配备多功能、全方位的拉伸装置　　D. 配备精确的三维测量系统

（2）对于案例中变形较轻的结构件，采用的拉伸方式是（　　）。

　　A. 单向一次拉伸　B. 单向多次拉伸　C. 多向一次拉伸　D. 多向多次拉伸

（3）对于案例中车身变形较严重部位，拉伸要（　　）。

　　A. 按变形的相反方向单向拉伸　　　　B. 在损伤区域不同的方向上施加拉力

　　C. 一次性拉伸到位　　　　　　　　　D. 多次拉伸，逐步校正到规定尺寸

（4）为准确监测拉伸过程，需要在拉伸时（　　）。

　　A. 靠经验观察拉伸情况　　　　　　　B. 不断变换拉伸方向

　　C. 配备精确的三维测量系统　　　　　D. 不断改变拉力大小

（5）为保证施工安全，在拉伸时要保证（　　）。

　　A. 车辆被牢靠地固定在平台上

　　B. 夹具安装牢固，必须使拉力方向的延长线通过夹齿的中间

　　C. 用钢丝绳把链条固定在车身的牢固零件上

　　D. 操作人员与链条或牵拉夹钳在一条直线上

|任务 7.2　车身损伤结构件的更换|

"

【知识目标】

（1）掌握车身结构件的更换原则。

（2）掌握车身结构件的分割与连接方法。

【能力目标】

（1）能够为严重损伤的车身结构件制定维修方案。

（2）能够更换损伤严重的车身结构件。

【素质目标】

（1）培养学生团队协作的能力。

（2）培养学生爱岗敬业的职业精神。

"

任 务 分 析

　　车身由于碰撞造成变形，但并不是所有的变形零件都可以校正后继续使用，有些零件特别是用高强度钢或超高强度钢制造的零件，其变形后内部的应力相当大，而且用常规的方法无法完全消除这些应力，所以不能校正而要更换。另外，如果损伤部位在车身碰撞吸能区，这些零件也必须更换而不能校正维修。

本任务需要学生综合运用车身钣金维修相关的知识和技能，能够针对车辆的碰撞情况独立分析车身上哪些零件需要更换，哪些需要维修，制定严重碰撞车身的维修方案。同时，在操作中，要求学生注意安全，遵照施工标准规范，具有爱岗敬业的职业精神。

相 关 知 识

一、车身结构件的更换原则

1. 结构件的更换要求

结构件是车身其他零件和外部板件的安装基础。因此，结构件更换后定位的精确性，决定了所有外形的配合和悬架装置的准确性。焊接以前的新板件不能草率地用垫片进行调整，必须精确地定位后才能进行焊接操作。

维修结构件时，当需要切割或分割板件时，应完全遵照制造厂的建议。有些制造厂不允许反复分割结构板件，有些制造厂只有在遵循它们的正确工艺规程时才同意分割。所有制造厂都强调：不要割断可能降低乘客安全性的吸能区域、降低汽车性能的区域或者影响关键尺寸的地方。

2. 结构件的截面类型

承载式车身结构件的截面有两种基本类型（见图 7-2-1）：一种是封闭截面结构件，如车门槛板、立柱和车身梁；另一种是开式截面结构件或单层搭接连接的组合零件，如地板和行李箱地板。封闭截面结构件是要求最高的结构件，因为它们在承载式车身结构中承载主要的载荷，而且对于相同截面大小的强度，封闭截面结构件的要比其他零件的大得多。

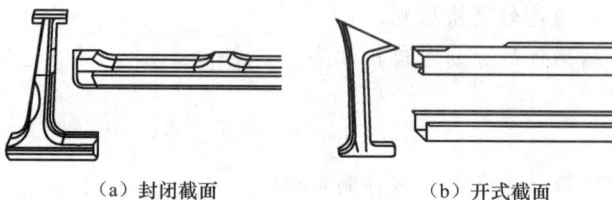

（a）封闭截面　　　　　　　　　　（b）开式截面

图 7-2-1　结构件的截面

二、车身结构件的分割与连接

1. 结构件的分割

会进行分割和更换的结构件主要包括车门槛板、后挡泥板组件、地板、前纵梁、后纵梁、行李箱地板、中柱以及前柱等，分割的位置要严格按照维修手册的要求选择，如图 7-2-2 所示。

（1）分割时要避开的部位

① 分割时有些部位要避开，如要避开结构件中的一些"孔"。不要切穿任何内部加强件，如金属的双层构件。如果不小心切穿了内部加强件的封闭截面，则不可能使该部位恢复到事故发生前的强度。

② 应避开支撑点。如悬架支撑点，座椅安全带在地

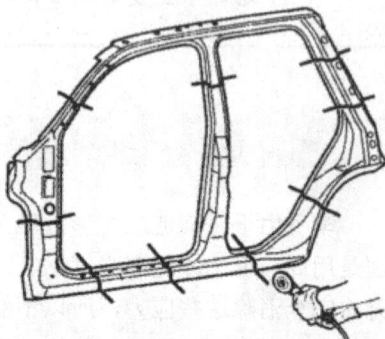

图 7-2-2　车身部分结构件的分割位置

板中的固定点，以及安全带在中柱上的固定点。例如，当切割中柱时，应避开安全带固定点做偏心切割，以避免影响固定点的加固。

（2）碰撞吸能区的分割

所有的前梁和后梁都有碰撞吸能区，通过外观可辨认这些碰撞吸能区。有些有回旋状或波状的表面，有些有凹痕或陷窝，另外一些是孔或缝的形式。这些都是专门设计的，使梁在碰撞时首先在这些部位变形。

在维修中需要对前纵梁进行切割时，一定要避开碰撞吸能区，要按照维修手册中指定的位置进行切割，否则会改变设计的安全目的，如图 7-2-3 所示。

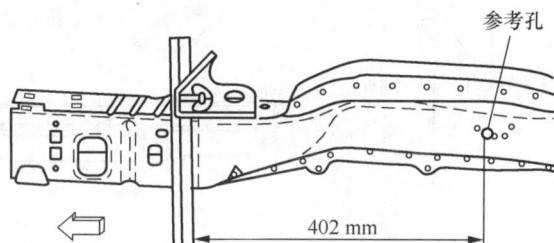

图 7-2-3　前纵梁的切割区域

2．结构件的连接

（1）有插入件的连接

有插入件的连接主要用于封闭截面结构件，插入物使这些结构件容易装配和正确地对中连接，并且使焊接过程比较容易，如图 7-2-4 所示。如车门槛板、前柱、中柱以及车身梁的连接。

（2）无插入件的连接

无插入件的连接通常采用偏置对接，如图 7-2-5 所示。这种类型的焊接用于前柱、中柱及前纵梁的连接。

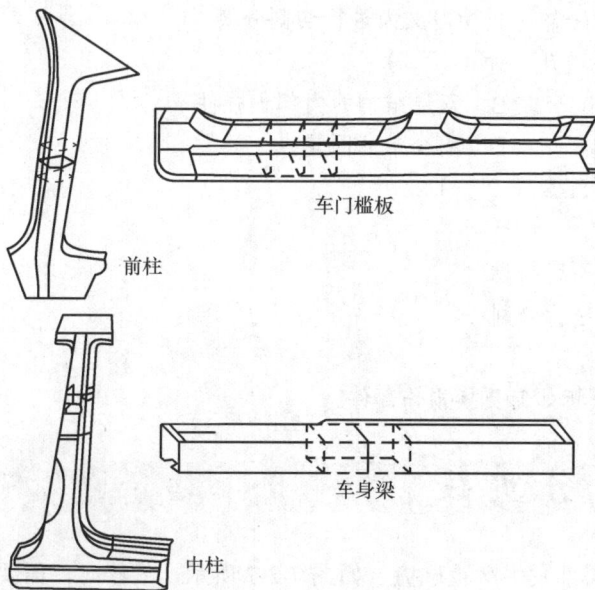

图 7-2-4　有插入件的连接

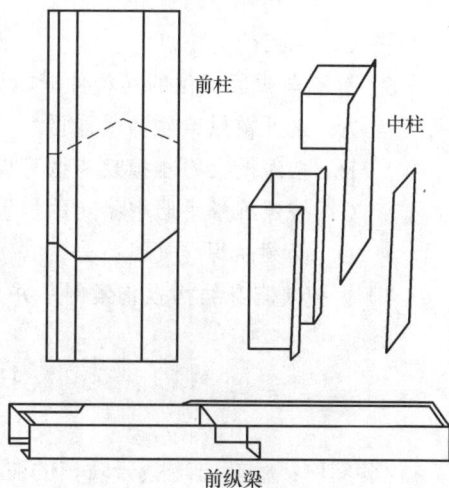

图 7-2-5　无插入件的连接

（3）搭接

搭接多用于原厂车身采用这种连接的部位，可采用点焊或塞焊工艺连接板件，如图7-2-6所示。例如地板、行李箱地板等的连接，有时后纵梁、中柱也可采用这一方式。

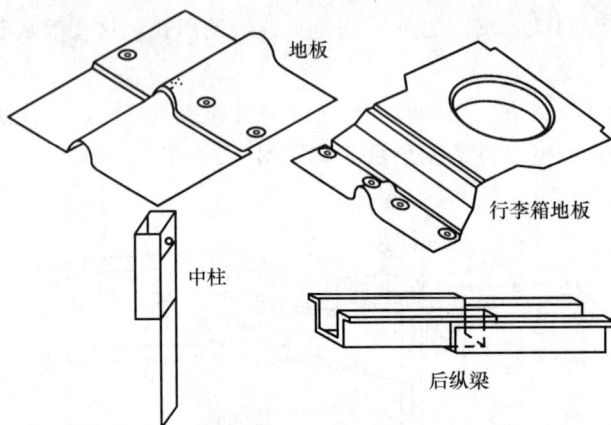

图7-2-6 搭接

实际工作中，可根据被分割结构件的形状和结构，采用组合的连接类型。例如，分割立柱，可能要求在外件上用偏置对接连接，而在内件上用搭接连接。

知 识 评 价

（1）如果损伤部位在车身碰撞吸能区，必须更换而不能校正维修。（　　　）

（2）新更换的结构件必须精确地定位后才能进行焊接操作。（　　　）

（3）车身结构件损伤后，哪里损伤就在哪个部位割断。（　　　）

（4）轿车车身后翼子板与车身焊接为一体，更换时必须进行切割分离。（　　　）

（5）分割车身结构件时，有些部位要避开，如（　　　）。

    A. 结构件中的一些"孔"　　　　　　　B. 双层结构的内部加强件

    C. 悬架的支撑点　　　　　　　　　　D. 安全带的固定点

（6）分割前纵梁部位的结构件时，要注意（　　　）。

    A. 避开前纵梁碰撞吸能区

    B. 挡泥板上的碰撞吸能区可以不用在意

    C. 按照维修手册中指定的位置进行分割

    D. 必须从焊接处进行分割

（7）请搜集车身结构损伤案例，并分析如何更换损伤部件。

任 务 实 践

任务案例：一辆奇瑞旗云轿车的左前部发生严重碰撞，如图7-2-7所示，维修时，需要更换部分损伤严重的结构件。

一、拆卸损伤的零件

首先要根据测量和损伤分析的结果来制定精确的碰撞维修方案（工艺），然后按照已定好的方案完成车身维修操作。

1. 制定维修方案

（1）评估受损情况

根据碰撞的位置和碰撞力的方向检查车身。

① 车辆的左前部受到与车身对角线方向平行的碰撞力而损伤。它的左前部横梁、前挡泥板及左侧纵梁损伤严重需要进行更换。前保险杠总成、水箱框架、水箱、发动机舱盖、左前翼子板、前风窗玻璃、左前照灯损伤严重需要更换。

② 另一侧的前翼子板、前挡泥板、纵梁和左侧车门等可能只是受到左前部严重碰撞的影响，损伤并不严重，需要进行拉伸修复，如图 7-2-8 所示。

图 7-2-7　左前部严重受损的汽车

图 7-2-8　右部车身的损伤情况

③ 对承载式车身来说，车辆前部受损，碰撞力有可能会传到车身的后部，造成风窗、立柱（见图 7-2-9）、车顶框架等车身框架变形。在驾驶室内部也能看到左侧车门立柱内部内饰件错位的情况（见图 7-2-10），说明该处立柱已经变形。

图 7-2-9　前柱产生褶皱

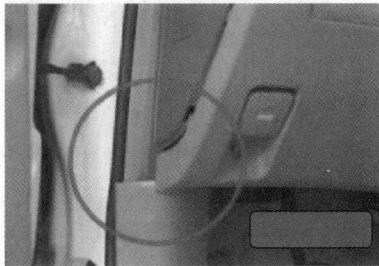

图 7-2-10　内饰件错位

（2）确定维修顺序

① 通过碰撞位置可以分析出车身的左前方受到碰撞，如图 7-2-11 所示。水箱框架和前纵梁都受到严重损伤，前柱也向后变形，需要按照与碰撞方向相反的方向对前纵梁和前柱进行牵拉，如图 7-2-12 所示。

② 前柱恢复后，再把需要更换的前纵梁拆除。然后维修前柱、右侧挡泥板和纵梁等。

③ 其他部位的结构件维修完成后，安装前纵梁。然后安装并调整水箱框架、左前翼子

板、前保险杠、车灯等。

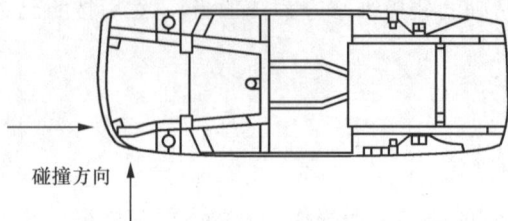

<table><tr><td>图 7-2-11　确定碰撞方向</td><td>图 7-2-12　确定拉伸方向</td></tr></table>

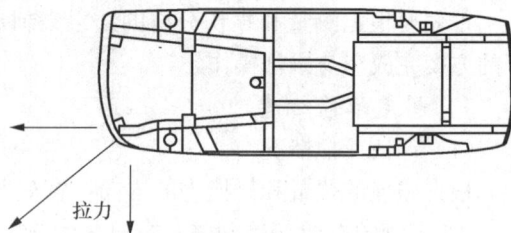

2．拆卸妨碍拉伸校正的零件

（1）拆卸汽车前部零件

在拉伸校正开始之前，应该先拆去妨碍拉伸校正的零件，包括发动机舱的有些机械零件也要拆卸。首先拆卸变形严重的发动机舱盖（见图 7-2-13）和左前翼子板，以及前照灯、保险杠、保险杠支承，发动机舱左侧妨碍修复操作的机械零件也要拆卸。由于前纵梁已经后移使车内地板隆起，因此仪表台、转向盘等也要进行拆卸，便于进行校正。减振器支座后移严重，造成左前轮卡死无法转动，需要将其拆卸更换上高度合适的支架（见图 7-2-14），在支架下垫上移动拖车器，方便事故车辆的上平台操作。

<table><tr><td>图 7-2-13　拆卸变形严重的发动机舱盖</td><td>图 7-2-14　更换支架</td></tr></table>

（2）事故车在平台上的定位

① 在车辆上平台之前要清除平台上以及平台与车辆之间的其他物品，以免影响上车操作。根据校正设备的升降类型，把平台一侧倾斜或把平台整体降到最低高度，用手动或电动拉车器把车辆拉到平台上的合适位置。因为事故车的维修重点是前部区域，所以车辆在平台上的位置要稍靠前一些。

② 车辆上到平台后，首先是找好车身与测量系统的基准，如图 7-2-15 所示，其次就是在校正平台上定位。因为测量工作要贯穿整个车身的维修过程，特别是使用机械式测量系统时，在固定车辆前必须找好测量的 3 个基准。车辆在拉伸的过程中是不能有位移的，否则，测量基准一旦发生变化，只有在重新找到测量基准后才能进行测量。如果使用全自动电子测量系统就不需要

图 7-2-15　找好车身与测量系统的基准

找测量基准，因为计算机能自动找到测量的基准，如超声波测量系统。

③ 测量的基准找到后，就可以对车辆进行固定。对于承载式车身，必须用多点固定的方式，至少需要 4 个固定点，如图 7-2-16 中的箭头所示。根据车身结构及拉伸的部位，有时或许还需要另外的固定点。将主夹具夹持在车身下部点焊裙边的位置，通过调整主夹具的高度将车身调整至水平，并且与校正平台之间留出足够的操作空间。车身位置调好以后，将主夹具紧固，保证车身、主夹具和校正平台之间刚性连接，没有位移，如图 7-2-17 所示。在对车身坚固零件进行拉伸操作时，最好在拉伸方向的相反方向设置一个辅助固定装置以抵消拉伸的力量，以及防止夹持部位的零件损伤。

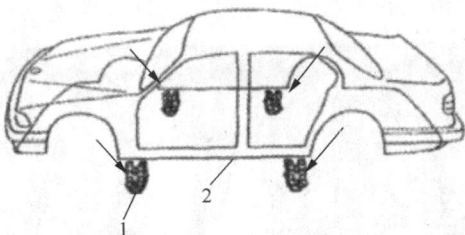

1—固定夹具；2—车身固定裙边
图 7-2-16　车身的固定

图 7-2-17　固定车身

（3）拆卸变形严重的车身零件

① 由于前横梁变形严重，致使水箱等零件无法拆卸，需要对水箱框架进行预拉伸，如图 7-2-18 所示。有一定的操作空间后将水箱框架切除，如图 7-2-19 所示。可以用车身锯、角磨机等切除水箱框架和前纵梁的损伤部位，然后将水箱拆卸下来，再把发动机的相关零件拆除。

图 7-2-18　预拉伸水箱框架

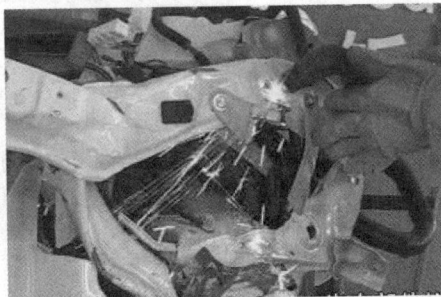

图 7-2-19　切割水箱框架

② 右侧水箱框架的拆除可以使用焊点转除钻切割焊点，分离板件，如图 7-2-20 所示。要保留前纵梁和挡泥板，因为需要通过拉伸这些部位来校正前柱的变形，当把前柱的变形拉伸校正好了以后，再将其切除更换新件。

二、测量拉伸

1．车身变形情况的测量

（1）初步测量

① 对碰撞部位附近的车身形状进行简单的测量。例如测量左前门框，可以知道前柱后移造成风窗立柱向上拱曲，门框变窄，所以车门无法关严，如图 7-2-21 所示。

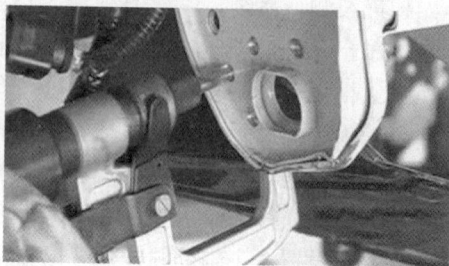

图 7-2-20　拆除右侧水箱框架

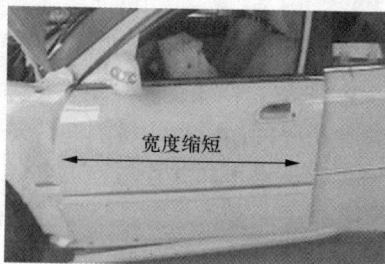

图 7-2-21　测量变形的车门框

② 根据初步测量的结果对损伤的部位进行大致的拉伸校正。通过拉伸前纵梁使前柱变形得到一定的恢复，达到车门能关闭的程度就可以了，如图 7-2-22 所示。接下来需要用三维电子车身测量系统对车身进行精确测量。

（2）精确测量

按照测量系统的使用方法对车身进行整体检查，对变形零件进行测量，还需要知道受损板件变形的方向和大小。

① 将测量系统安装好，选择合适的车型

图 7-2-22　拉伸前纵梁

和测量模式。因为车辆的前部受到损伤，所以测量的基准点要选择后部右侧基准点 B。根据提示选择合适的测量探头 C30 和加长杆 E100，然后将探头、加长杆和传感器安装到测量控制点上，如图 7-2-23 所示。用同样的方法安装其他测量控制点的传感器。

② 因为承载式车身结构的前端有碰撞吸能区，在一定的碰撞损伤情况下，这些区域可以将碰撞的动能转换为变形的机械能，以保证其他部位的完好。但是如果碰撞超过吸能区的承受范围，碰撞力就会通过地板纵梁、门槛纵梁、上部车身框架向车身后部传递，造成车身后部的变形，如图 7-2-24 所示。所以车身后部尺寸也要测量。通过测量知道事故车的变形主要集中在左前部，车身后部变形尺寸小于 3 mm，在准许的变形范围内，只要将车身左前部拉伸到规定尺寸就可以了。

图 7-2-23　选定测量基准点

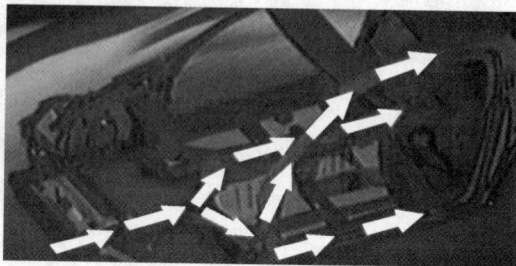

图 7-2-24　碰撞力的传递

2.拉伸校正损伤部位

通过拉伸校正恢复损伤零件为标准尺寸，在拉伸的过程中要不断地测量。

（1）拉伸前柱

① 如果维修时只简单地夹住挡泥板，对纵梁前端进行拉伸，则不能维修好车身前

柱或前挡泥板的主要损伤。需要多点对损伤部位进行拉伸，同时用液压杆从里边推压，并用夹具夹住前柱变形部位向下拉伸，如图7-2-25所示。

② 拉伸变形部位到标准尺寸后稳定不动，对变形区域锤击以消除应力，使金属的弹性变形减小一些，如图7-2-26所示。然后释放拉力，再拉伸并维持拉力不变，锤击变形部位消除应力，再释放，进行测量，直到损伤部位的尺寸恢复到误差准许的范围内为止。

图 7-2-25　多点复合拉伸

（2）拆卸前纵梁

通过拉伸恢复前柱的尺寸后就可以将前纵梁和挡泥板拆下。在分离前纵梁和前柱时，首先要将电焊部位的防腐蚀涂层清除掉（注意清除的面积要尽可能小，能清楚地看到焊点的轮廓即可），切除焊点，在切除焊点时注意不要损伤下层金属，如图7-2-27所示。

图 7-2-26　锤击变形部位消除应力

图 7-2-27　分离前纵梁与前柱

（3）拉伸其他损伤部位

① 通过测量发现前柱车门铰链处的尺寸误差较大，需要校正。用螺栓把拉伸工具固定在立柱铰链部位进行拉伸，如图7-2-28所示。把拉伸工具通过车身底部的孔固定在车身上，对前柱底部和前地板部位进行拉伸，拉伸中要不断地测量并监控数据的变化。

② 随着前柱和前柱尺寸的恢复，前门的安装尺寸也在恢复，但是还需要校正中柱，直到调整为良好的配合尺寸，如图7-2-29所示。

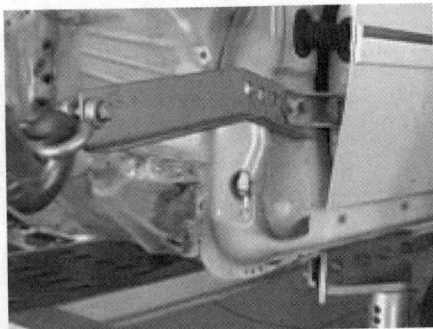

图 7-2-28　拉伸铰链部位

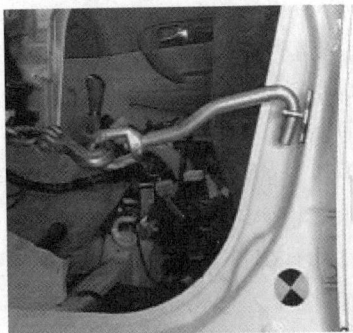

图 7-2-29　校正中柱

三、安装需要更换的零件

车身前柱、前挡泥板、前地板和中柱校正好以后，就可以安装前纵梁、前挡泥板和水箱框架了。

1. 需要更换的零件的预安装

（1）预安装前纵梁

① 用于更换的零件可以是新零件，也可以是从其他车身上更换下来的良好部分，如图7-2-30所示。

② 将前纵梁的延伸段在前柱处定位，如图7-2-31所示。再把前纵梁和挡泥板组件与前挡泥板和前柱按安装痕迹初步定位。

图 7-2-30　用于更换的前纵梁　　　　　图 7-2-31　定位前纵梁

③ 在更换的前纵梁的检测孔内安装测量传感器，测量尺寸误差，并进行适当的调整，调整好后用大力钳和螺栓将前纵梁和挡泥板组件固定。

（2）预安装水箱框架

把水箱框架安装到前纵梁上，并对水箱框架进行测量，把尺寸调整到误差范围内，用螺钉固定。

（3）预安装翼子板和发动机舱盖

① 预安装翼子板和发动机舱盖，要不断调整新安装板件的缝隙，直到缝隙均匀、左右对称，并对其进行临时固定。

② 通过对车身结构的测量来检验结构件的校正是否到位。

③ 通过装配检验车身覆盖件是否安装到位。

2. 正式安装与检查

（1）焊接更换的结构件

通过测量和外观检测并调整好板件以后，焊接更换的结构件。

① 焊接前要将发动机舱盖、翼子板、水箱框架拆掉，拆卸前用记号笔做好定位标记。

② 测量前纵梁与挡泥板组件的尺寸，确定无误后进行焊接操作。

③ 前纵梁的焊接要采用二氧化碳保护焊，如图7-2-32所示。

④ 水箱框架可以用电阻点焊焊接，也可以用二氧化碳保护焊进行塞焊连接。

⑤ 结构件焊接完成后，安装翼子板、发动机舱盖、前保险杠总成和前照灯等，维修竣工的车身如图7-2-33所示。

（2）竣工检查

维修（包括所有校正和焊接操作）完成以后，要对车辆进行最后的检查。在检查时，维修人员需要绕着汽车观察，看看是否有明显的校正错误。重点检查的内容如下。

① 车门与车门槛之间的空隙，应该是一条又直又窄的缝隙。

② 检查整个车身上部所有部位的平整情况。

③ 开、关车门，掀、关发动机舱盖和行李箱盖，看开关时是否感觉过紧。

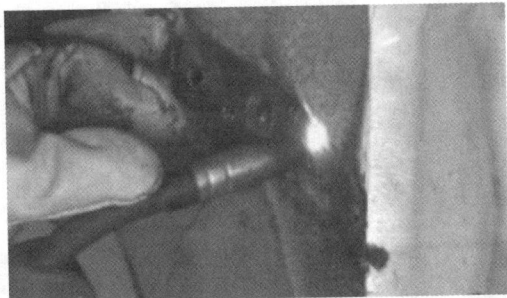

图 7-2-32　焊接前纵梁

图 7-2-33　维修竣工的车身

如果检查中发现问题，应重新进行拉伸，不要等到更多的维修程序完成之后又发现损伤，再来维修。

能 力 评 价

请针对任务案例"一辆奇瑞旗云轿车的左前部发生严重碰撞，如图 7-2-7 所示，维修时，需要更换部分损伤严重的结构件"，依据所学知识和技能，分析并回答以下问题。

（1）要想准确、全面评估该车的损伤情况，你认为合理的顺序是（　　　）。

　　A. 先从前部撞击点开始，再沿碰撞力传递方向向后评估

　　B. 先评估损伤严重的零件，再查找损伤较轻的零件

　　C. 先评估前部损伤，并马上维修，再评估后部损伤

　　D. 先从后部损伤较轻的部位开始评估，再向前部评估严重部位

（2）该车需要更换的覆盖件有（　　　）。

　　A. 前保险杠蒙皮　B. 左前翼子板　　C. 发动机舱盖　　D. 左前照灯

（3）该车需要更换的结构件有（　　　）。

　　A. 前保险杠横梁　B. 水箱框架　　　C. 右前纵梁　　　D. 左前挡泥板

（4）为了准确判断车身损伤情况，检查中要特别仔细观察（　　　）。

　　A. 板件的连接点有没有错位、断裂

　　B. 油漆层、内涂层及保护层有没有裂缝和剥落

　　C. 加固材料（如加固件、盖板、加强筋、连接板）上有没有裂缝

　　D. 零件的棱角和边缘有没有变形

（5）维修该车时的正确步骤有（　　　）。

　　A. 按照与碰撞方向相反的方向牵拉

　　B. 先恢复前柱尺寸，再把需要更换的前纵梁拆除

　　C. 先拆除前纵梁，再牵拉前柱

　　D. 先维修纵梁、前柱等结构件，再安装覆盖件

|任务 7.3　车身钣金维修新工艺|

【知识目标】

（1）掌握车身维修的粘铆接工艺。
（2）掌握车身无损伤维修工艺。

【能力目标】

（1）能够利用粘铆接工艺进行板件的连接。
（2）能够利用无损伤工艺维修车身凹陷损伤。

【素质目标】

（1）培养学生独立分析并解决问题的能力和综合运用能力。
（2）培养学生锐意进取的创新精神。

任 务 分 析

随着车身使用的材料越来越多样化，科技含量越来越高，维修这类材料也需要用新的工艺。例如连接车身铝合金结构件的粘铆接工艺。同时，车身维修行业相关的各类从业人员要充分发挥聪明才智，不断研发新的维修工艺。例如，车身无损伤维修工艺可以在不破坏车身涂膜的情况下将凹陷修复。

本任务需要学生熟悉市场上流行的车身维修新工艺，用车身钣金维修知识和技能，分析不同维修工艺的优缺点，能够针对车身维修中的主要问题，设计解决方案，锻炼自己的创新能力。

相 关 知 识

一、车身的粘铆接工艺

1. 粘接

粘接是指将黏结剂涂于两板件之间，靠黏结剂内部的黏合力及与板材间的黏附力，将两板件牢固地连接在一起的方法，如图 7-3-1 所示。粘接可以承受较大的拉力和剥离力，但耐剪切力的能力较弱，如图 7-3-2 所示。连接强度的大小取决于黏结剂本身的黏合力及黏结剂与板材间的黏附力。黏附力的大小除与板材材质有关之外，主要取决于板材表面的清洁度，而黏合力的大小则取决于黏结剂的种类。

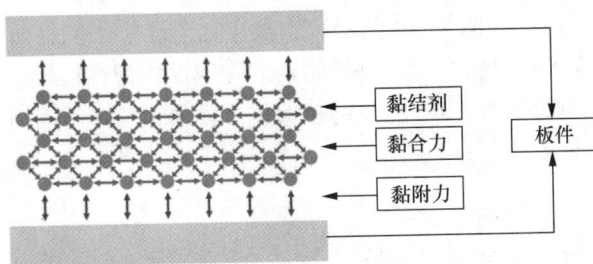

图 7-3-1　粘接原理

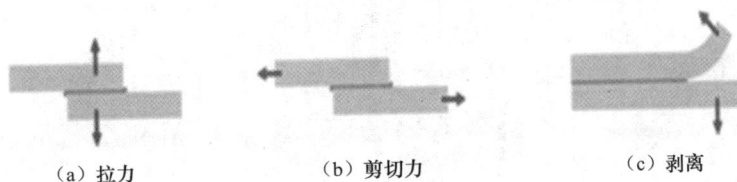

（a）拉力　　　　　　　（b）剪切力　　　　　　　（c）剥离

图 7-3-2　粘接承受的力

（1）安全与防护

粘接中常常使用一些有腐蚀性的材料、可燃液体、有毒物质等，因而，要严格遵照安全规程，正确使用防护装备。酚醛树脂、环氧树脂以及催化剂等，人体直接接触或吸入都会产生严重的过敏反应，所以应做好个人防护。

（2）常用的黏结剂

① 环氧树脂黏结剂是一种人工合成的高分子树脂状化合物，它能在多种材料的表面产生较大的粘接力，能粘接各种金属和非金属材料，在车身钣金维修作业中应用普遍。

② 酚醛树脂黏结剂是以酚醛树脂为主要成分的合成物，可以单独使用，也可以与环氧树脂黏结剂混合使用。由于酚醛树脂黏结剂具有较高的粘接强度，而且耐热性好，因而常用来胶补气缸盖、发动机油底壳、水箱等工作温度较高的壳体部件。

③ 氧化铜黏结剂是以氧化铜为主要成分的黏结剂。其主要特点是耐高温。一般情况下，环氧树脂黏结剂超过 100℃ 就开始软化，而氧化铜黏结剂耐高温达 600℃，故可用于对工作温度较高的部件的粘接，如气缸体上平面及节气门附近裂纹的粘补等。在车身维修中，氧化铜黏结剂可用于管子接头的防渗漏处理。

（3）粘接接头的设计

粘接接头应该设计成使粘接面在它的最大强度方向上承受应力的形式。图 7-3-3 所示为几种常用的接头形式。

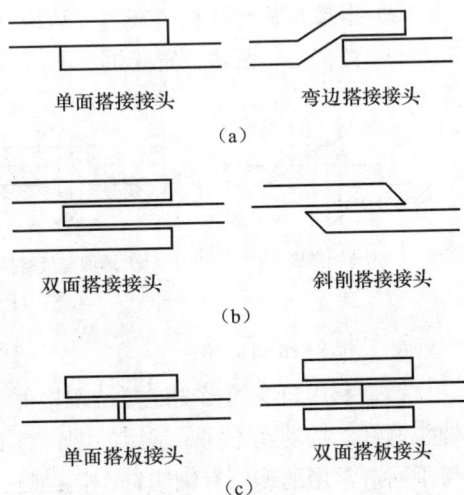

单面搭接接头　　　　弯边搭接接头

（a）

① 单面搭接接头特别适合于小截面材料的粘接，弯边搭接接头有助于把应力降至最小。

② 双面搭接接头有很好的抗弯曲性能，斜削搭接接头有助于应力均匀分布。

双面搭接接头　　　　斜削搭接接头

（b）

③ 单面搭板接头是经常采用的，但是要求接头的一侧必须是平的；双面搭板接头强度高，但要求接头的两侧都必须是平的。

2．铆接

利用铆钉把两个以上零件连接在一起的方式，

单面搭板接头　　　　双面搭板接头

（c）

图 7-3-3　常用的接头形式

称为铆钉连接，简称铆接，如图 7-3-4 所示。铆接工艺可连接不同材质、不同厚度、不同硬度和不同强度的两层或多层材料组合。铆接结构的弹塑性和韧性较好，特别是在承受冲击载荷和振动载荷方面有其独有的特点。但是铆接板件之间易错位，从而造成连接不牢固，产生异响。

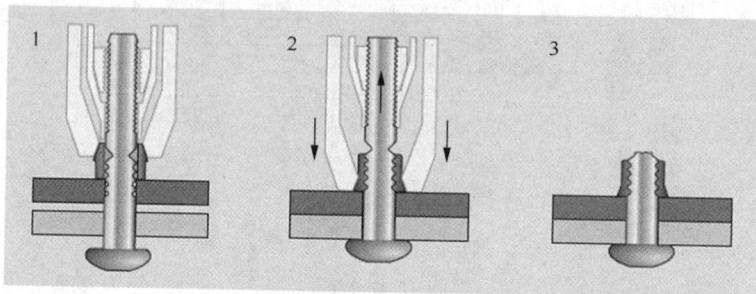

图 7-3-4　铆接

（1）铆接种类

根据结构件的工作要求和应用范围的不同，铆接可以分为强固铆接、紧密铆接和密固铆接 3 类。

① 强固铆接要求铆钉能承受较大的作用力，让结构件有足够的强度，而对焊接结构件的致密性无特别要求。适用这类铆接的结构件有屋架、桥梁、车辆、立柱和横梁等。例如宝马 5 系前纵梁与中部车身之间的连接就是采用的铆接。

② 紧密铆接的铆钉不承受较大的作用力，但对结构件的致密性要求较高，以防止漏水或漏气，常用于对储藏液体或气体的结构件进行铆接。适用这类铆接的结构件有：水箱、气箱和储藏容器等。

③ 密固铆接既要求铆钉能承受较大的作用力，又要求结构件有一定的致密性。适用这类铆接的结构件有压力容器等。

（2）铆接形式

平面铆接常用的形式有搭接和对接。为了提高铆接强度，有时利用复板辅助铆接，复板有单面复板和双面复板，如图 7-3-5 所示。

① 搭接是将一块板搭在另一块板上进行铆接。

② 对接是将两块板置于同一平面，利用复板连接。

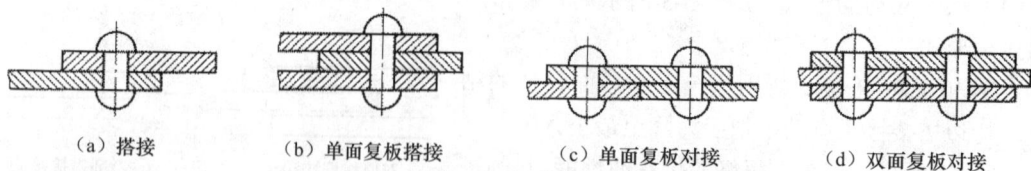

（a）搭接　　　　（b）单面复板搭接　　　　（c）单面复板对接　　　　（d）双面复板对接

图 7-3-5　铆接形式

（3）铆钉和铆钉枪

铆钉利用自身的形变连接被铆接件。按结构不同，常见的铆钉有头铆钉、埋头铆钉和半埋头铆钉。按功能不同，常用的铆钉有 R 形铆钉、抽芯铆钉、空心铆钉、实心铆钉等。按材料不同，常用的铆钉有钢铆钉、铝铆钉、铜铆钉、塑料铆钉等。图 7-3-6 所示为使用铝铆钉铆接的车身铝合金件。

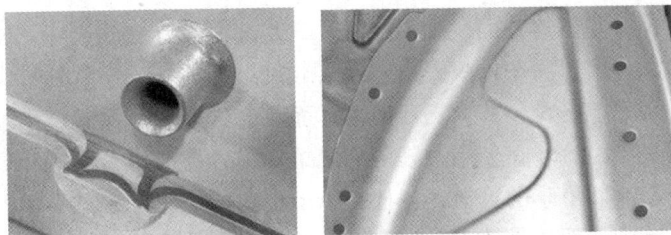

图 7-3-6　铝铆钉铆接的车身铝合金件

铆钉枪按驱动力分为手动铆钉枪和动力铆钉枪，动力铆钉枪又分为电动和气动两种，如图 7-3-7 所示。车身铝合金件的维修常用自冲电动铆钉枪。

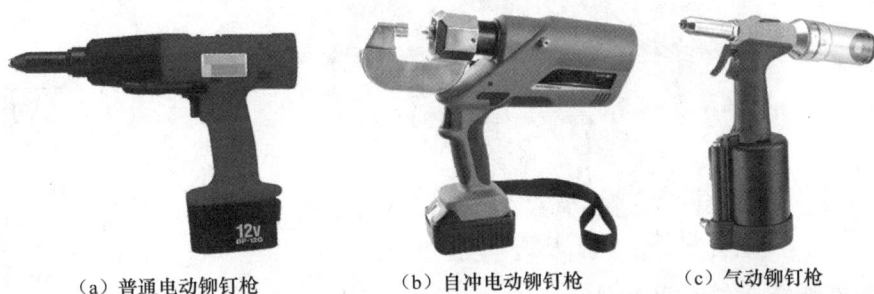

（a）普通电动铆钉枪　　　　（b）自冲电动铆钉枪　　　　（c）气动铆钉枪

图 7-3-7　常用的动力铆钉枪

3．粘铆接

粘铆接是粘接加铆接，也就是同时采用粘接和铆接方法连接板件，如图 7-3-8 所示。粘铆接工艺能够充分发挥粘接和铆接的优点，同时有效互补。车身上受力较大的板件和异种材质板件的连接，普遍采用粘铆接的方式。

车身铝合金件的粘铆接工艺过程如图 7-3-9 所示。两板件的接合面经过清洁和涂胶后，用铆钉枪将铆钉铆入即可。

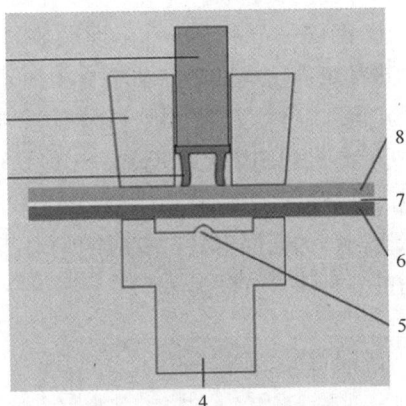

1—冲头；2—压紧装置；3—铆钉；4—模具；
5—模具拱顶；6—下层板；7—粘接层；8—上层板
图 7-3-8　粘铆接

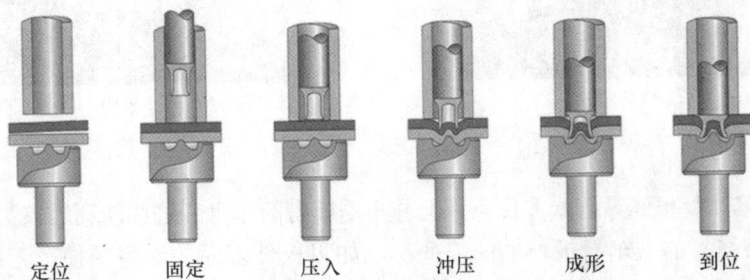

定位　　　　固定　　　　压入　　　　冲压　　　　成形　　　　到位

图 7-3-9　粘铆接工艺过程

二、车身的无损伤修复

车身的无损伤修复工艺是指在不破坏原车涂膜的前提下将损伤修复到完好状态的操作。

车身损伤类型多样，有些虽然表面发生了变形，但是漆面没有受到损坏，如图 7-3-10 所示。传统的维修工艺是先打磨掉原车涂膜露出金属，通过敲打或拉拔修复外形，然后进行刮腻子和喷漆作业。这样做不但费时、费力、费成本，而且会破坏原车涂膜。由于破坏了原车的防锈涂层并增加了腻子层，汽车在使用过程中相应组件很容易产生锈蚀、开裂等问题；并且车身经过了维修还会影响二手车的价值。为杜绝以上现象的产生，经过不断的摸索和实践，车身的无损伤修复工艺应运而生。该工艺重点针对的是车身的凹陷损伤，通常也被称为汽车免喷漆凹陷修复技术、微钣金或无损钣金修复。

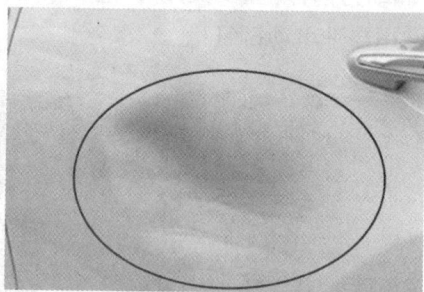

无损伤修复工艺（微课）

图 7-3-10　车身涂膜未受损的凹陷

1. 无损伤修复的适用条件

（1）适用的损伤

① 凹陷是车身覆盖件出现最多的损伤，大多数情况下都需要维修。碰撞、冰雹等的外力撞击都可能造成凹陷，图 7-3-11 所示为凹陷的断面形式。其特征是变形部位圆滑过渡，俗称"漫坑"，维修方法有撬杆撬挑法、胶黏拉拔法等。

② 凸鼓和凹陷是相反的，一般是由于板件内部有物体或零件支撑，受到外力后造成的。如凹陷修复过程中过于用力，或在关发动机舱盖时还有工具未取出都造成凸鼓现象，图 7-3-12 所示为凸鼓的断面形式。有时凹陷与凸鼓同时产生，凹陷越大所产生的凸鼓也就越严重。维修凸鼓多采用敲打法。

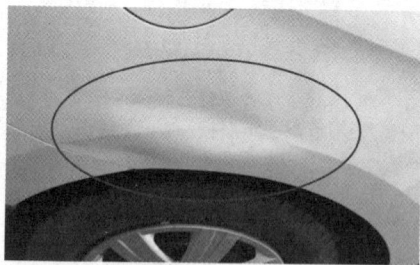

图 7-3-11　凹陷

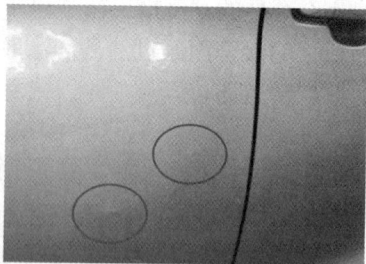

图 7-3-12　凸鼓

（2）不适用的损伤

免喷漆凹陷修复虽然具有众多优点，但并不是所有的车身凹陷都能利用该工艺进行维修。

① 无损伤修复的是车身板件的凹陷变形，如果板件表面的涂膜受损，无损伤修复则无能为力。例如涂膜开裂、被划伤等，如图 7-3-13（a）所示。虽然板件损伤得不重，但是即使复原了凹陷损伤，涂膜损伤依然需要喷漆修复。

② 如果凹陷部位的板件出现严重的褶皱，如图 7-3-13（b）所示，并且凹陷位置离维修支撑点过远，就会造成施工困难。

③ 同一个板件上由于冰雹等砸出的凹陷数量过多，如图 7-3-13（c）所示，维修时会耗费大量精力，维修效果也不会令人满意。

④ 免喷漆凹陷修复依靠撬杆力或拉拔力对凹陷部位产生局部压力将凹陷修复，因此对涂膜的韧性有着较高的要求。修补后的车身涂膜由于使用了腻子或涂膜质量不高，在进行免喷漆凹陷修复时，撬杆力的施加或胶黏很容易发生漆面脱落与开裂的现象，很难达到无损伤维修的技术要求。

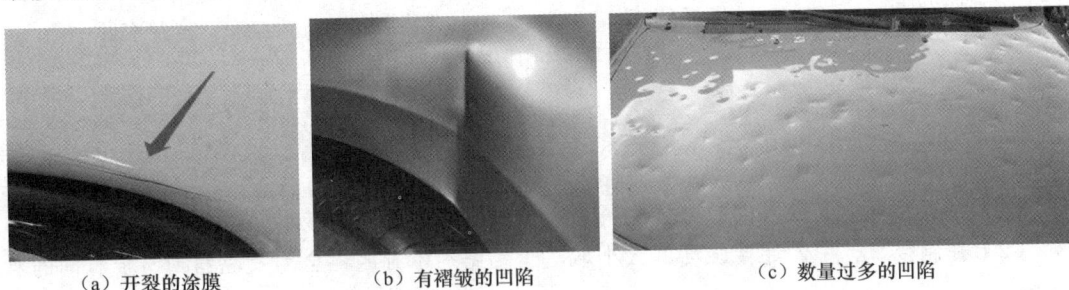

（a）开裂的涂膜　　　　　　（b）有褶皱的凹陷　　　　　　（c）数量过多的凹陷

图 7-3-13　不适用无损伤修复的损伤

2．无损伤修复工艺的过程

车身的无损伤修复通过撬杆撬挑、胶黏拉拔、敲打等方式修复车身表面的凹陷和凸鼓损伤。损伤为凸鼓形式多采用敲打维修。损伤的背面若便于伸入撬杆，首选撬挑方式维修。若损伤部位为封闭式结构，工具很难从背面撬挑，则只能选用胶黏拉拔方式进行维修。

（1）修复工具

修复工具在免喷漆凹陷修复中起到重要作用，按修复方法的不同分为拉拔工具、撬挑工具和敲打工具，还会用到检测灯、修复笔、热熔枪、热熔胶等辅助工具和材料，如图 7-3-14 所示。

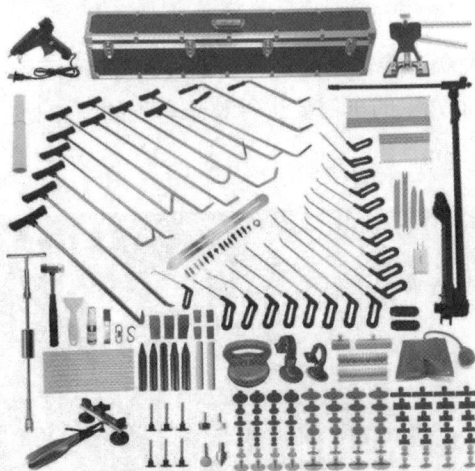

图 7-3-14　车身无损伤修复工具

（2）免喷漆凹陷修复的基本方法

免喷漆凹陷修复的方法与利用车身撬板和凹陷拉拔器维修凹陷很相似，只是工作中要有耐心，要更加细心，要精益求精。无损伤修复的原理是将凹陷以点的形式恢复到原有状态，一个凹陷将被分为两个小凹陷或者更多。同样在两个小凹陷部位也存在最深点，依次从最深点顶出。以此类推，将凹陷不断进行分裂和细化。将大凹陷转换为无数个小凹陷，在这个操作过程中漆面纹理逐步恢复，直至与原车漆相似，肉眼难以仔细辨别出来，从而达到较为满意效果，如图 7-3-15 所示。

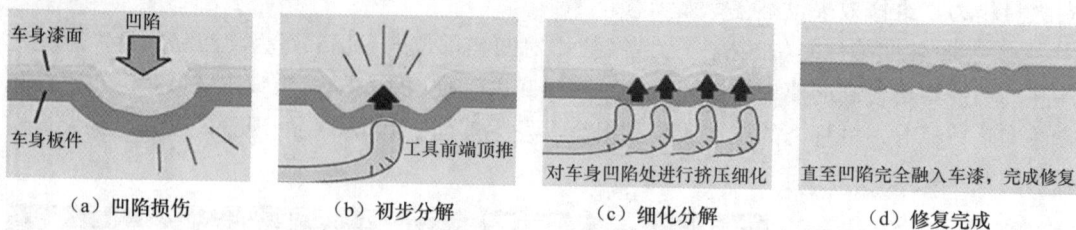

| （a）凹陷损伤 | （b）初步分解 | （c）细化分解 | （d）修复完成 |

图 7-3-15　无损伤修复原理

知 识 评 价

（1）粘接可以承受较大的拉力和剥离力，但耐剪切力的能力较弱。（　　　）

（2）在粘接工艺中，连接强度的大小取决于黏结剂本身的黏合力及黏结剂与板材间的黏附力。（　　　）

（3）铆接工艺不可以用来连接车身不同材质的板件。（　　　）

（4）车身无损伤修复工艺可以维修车身涂膜损伤。（　　　）

（5）以下不能用无损伤工艺维修的车身损伤是（　　　）。

　　A．板件损伤严重出现褶皱　　　　　　B．涂膜经过刮涂腻子维修

　　C．板件上的凸鼓损伤　　　　　　　　D．板件上的凹陷数量过多

（6）观察你身边的车身损伤例子，试着设计工具进行无损伤修复。

任 务 实 践

任务案例：张先生的大众迈腾轿车的车身顶部被冰雹砸出了很多小坑，如图 7-3-16 所示，他去维修站，工作人员说张先生的车需要进行整个车顶的喷漆处理，但张先生不想破坏原车漆，怕影响将来二手车的价格。

图 7-3-16　车顶被冰雹砸出凹坑

一、粘铆接车身铝合金与钢制板件

1. 施工前的准备

（1）处理粘接面

为了使粘接强度高、耐久性好，待粘接件的表面必须进行处理。粘接面有氧化膜或受污染都会降低粘接强度，但是粘接面具有一定的粗糙度，却能提高粘接强度。

① 铝件表面先用无纺布打磨，再用清洁剂清洁。

② 钢件表面先用角磨机打磨，再用清洁剂清洁。

（2）粘铆接前的准备

① 定位试装，做好定位标记。

② 在标记位置选用合适的钻头钻孔，钻头直径要稍大于铆钉直径。例如直径为 4.2 mm 的钻头适用于 4 mm 的铆钉，直径为 6.7 mm 钻头适用于 6.5 mm 的铆钉。

2．粘铆接操作

（1）粘接

在板件接合面涂黏结剂，必须保证连接部位全部被黏结剂遮盖。在粘接时，一定要注意把板件对齐，不要有错位。不要单挤压一侧，用力不均会造成板材里的胶不均匀，被挤压到另一侧。对齐板件后，固定住。等待黏结剂固化才能进行铆接操作。

（2）铆接

把铆钉插入孔中，然后用铆钉枪加工成形，把需连接的板件锁定在一起。铆接方向遵守"从薄到厚、从硬到软"的原则，逐步完成铆接，如图 7-3-17 所示。

图 7-3-17　铆接

二、无损伤修复车身凹陷

1．基本技能练习

（1）定准圆

无损伤凹陷修复的要点在于快速与精准地找到待修复凹陷的范围。训练时用手指在凹陷边缘画圆圈，并且感觉能够使金属板变形的力道。画圆圈练习，如图 7-3-18 所示，为了确认需要维修的加工点，要把需要挤压的凸起部分圈在圆圈的中央。

图 7-3-18　画圆圈练习

（2）找准点

在金属板上标出需要挤压的凸出点的确切位置。定点练习如图 7-3-19 所示，是非常重要的一项练习，开始的时候不会每次都成功。请务必要耐心，坚持练习，直到熟练为止。通过该项练习，还可以锻炼目测与指尖的感觉之间的协调能力。

图 7-3-19　定点练习

2. 凹陷修复操作

（1）维修前的准备

① 清洁板件表面，防止有异物损伤涂膜，同时也能使检测灯的光线反射更明显。

② 检查损伤位置与漆面情况，判断漆面是否经过钣喷维修，漆面是否有裂纹等。调整检测灯的位置和光线方向，确认凹陷所在的位置，如图7-3-20所示。

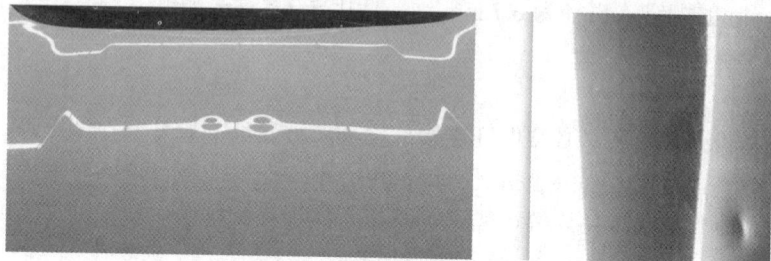

图7-3-20　检查涂膜和凹陷情况

③ 拆卸妨碍维修的零件，以便维修工具能够接触到凹陷背面的凸起点，并再次确认凹陷位置，如图7-3-21所示。

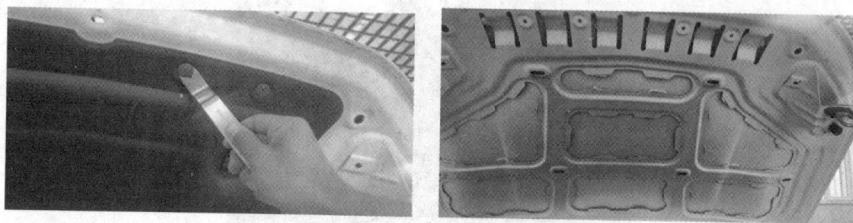

图7-3-21　拆卸内饰板

（2）修复凹陷

① 根据损伤位置，找到合适的撬挑支撑点或拉拔黏胶点，利用撬杆或粘扣拉拔对板件受损位置进行修复作业，如图7-3-22所示。

② 在修复前期选择头部钝一些的撬杆，减小施工强度和凸尖的产生。在工作接近尾声时，需要选择头部尖锐一点的撬杆精细修整，从而达到最佳的修复效果，如图7-3-23所示。

图7-3-22　修复凹陷

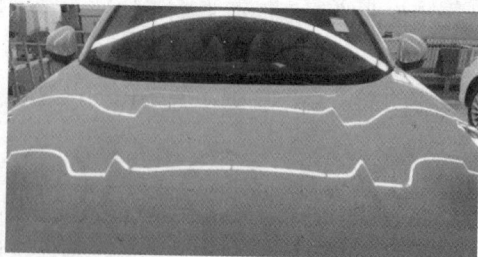

图7-3-23　修复效果

能 力 评 价

请针对任务案例"张先生的大众迈腾轿车的车身顶部被冰雹砸出了很多小坑，如图7-3-16所示，他去维修站，工作人员说张先生的车需要进行整个车顶的喷漆处理，但张先生不想破坏原车漆，怕影响将来二手车的价格"，依据所学知识和技能，分析并回答以下问题。

（1）案例中车身损伤是否能够采用无损伤工艺维修？（　　　）

　　A. 可以　　　　　B. 不可以　　　　C. 不确定

（2）维修车顶盖处的损伤应该采用（　　　）。

　　A. 拉拔方式　　　B. 撬挑方式　　　C. 敲打方式　　　D. 收缩方式

（3）维修门框上部的损伤应该采用（　　　）。

　　A. 拉拔方式　　　B. 撬挑方式　　　C. 敲打方式　　　D. 收缩方式

（4）在进行无损伤修复前需要（　　　）。

　　A. 清洁板件表面　　　　　　　　B. 判断漆面是否经过钣喷维修

　　C. 拆卸妨碍维修的零件　　　　　D. 准确定位凹陷中心点

（5）进行无损伤修复时，若凹陷较大，需要（　　　）。

　　A. 选用端部面积大的撬杆或黏胶头

　　B. 先用手掌将凹陷从背面推出

　　C. 用热收缩的方式减轻凹陷部位的金属延展

　　D. 将大凹陷转换为无数个小凹陷，不断进行分裂和细化

| 项目拓展——世界冠军，为国争光 |

世界技能大赛由世界技能组织举办，被誉为"技能奥林匹克"，是世界技能组织成员展示和交流职业技能的重要平台。在世界技能大赛车身修理项目考核中，车身变形结构件的校正和更换是重要内容，比赛要求选手能熟练使用电子测量仪在被测车身上找到对应的测量控制点并测得正确的数据，能校正车身变形损伤，掌握金属板件的分离及焊接的基本技能，能够更换车身板件。

上海汽车集团股份有限公司乘用车分公司的汽车维修高级技师杨山巍，荣获了第 44 届世界技能大赛车身修理项目的金牌。他是从职业院校走出的选手，能够登上世界技能之巅，靠的是对岗位的热爱和平时的刻苦训练。我们在平时的工作中，也要向世界标准看齐，热爱自己的本职工作。要想登上技能之巅，核心技术要天天练。不怕辛苦多流汗，撸起袖子加油干。请记住：岗位无贵贱，适合自己的才是最好的。

world skills
China

世界技能大赛标志

参考文献

[1] 交通运输部职业资格中心（交通运输部职业技能鉴定指导中心）. 汽车美容装潢工、汽车玻璃维修工职业技能鉴定教材[M]. 北京：人民交通出版社，2017.

[2] 交通运输部职业资格中心. 机动车整形技术（检测维修工程师）——机动车钣金维修[M]. 北京：人民交通出版社，2018.

[3] 交通运输部职业资格中心. 机动车整形技术考试用书[M]. 北京：人民交通出版社，2021.